JN172590

中央大学社会科学研究所研究叢書……36

現代社会の信頼感

国際比較研究（Ⅱ）

佐々木　正　道
吉　野　諒　三　編著
矢　野　善　郎

中央大学出版部

は し が き

　「信頼」は人間社会の根幹を支える関係概念として，古来，哲学者や社会思想家によってさまざまに論及されてきたが，現代社会の急激な変動過程を背景として人と社会の絆の在り方があらためて問われる中で，近年，社会学やその隣接科学の諸分野で「信頼」に関する理論的・実証的研究の新たな展開が進められてきた。わが国でこの流れに組織的に参画してきたのは中央大学社会科学研究所「信頼感の国際比較」研究チーム（初代幹事・佐々木正道，2011 年発足，2 代目幹事・矢野善郎，2017 年終了）であり，その成果の一部は佐々木正道編著『信頼感の国際比較研究』（中央大学出版部，2014 年）と題して出版されている。またこの研究チームは 2013 年 3 月に「信頼研究・日露合同ワークショップ」を催し，その成果の一部を石川・佐々木・ドリャフロフ編『ロシア社会の信頼感』（ハーベスト社，2017 年）として刊行した。

　今回ここに上梓する本書は，上記の研究成果を踏まえて，信頼研究の新領域への拡大と研究方法の新展開を目指して編まれた。それは次の 2 点に要約される。

　第 1 に，本書では社会一般の中での「信頼」関係ではなく，グローバル化の中で変動を続ける現代社会の特殊な問題状況の脈絡の中での「信頼」の在り様に関わらせて，課題設定がなされている。グローバル化が巨大都市の一層の巨大化をもたらしている中で，そこで働き暮らしている人々の「信頼」感は国の違いを超えて巨大都市間で共通したものになっていることを，佐々木論文（第 1 章）は東京，ソウル，上海の比較観察から示している。また，グローバル化は世界各地に超国境的な諸問題を噴出させており，その解決には一国レベルの対応では不可能で，国連をはじめ官民の諸機関・諸団体による取り組みが要請されているが，その取り組みが実効性を持ちうるためにはそれら諸機関・諸団体に対する一般民衆の信頼が担保されなければならない。このような観点から倉本論文（第 2 章）は国際諸機関・諸団体への人々の信頼感の水準を，国際比

較を通して分析している。

　第2に，本書では「信頼」研究に向けた方法論的展開が示されている。吉野論文（第3章）は「信頼」研究の統計的方法にとどまらず，意識調査一般に関わる方法的検討を展開し，表面上のデータの数字の大小だけで云々するレベルを超えた，多次元的データ解析の方法論を提起し，それによる数量的「信頼」分析の手順と結果を提示して，精緻な統計的手法による「信頼」研究の方法的フロンティアを切り開いている。また，石川論文（第4章）では，従来の多くの研究が「信頼」を他者や公的機関に対する個人の態度として，つまり〈関係〉の次元で扱ってきたのに対して，それを〈価値〉の次元に置き換えて，個人の内面的価値構造の諸部分との絡みで追究するという，方法的視点の転換による研究領域の拡大を提起している。さらに安野論文（第6章）では，不特定多数の他者に対する「一般的信頼」の意味内容を国際比較調査のデータの再分析によって探り，信頼概念の精緻化に向けた実証的理論展開を進めている。なお，2014年刊行の前書では「信頼」に関する西洋古代からの社会思想史的遡及と検討がなされたが，それを承けて本書では矢野論文（第5章）がジンメル，ヴェーバーなど近代社会学の巨匠の理論的遺産に焦点を絞り，「信頼」の社会学的概念分析を展開している。

　これら一連の研究の遂行に，日本学術振興会科学研究補助金基盤研究（A）（2007年度〜2010年度）（代表　佐々木正道）と基盤研究（B）（2010年度〜2013年度）（代表同）並びに基盤研究（S）（2010年度〜2014年度）（代表　吉野諒三）の助成を受けた。そして，本書の刊行にあたり，多大なご支援をいただいた中央大学社会科学研究所並びに中央大学出版部の関係各位に感謝の意を表したい。

　　2017年9月

編者

目　　次

第6章　信頼の構成要素
——人間性への信頼と遵法行動への信頼——

安 野 智 子

第 1 章
信頼感の国際比較研究
——大都市（上海，ソウル，東京）の比較を通して [1] ——

佐々木正道

1. 序　章

「信頼」[2] の研究は社会科学においては 1980 年代頃から注目を集めてきた。このことはグローバル化の進展とともに，かつてないほど世界の人々と国家間の結びつきが強まったことと，地域の連帯性や親族間の紐帯が弱まったことなどが背景にある。

　地方での生活における相互の信頼は，パーソナルな信頼，つまり特定化された信頼（particularized trust）が多く見られてきたが，大都市では産業化とグローバル化によって大量の人やものが国内外から流入・流出し，見知らぬ人々に接触する機会が増したことなどにより，個人的そして特定化された信頼は弱体化し，一般的な信頼（generalized trust）が必然的結果としてもたらされることとなった。

　そこで，グローバル化時代の大都市で暮らす人々の信頼感の実態を把握するため，本研究では 3 つの大都市（上海，ソウル，東京）に焦点を当て，国際比較を行う。

　信頼は，ファーデナンド・チュニース，ジョージ・ジンメル，エミール・デュルケーム，トルコット・パーソンなどこれまで多くの社会学者によって議論され，社会関係において欠くことのできないものと考えられてきた。ジンメ

ル（Simmel　1950：326）は，「信頼は社会において最も総合的力の一つになる。」と指摘し，ピーター・ブラウ（P. Blau　1964：99）は，「信頼は安定した社会関係に非常に重要である。」と述べている。また，信頼は対人関係と集団関係において極めて重要な役割を担っているとみなされている（Golembiewski and McConkie　1975，Lewis and Weigart　1985，Zucker　1986を参照のこと）。

　経済的視点からでは，ハーシュ（Hirsch　1978）は，「我々の経済システムは多くの点で全面的に信頼に依存し，信頼がなければ経済上の取引は不可能である。」と述べ，ボック（Bok　1978：26）も，「信頼なくしては，社会は存続しない。」と述べている。社会システムにおける信頼の役割を重視した研究者の1人であるニコラス・ルーマンは，「信頼は社会システムの複雑性を減じる。」（N. Luhmann　1979：8）としているが，現実に社会システムはその複雑さと混乱が増してきており，ルーマンの指摘のとおりであるならば，信頼がかつてないほどの重要な役割を担っていると言える。

　今日では信頼のレベルは多くの産業化諸国において低下していると言われている（Dalton　2004，Hardin　2006，Putnam　1993を参照のこと）。このことは深刻に受けとめられ，大きな関心を喚起することとなった。近代化によってもたらされた社会的孤独が，社会的信頼を再検証する多くの理由の1つとしてしばしば取り上げられ，他に人口動態，政治，文化，制度構造の急激な変化による影響などが挙げられる。

　そもそも信頼の定義について，それを定義づけないでおこうとする向きもあり，もちろん定義づけるとなると，かなりの複雑性と議論が見られる。単に信頼を定義づけるか，信頼の文脈上の含意と役割に焦点を当てるべきかなどである。しかし，明確な信頼についての実証的研究とその決定要因の解明が不足している（Butler　1991）。例えば，信頼は個人のレベルでは認識によるものなのか態度によるものなのか，または社会構造そのものの重要な構成要素の1つなのか，もし後者ならば，信頼は社会の規範と期待（expectation）との関連で見なければならず，「信頼は，ちょうど社会制度や社会階層そして社会変動が研究テーマとして取り扱われているように社会学的に理解しなければならない。」

(Wuthnow　2004：151-152)。

　さらにウスナウ（Wuthnow　2004：146）は，「したがって，信頼のいずれの研究においても個人の行動だけでなくこれらの個人が行う社会的背景に埋め込まれている規範と期待（expectation）に留意しなければならない。また，個人の行動とこれらの埋め込まれた規範や期待（expectation）のリンクは信頼を社会構造の1つの要素として理解しなければならないことを示唆する。」と述べている。

　信頼にはコンテキスト的要素もある。それでは，信頼が表示されるのはどのようなコンテキストなのだろうか。これには，人間関係や社会関係において要となる根底にある社会構造のコンテキストの重要性を突き止めなければならない。看過してはならないのは，根底にある社会構造のコンテキストの重要な部分はかなり文化的コンテキストを伴うことである。信頼に関する研究者の多くは，所与の文化で信頼とみなされていることが，他の文化ではそうではないということがあり，同様に所与の文化で信頼できることが他の文化では信頼できないことがあると指摘している（Dietz, Gillespie, and Chao　2010）。そのため，最近では異なる社会的文化的要素の重要性を考慮して，信頼に関する国際比較研究が行われてきた（Delhey and Newton　2003, 2005, Paxton　2007, Gheorghiu, Vignoles, and Smith　2009, Sasaki and Marsh　2012）。

　ディーツ，ギレスピー，チャオ（Dietz, Gillespie, and Chao　2010：23）は，信頼のダイナミックスを理解する上で異なる文化間のギャップを埋めるための実証的研究と，それに基づく理論モデルが必要であると強調している。この点については，バーバー（Barber　1983）とルーマン（Luhmann　1979）も同様に言及している。

　信頼の研究については，2つのアプローチがあり，第1は，社会のミクロレベルのアプローチ，第2は社会のマクロレベルのアプローチであり，社会システムの特性へのトップダウン的アプローチである（Delhey and Newton　2003）。本研究は，ミクロレベルのアプローチをとる。このアプローチには2つの要素がある。1つは，信頼感は個人の特性であり（Misztal　1996），これは個人の中

核となるパーソナリティ特性を意味する。そしてもうひとつは個人の社会階層，学歴，収入，年齢，性別の属性的特性であるという見方である（Delhey and Newton 2003：94）[3]。このアプローチは，ウスラーナー（Uslaner 1999, 2000）によって展開された。ウスラーナー（Uslaner 1999）は，信頼感の社会心理学的根源を再強化するため，他に２つの核となるパーソナリティ特性，つまり楽観主義と個人の生活・活動などの場としての世界を制御する能力に信頼感は基づいていると主張した。彼は，「楽観主義は一般的信頼感（generalized trust）を導く。」と述べている（Uslaner 1999：138）。

また，デルレイとニュートン（Delhey and Newton 2003：95）は，「経済的状況に関連した客観的尺度より幸福感に関する主観的尺度が信頼感に深く関連している。言い換えれば，信頼感は経済生活における外的状況よりも個人のパーソナリティのタイプの特徴と主観的感情に関連している。」とも指摘している。この幸福感について，イングルハート（Inglehart 1999）とパトナム（Putnam 2000）は，健康と幸福感が信頼感と関連している点を強調している。

ミクロレベルのアプローチのもう１つの要素として，対人ネットワークがある[4]。今日では社会構造の変化に伴う対人ネットワークの驚異的な進展を目の当たりにしている。クック，リービーとハーデン（Cook, Levi, and Hardin 2009：71）は，「個人が社会ネットワークまたはネットワークの中に埋め込まれている事柄を理解することは，個人の広く社会的につながった世界が信頼感そして信頼できる能力に影響を与える事柄を理解する上でとても重要である。」と述べている。フィールド（Field 2008：3）は，また「人々のネットワークは広範囲の関係と，人々が目標と必要とするものを追求することができる規範の一部として見ることができる。また，それは社会を纏める上で役立つ。」と述べている。

フィールド（Field 2008：48）は，さらに「研究者は，人々のネットワークが彼らの生活をよりよきものにするのに役立つと多種多様な方法で明らかにしてきた。」と述べている。

　本研究では，グローバル化時代の大都市の信頼感の実態を把握すべく，上海，ソウル，東京の3都市を取り上げ，国際比較を行う。具体的には，1．どのような信頼構造が3都市に見られるか　2．パーソナリティ特性の1つとしての楽観主義と，年齢，性別，学歴，幸福感などの個人特性が信頼と関連しているか　3．対人ネットワークは信頼と関連しているか　もしそうであるならば，どのようなネットワークが信頼と関連しているかの3点についてである。そのため，既存の調査データを使用して，これらを解明する。

2．研　究　方　法

　信頼の程度を測定するために，問1，2，3の3項目を用いた多くの総合的および一般的意識調査が国内外において実施されてきた。

表1-1　一般的信頼感の3項目と回答選択肢

問1　たいていの人は，他人の役にたとうとしていると思いますか，それとも自分のことだけを考えていると思いますか。

　　　1　他人の役にたとうとしている
　　　2　自分のことだけを考えている
　　　3　その他
　　　4　わからない

問2　他人は，機会があれば，あなたを利用しようとしていると思いますか，それともそんなことはないと思いますか。

　　　1　他人は機会があれば自分を利用しようとしていると思う
　　　2　そんなことはないと思う
　　　3　その他

　　4　わからない

問3　あなたは，たいていの人は信頼できると思いますか，それとも，用心す
　　るにこしたことはないと思いますか。

　　1　信頼できる
　　2　用心するにこしたことはない
　　3　その他
　　4　わからない

　これらの質問は，最初にローゼンバーグ（Rosenberg　1956）によって編み出
され，ミシガン大学社会科学研究所で「ローゼンバーク信頼尺度3項目」とし
てさらに発展した。これは広く「個人と社会的安寧（well-being）」を測る上で，
非常に重要な尺度として汎用され（Wilkes　2011：1596），多角的視点から信頼
に焦点を当てたものである。パックストン（Paxton　1999：105）はまた「信頼
に1変数だけが使用されているが，3変数すべてが他人を信頼できるかどうか，
または他人は高潔であるかどうかを表わしている。」と述べている。この信頼
尺度は，「根底にある理論的概念を測る上でかなりよい尺度とみなされている。」
（Bjornskov　2006：3）。また，幾つかの研究では，アメリカの総合的社会調査
（General Social Survey（GSS））で使用されている単一の質問項目「あなたは，
たいていの人は信頼できると思いますか，それとも，用心するにこしたことは
ないと思いますか。」は，長年[5]用いられてきたもののどちらかというと不正
確で，曖昧であり，信頼の尺度としては恐らく，妥当性と信頼性に欠けた尺度
であると指摘している（Yamagishi, Kikuchi, and Kosugi　1999, Schwarz　1999,
Glaeser et al. 2000, Miller and Mitamura　2003, Reeskens and Hooghe　2008,
Yoshino and Osaki　2013, Yoshino　2015 を参照のこと）。
　リースケンズとハウ（Reeskens and Hooghe　2008：530）は

一般的信頼の尺度として，比較研究などでしばしば使用されてきた単一の質問項目による尺度は推奨できない。……自信をもっていえることは，1つの質問項目では，一般の信頼度を測る信頼できる尺度とはいえないことである。総合的社会調査（General Social Survey（GSS））[6] の質問項目に含まれている信頼についての2項目は，2項目でこの問題がある程度解決されるが，3項目によってより正確な尺度となることは自明である。

と述べている。ヨーロッパ社会調査（European Social Survey（ESS））データの分析結果，リースケンズとハウ（Reeskens and Hooghe　2008：515）は，一般的信頼感について，3項目使用した尺度は信頼でき，しかも文化を比較する上で妥当な概念を取り込んでいるとみなすことができると述べている。また，リースケンズとハウ（Reeskens and Hooghe　2008：519）は，「基本的な態度・意識を測るには，単一の質問項目だけで測定をすることは推奨できない」と述べ，スミス（Smith　1988）[7] は「特に国際比較調査には少なくとも3項目の質問を使うことを提案する。これは，妥当な方法であり尺度構成に必要である」と述べている。

　本研究は，一般的信頼感として3項目をそれぞれ独立した項目（以下，本研究では一般的信頼感3項目と称する）として使用する。この3項目は主に欧米の総合的および一般的社会調査でしばしば使用されてきており，これらの質問は，回答者に他人は信頼できるか否かの判断と彼らを取り巻く社会が信頼できるか否かの評価について尋ねている（Putnam　2000：138，Newton　2001：203-204）。

　本研究のデータ分析には，コレスポンデンス分析を使用する。この分析方法は，社会調査などで回収されたカテゴリー型のデータの分析に特に有効である。それは，「ブルデューの統計手法とも常套的にいわれており，社会学では，多重コレスポンデンス分析は，ピエール・ブルデューの研究の中でもひときわ際立っている。」（Le Roux and Rouanet　2010：viii and 4）。その分析結果はデカルト座標（Cartrsian coordinates）に簡潔に表示すことできる。それによって

データの全体的理解を可能にする（Greenacre and Blasius 1994）。この幾何学的方法は，項目間または対象間の類似性の相対的程度の多次元的パターンを示す。この分析方法は，技術的にはデータの規模によらない（Le Roux and Rouanet 2010：2）。

3．データ

　本研究で分析に使用するデータは，統計数理研究所 調査科学研究センター長の吉野諒三教授のリーダーシップにより，9 カ国・地域で実施された全国規模の信頼感の質問項目を含む一般的社会調査（名称は「環太平洋価値観国際比較調査」）に基づく（この調査は日本学術振興会の科学研究費補助金により実施された）。

　本研究では大都市における人々の信頼感の比較分析を行うため，韓国と日本で実施された全国調査からソウルと東京のサンプルを抽出したデータと，上海の調査で収集されたデータを用いる。

　韓国の調査は，クォータサンプリングにより 2012 年 10 月から 11 月にかけて韓国ギャラップ調査社に委託して 18 歳以上を対象に実施された。その中から 214 サンプルがソウルのデータとして使用された。日本の調査は，層化 2 段無作為抽出法により 20 歳以上を対象に調査機関 新情報センターに委託して，2010 年 12 月に実施され，全国調査のサンプルから 55 サンプルが東京のデータとして使用された。これはサンプル数としてあまりに小さいので，本研究の分析のすべてにおいて，全国のデータ（852 サンプル）（以下，日本と表記する）が，他の 2 大都市と比較する上で参考までに使用された。上海のデータは，華東政法大学（ECUPL）の協力を得てクォータサンプリングにより 2011 年 11 月から 12 月にかけて 18 歳以上を対象に収集された 1,000 サンプルが分析に使用された。

　ここで注意すべき点として，日本語で作成された質問が，上海と韓国において同じように両国の母語で解釈されているかどうかという点である。この点については，上海と韓国において，翻訳・再翻訳法（バック・トランスレーション

メソッド）を使用し，それぞれの母語に適切に行われたことを確認した。

4．分析結果

4.1　3都市の信頼感構造

　本研究では，クロス集計表の作成とコレスポンデンス分析が行われた。一般的信頼感3項目（表1-1参照）とそれぞれの回答カテゴリーを表1-1に示す。3問に対する3都市および日本の回答のクロス集計表は，章末の表1-Aに示す。

　3問に対する回答カテゴリーは2択である（「その他」と「わからない」は今回の分析から除く（Le Roux and Rouanet　2010：62））。本研究においては，問1「たいていの人は，他人の役にたとうとしていると思いますか，それとも自分のことだけを考えていると思いますか。」の肯定的回答として「他人の役にたとうとしている」否定的回答として「自分のことだけを考えている」とする。

　また，問2「他人は，機会があれば，あなたを利用しようとしていると思いますか，それともそんなことはないと思いますか。」の肯定的回答は「そんなことはないと思う」否定的回答として「他人は機会があれば自分を利用しようとしていると思う」とする。

　また，問3「あなたは，たいていの人は信頼できると思いますか，それとも，用心するにこしたことはないと思いますか。」の肯定的回答は「信頼できる」そして否定的回答としては「用心するにこしたことはない」である。

　次に，これらの3つの質問項目について，3都市および日本の信頼感の回答構造を明らかにするため，コレスポンデンス分析を行った。その結果を図1-1-1から図1-1-4に示す。いずれも，X軸の半分（右側）いわゆる1象限と4象限には信頼感の3つの肯定的回答が散らばって布置し，X軸の半分の（左側）いわゆる2象限と3象限には同じく信頼感の3つの否定的回答が散らばって布置している。このことから，X軸の正負が3つの質問項目の肯定と否定の回答

を分けていることが分かる。X軸のイニシアの値（カイ二乗／全体数）は，上海（図1-1-1）は0.51，ソウル（図1-1-2）は0.486，東京（図1-1-3）は0.484，および日本（図1-1-4）は0.499である。いずれも0.5に近く，X軸は回答選択肢の肯定と否定の分離にかなり寄与している。このことにより，信頼感と不信感のクラスターは，1次元つまりX軸で表示でき（Greenacre and Blasius 1994を参照のこと），一般的信頼感3項目を使用して分析された信頼感の構造は，3都市および日本において類似していることが明らかとなった。

図1-1-1　信頼感構造：一般的信頼感3項目──上海

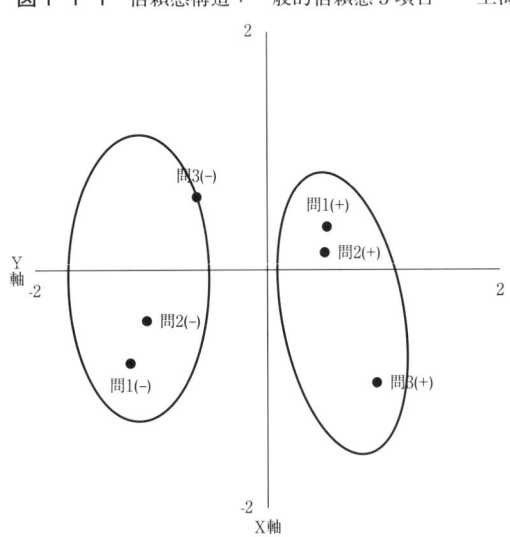

問1（＋）＝役にたとうとしている
問2（＋）＝そんなことはないと思う
問3（＋）＝信頼できる
問1（－）＝自分のことだけを考えている
問2（－）＝利用しようとしていると思う
問3（－）＝用心するにこしたことはない

図1-1-2 信頼感構造：一般的信頼感3項目——ソウル

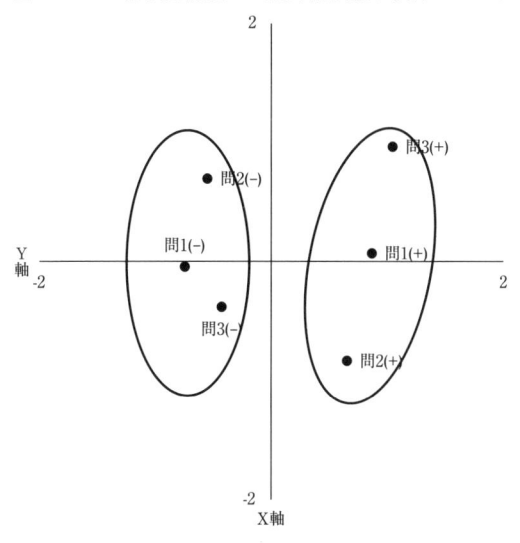

図1-1-3 信頼感構造：一般的信頼感3項目——東京

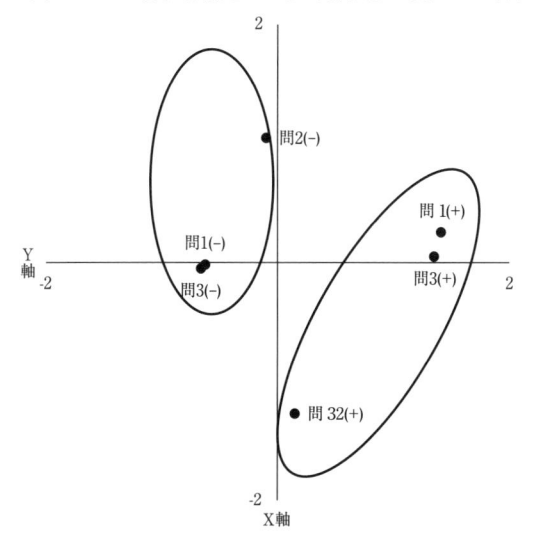

図 1-1-4　信頼感構造：一般的信頼感 3 項目──日本

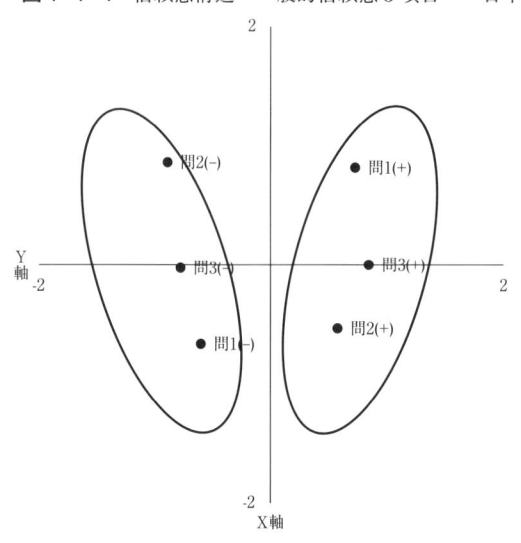

4.2　個人の状況

a）年齢，性別，学歴

　年齢，性別，学歴は信頼感に関連しているという研究結果（Delhey and Newton　2003）を検証するため，3 都市および日本の一般的信頼感 3 項目とこれら 3 属性の関連について分析を行った。3 属性とそれぞれの都市および日本の回答のクロス集計は章末の表 1-B に示す。

　図 1-2-1，図 1-2-2，図 1-2-4 に，上海，ソウル，日本のコレスポンデンス分析の結果を示す。東京については，学歴と一般信頼感 3 項目の組み合わせの一部において，サンプル数が 5％以下とかなり少なく，コレスポンデンス分析結果の信憑性が得られないため，分析から除いた。一般的信頼感 3 項目と年齢と性別の関係についてのみ分析を行った。その結果を図 1-2-3 に示す。

図1-2-1　一般的信頼感3項目と年齢，性別，学歴——上海

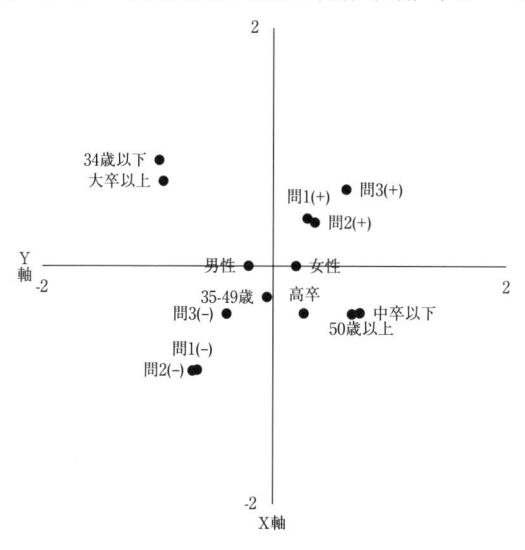

図1-2-2　一般的信頼感3項目と年齢，性別，学歴——ソウル

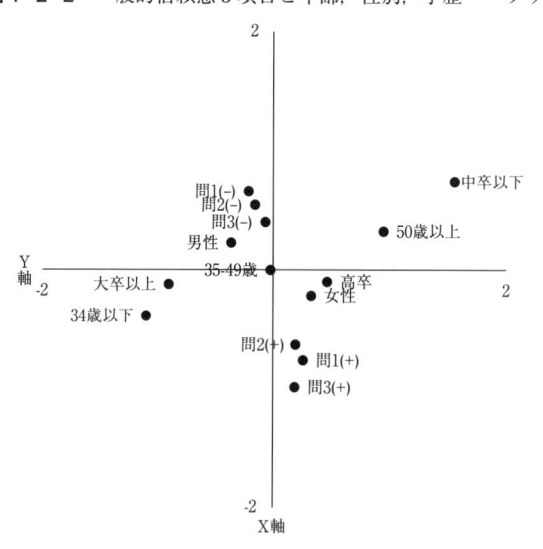

図1-2-3　一般的信頼感3項目と年齢，性別──東京

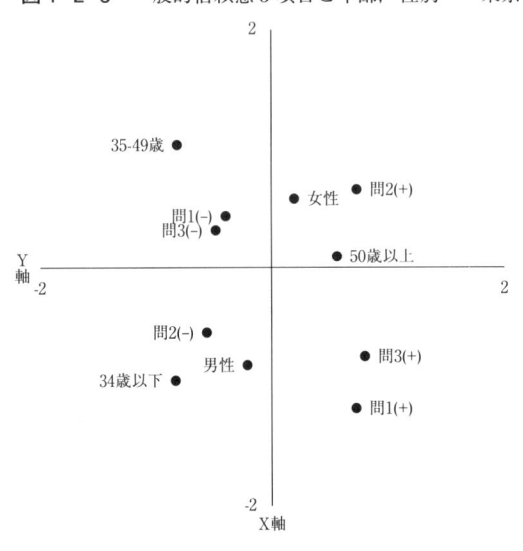

図1-2-4　一般的信頼感3項目と年齢，性別，学歴──日本*

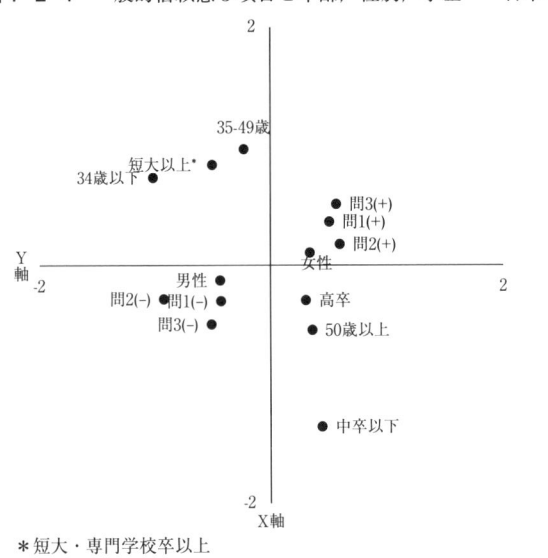

＊短大・専門学校卒以上

　これらの図から，上海，ソウル，東京および日本では，信頼感側において女性と 50 歳以上が同じように布置し，男性と 34 歳以下は，不信感側に布置している。35 歳-49 歳は上海，東京，日本において不信感側に布置し，ソウルにおいては，図の原点の近くに布置している。このことは，ソウルの年齢層は信頼感と直接には相関が低いことを意味する[8]。学歴は上海，ソウルでは大学卒以上，日本では短大・専門学校卒以上が不信感の側に，そして上海，ソウルおよび日本では，高卒と中卒以下が信頼感の側に布置する。

　以上，図 1-2-1 から図 1-2-4 の分析から読み取れる結果を，表 1-2 に示す。

表 1-2　一般的信頼感 3 項目と年齢，性別，学歴の関連の要約―― 3 都市および日本

	性別		年齢			学歴		
	男性	女性	34 歳以下	35-49 歳	50 歳以上	中卒以下	高卒	大卒以上
上海	不信感	信頼感	不信感	不信感	信頼感	信頼感	信頼感	不信感
ソウル	不信感	信頼感	不信感	中間	信頼感	信頼感	信頼感	不信感
東京	不信感	信頼感	不信感	不信感	信頼感	―	―	―
日本＊	不信感	信頼感	不信感	不信感	信頼感	信頼感	信頼感	不信感

＊短大・専門学校卒以上

b) パーソナリティの特性の 1 つとしての楽観主義と幸福感

　信頼感と楽観主義，幸福感が関連しているかどうかを調べるために，4 つの質問項目の回答が分析に使用された。それらを表 1-3 に示す。楽観主義として問 4（自国民[9] 全体の生活水準は，これから先の 5 年間によくなると思うか，思わないか），幸福感として問 5 から問 7（自分の家庭，自分の健康，自分の今の生活に満足しているか否か）が使用された。

表 1-3　楽観主義と幸福感の 4 つの質問項目と回答選択肢

問 4　自国民全体の生活水準は, これから先の 5 年間によくなると思いますか, それとも悪くなると思いますか。

    1　非常によくなるだろう

    2　ややよくなるだろう

    3　変わらないだろう

    4　ややわるくなるだろう

    5　非常にわるくなるだろう

    8　その他

    9　わからない

問 5　あなたと同じ年齢の人と比べて, あなたの健康状態はいかがですか。

    1　非常に満足している

    2　満足している

    3　あまり満足していない

    4　満足していない

    8　その他

    9　わからない

問 6　あなたは自分の家庭に満足していますか, それとも不満がありますか。

    1　満足

    2　やや満足

    3　どちらともいえない

    4　やや不満

    5　不満

    8　その他

    9　わからない

問7　あなたの生活についておききします。ひとくちにいってあなたは今の生
　　活に満足していますか。それとも不満がありますか。

　　　1　満足

　　　2　やや満足

　　　3　どちらともいえない

　　　4　やや不満

　　　5　不満

　　　8　その他

　　　9　わからない

　これらの4問に対する3都市および日本の回答の集計表は，章末の表1-C-
1から表1-C-4に示す。

　問4（自国民全体の生活水準は，これから先の5年間によくなると思うか思わないか）
の回答選択肢のうち「非常によくなるだろう」と「ややよくなるだろう」を合
わせて「よくなるだろう」とし，「非常にわるくなるだろう」と「ややわるく
なるだろう」を合わせて「わるくなるだろう」とした[10]。問5（自分の健康に
満足しているか否か）の回答選択肢のうち「非常に満足している」と「満足して
いる」を合わせて「満足している」とし，「満足していない」と「あまり満足
していない」を合わせて「満足していない」とした。問6（自分の家庭に満足か
否か）と問7（自分の今の生活に満足しているか否か）に対する回答選択肢のうち
「満足」と「やや満足」を合わせて「満足」とし，「不満」と「やや不満」を合
わせて「不満」とした。

　東京については，問7の回答項目と一般的信頼感3項目との組み合わせの一
部でサンプル数が5％以下であったので問7は除いて分析した。

　図1-3-1から図1-3-4はそれらの回答と一般的信頼感3項目とのコレスポ
ンデンス分析の結果を示す。

図 1-3-1　一般的信頼感 3 項目と問 4，問 5，問 6，問 7 ——上海

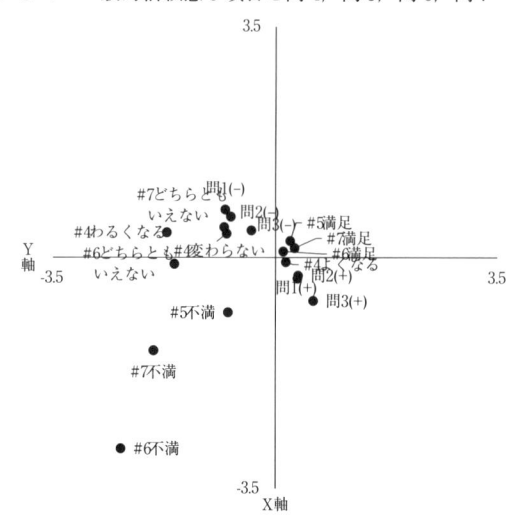

＃4 ＝（問 4　自国民全体の生活水準は，これから先の 5 年間によくなると思いますか。）
＃5 ＝（問 5　あなたと同じ年齢の人と比べて，あなたの健康状態はいかがですか。）
＃6 ＝（問 6　あなたは自分の家庭に満足していますか。）
＃7 ＝（問 7　ひとくちにいってあなたは今の生活に満足していますか。）

図 1-3-2　一般的信頼感 3 項目と問 4，問 5，問 6，問 7 ——ソウル

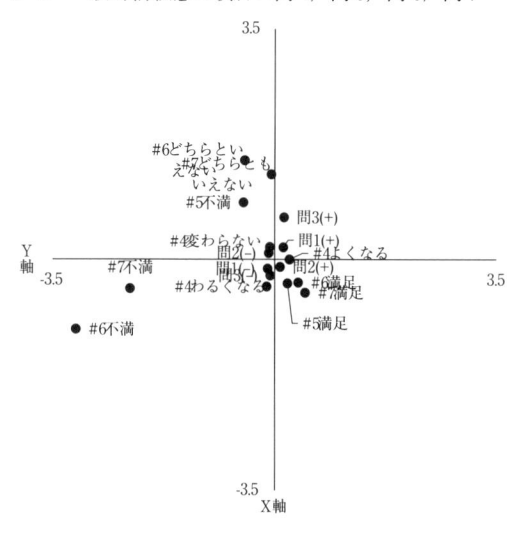

図1-3-3　一般的信頼感3項目と問4, 問5, 問6 ——東京

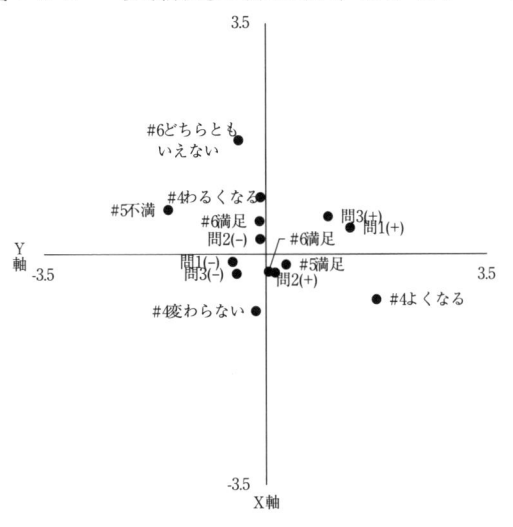

図1-3-4　一般的信頼感3項目と問4, 問5, 問6, 問7 ——日本

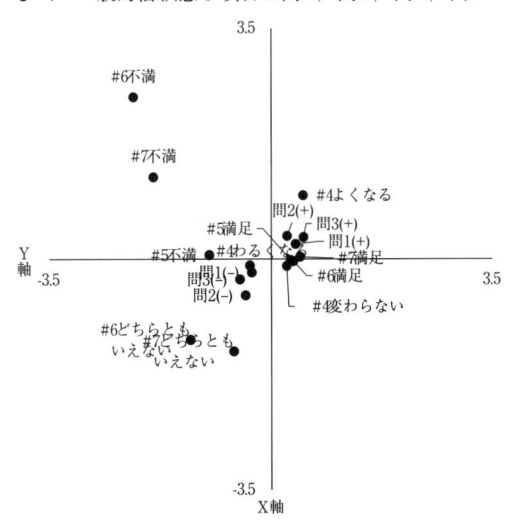

図1-3-1から図1-3-4について読み取れる結果を表1-4に示す。

表1-4 一般的信頼感3項目と問4, 問5, 問6, 問7の関連の要約——3都市および日本

	問4		問5		問6		問7	
	信	不信	信	不信	信	不信	信	不信
上海	よくなる	わるくなる	満足	不満	満足	不満	満足	不満
		変わらない				どちらともいえない		どちらともいえない
ソウル	よくなる	わるくなる	満足	不満	満足	不満	満足	不満
		変わらない				どちらともいえない		どちらともいえない
東京＊	よくなる	わるくなる	満足	不満	満足	不満		
		変わらない				どちらともいえない		
日本	よくなる	わるくなる	満足	不満	満足	不満	満足	不満
	変わらない					どちらともいえない		どちらともいえない

＊問7は除外して分析した。

　まとめると，東京の分析には，4問中1問が使用されず，また日本の分析では，問4の回答選択肢の「変わらないだろう」が信頼感の領域に布置するものの，3都市および日本において4問の回答（信頼感と不信感）について領域の布置についてかなりの類似性が見られる。

c) パーソナルネットワーク

　パーソナルネットワークが信頼感と関連しているかどうかを解明するために，問8①②③④を用いた。表1-5に問8の質問項目と回答選択肢を示す。

表1-5　問8と回答選択肢

問8　あなたのご家族も含めて，あなたの周りには，次にあげたような人がどの程度いらっしゃいますか。次にあげた①から④までのそれぞれについて，あてはまる番号を1つずつ選んでください。

　　　1　たくさんいる

　　　2　まあまあいる

　　　3　ひとりだけいる

　　　4　特にいない

　　　9　わからない

　　　①＝物や金銭を貸してくれたり，手伝ってくれる人

　　　②＝あなたの現在の気持ちや状態を理解してくれる人

　　　③＝気軽に電話したり，会ったりして相談できる人

　　　④＝あなたのことを高く評価していたり，敬意を払ってくれている人

　コレスポンデンス分析を行う上で，①②③④4問のすべてにおいて，回答選択肢の「ひとりだけいる」と「特にいない」を合わせて「ひとりだけまたは特にいない」とした。東京の分析では，サンプルが少ないため，回答選択肢の「たくさんいる」と「まあまあいる」を合わせて「まあまあ以上」とした。

　問8の4問の回答選択肢と3都市および日本の集計表は章末の表1-Dに示す。図1-4-1から図1-4-4に，問8と一般的信頼感3項目のコレスポンデンス分析結果を示す。

図1-4-1　一般的信頼感3項目と問8 ——上海

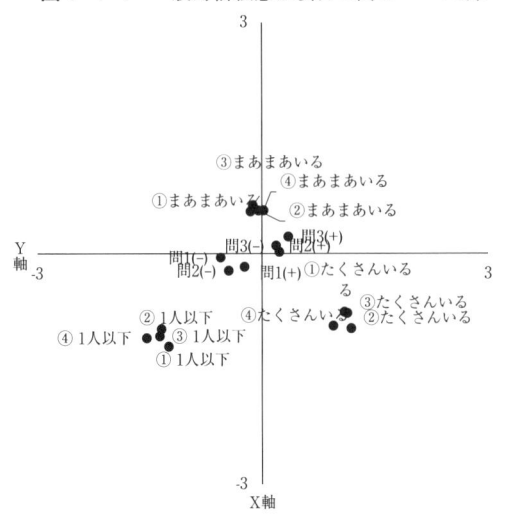

①＝物や金銭を貸してくれたり，手伝ってくれる人
②＝あなたの現在の気持ちや状態を理解してくれる人
③＝気軽に電話したり，会ったりして相談できる人
④＝あなたのことを高く評価していたり，敬意を払ってくれている人

図1-4-2　一般的信頼感3項目と問8 ——ソウル

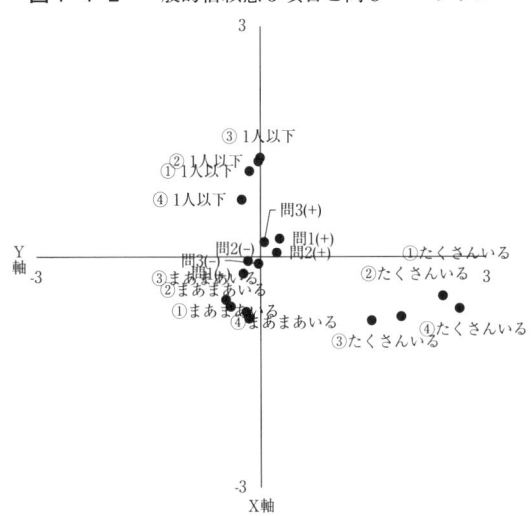

図1-4-3　一般的信頼感3項目と問8 ——東京

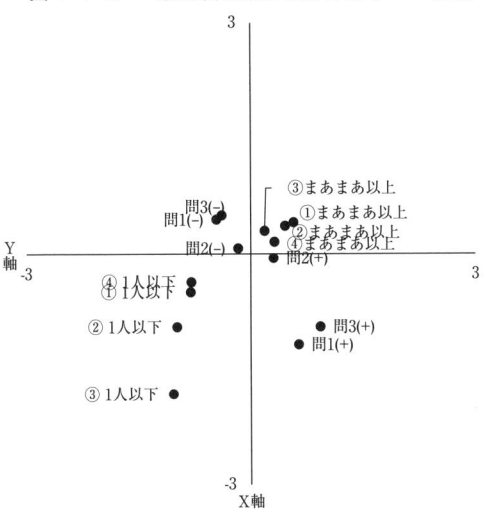

図1-4-4　一般的信頼感3項目と問8 ——日本

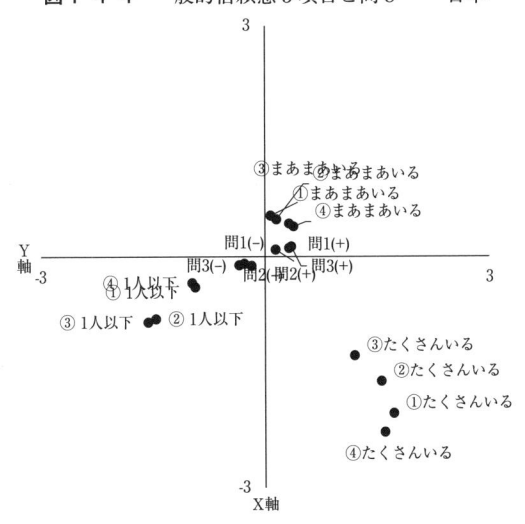

　図1-4-1から図1-4-4について読み取れる結果を要約したものを表1-6に示す。

表1-6　一般的信頼感3項目と問8の関連の要約——　3都市および日本

問8	①		②		③		④	
	信	不信	信	不信	信	不信	信	不信
上海	たくさんいる	まあまあいる	たくさんいる	まあまあいる	たくさんいる	まあまあいる	たくさんいる	
		ひとりまたは特にいない		ひとりまたは特にいない		ひとりまたは特にいない	まあまあいる	ひとりまたは特にいない
ソウル	たくさんいる	まあまあいる	たくさんいる	まあまあいる	たくさんいる	まあまあいる	たくさんいる	まあまあいる
		ひとりまたは特にいない		ひとりまたは特にいない		ひとりまたは特にいない		ひとりまたは特にいない
東京*	まあまあ以上いる	ひとりまたは特にいない	まあまあ以上いる	ひとりまたは特にいない	まあまあ以上いる	ひとりまたは特にいない	まあまあ以上いる	ひとりまたは特にいない
日本	たくさんいる	ひとりまたは特にいない	たくさんいる	ひとりまたは特にいない	たくさんいる	ひとりまたは特にいない	たくさんいる	ひとりまたは特にいない
	まあまあいる		まあまあいる		まあまあいる		まあまあいる	

＊「たくさんいる」と「まあまあいる」を合わせて「まあまあ以上いる」とした。

　表1-6から上海，ソウル，東京および日本において，4問の回答選択肢の「たくさんいる」または「まあまあ以上」は，すべて信頼感の側に布置し，「ひとりだけまたは特にいない」は不信感の側に布置している。

5．結　　論

　信頼感に関するこれまでの国内外および国際比較研究の文献において，多くの相容れない実証的研究結果が報告されている。本研究においては，共通の集団主義的要素があるとみなされている日中韓の代表的3都市を取り上げ，信頼

感と個人の状況との関連において違いが見られるのかどうかについて検証を行った（韓国における信頼については，Choi and Han　2008 と Han and Choi　2012，そして中国における信頼については Liu　2008 を参照のこと）。

　本研究で明らかになった点は以下の 4 点である。

1）　一般的信頼感に関する 3 つの質問項目を使用して，上海，ソウル，東京とそして参考として加えた日本，それぞれについてコレスポンデンス分析を行った。その結果，信頼感構造は，2 次元ユークリッド空間における X 軸のプラスの側に信頼感の回答が，マイナスの側に不信感の回答がそれぞれまとまって布置し，3 都市および日本は類似の信頼構造を形成していることが明らかとなった。

2）　信頼感は，年齢，性別，学歴に関連していることも明らかとなった。

　　信頼感と属性の 1 つである年齢と一般的信頼感 3 項目の関連については，若年層は不信感の領域に布置し，50 歳以上の高年齢層は信頼感の領域に布置する。この結果はグレーサーその他（Glaeser et al. 2000）とアレシナとラフェララ（Alesina and la Ferrara　2000）の研究結果を支持する。

　　信頼感と性別の関係に関しては，西欧諸国においては一貫した関連が見られない（Whiteley　1999 と Newton　2001）。しかし，女性と不信感が関連している研究報告もある（Delhey and Newton　2003）。この点に関して，本研究では逆の結果であり，女性が信頼感，そして男性が不信感と関連していることが明らかとなった。この相反する結果は，意識調査によっては，単一の一般的信頼感の質問項目（あなたは，たいていの人は信頼できると思いますか，それとも用心するにこしたことはないと思いますか。）のみが使用されていることによると考えられる。なぜ女性が信頼感とプラスに関連しているのかについては，日常生活において広く一般化された信頼感（generalized trust）よりも，親しく限定的交際範囲の人々の間で形成された特定化された信頼感（particularistic trust）が女性の信頼感に結びついているものと思われる。即ち，女性は隣人，友人，知人との親密な限られた人間関係を通して信頼を認知するのに対し，男性はより広範囲な人々と接触し，その中にはかなりの頻

度で疑念と不信感を抱くような人もいるからと思われる。

　信頼感と学歴の関係については，既存の研究結果ではプラスの関係が見られた（Knack and Keefer　1997, Warren　1999, Putnam　2000, Uslaner　2002）。例えば，Yamagishi（2001：127）は，「学歴のレベルと一般的信頼感または不信感のプラスの関係について，高信頼の人はナイーブで騙されやすいと一般に信じられていることを否定する直観的に納得させる証拠を示している。」と述べ，「一般的不信者（『たいていの人は用心するにこしたことはない』と操作化された者[11]）の割合は，学歴が上がると小さくなる。」と述べている。だが，本研究結果はこの主張を支持しない。逆に，高信頼の人は学歴の低い人という結果である。しかし，このことが，ナイーブで騙されやすいことと関係しているかどうかは，はっきりと言えない。この結果が支持されるかどうかについては，さらなる研究結果が待たれる。

3）　3都市および日本において，ウスラーナーが主張する楽観主義（本研究では，問4の「自国民全体の生活水準は，これから先の5年間によくなると思うか。」）と信頼感の関連を支持する。東京については問7がコレスポンデンス分析から除かれたものの，3都市および日本において，幸福感（本研究では，問5の「健康状態に満足しているか。」，問6の「自分の家庭に満足しているか。」，問7の「自身の今の生活に満足しているか。」）は信頼感と関連していることが明らかとなり，イングルハート（Inglehart　1999）とパットナム（Putnam　2000）の研究結果を支持する。

4）　本研究は，インフォーマルな社会的ネットワークと信頼感は関連しているというデルヘイとニュートン（Delhey and Newton　2003）の研究結果を支持する。彼らはインフォーマルな社会的ネットワークとして，①親密な友達の有無　②親密な友達の数　③彼らと接触する頻度　④孤独感の程度　について尋ねている。本研究では，このインフォーマルな社会的ネットワークの項目として，より広範囲かつ具体的項目として，①ものや金銭を貸してくれたり，手伝ってくれる人　②現在の気持ちや状態を理解してくれる人　③気軽に電話したり，会ったりして相談できる人　④高く評価したり，敬意を払っ

てくれる人の4項目について尋ねている。

　総合すると，本研究結果から，一般的信頼感3項目を使用して3都市の分析を行った結果，信頼感構造に共通性が認められた。またパーソナリティの1つの楽観主義，年齢，性別，学歴，幸福感，パーソナルネットワークのすべてが，3都市において信頼感と関連していることが明らかとなった。したがって，本研究は，既存の信頼感研究で積み重ねられた幾つかの仮説や推測を実証的に支持する。

　パットナム（Putnam　2000：138）は，「ほとんどの国においては，『持ってない』は『持ってる』より低信頼であり，このことはおそらく，『持ってる』は他人からより正直にそして尊敬をもって扱われるからである。」（Newton 1997も参照のこと）と主張する。本研究は，学歴を除いてこのパットナムの主張を支持する。

　3カ国間には，深層の規範や期待（expectation）について国と文化の違いがかなりあると思われているにもかかわらず，本研究においては3都市の信頼感に関する意識と行動にかなりの共通性が見られた。この共通性は，都市化，近代化，グローバル化などによってもたらされた収斂による大都市の特徴なのか，それとも，共通に埋め込まれた伝統的文化的規範や社会的価値観，あるいは共通と見られている集団主義的文化の決定要素によるものなのかどうかを解明することに関しては，今後の研究結果を待ちたい。

表1-A 一般的信頼感3項目の問1，問2，問3それぞれの回答選択肢と3都市および日本のクロス集計表

問1　たいての人は，他人の役にたとうとしていると思いますか，それとも自分のことだけを考えていると思いますか。

	他人の役にたとうとしている	自分のことだけを考えている	その他	わからない		合計
上海	65.5%	29.3%	0.8%	4.4%	100%	1,000
ソウル	45.8%	53.3%	0.0%	0.9%	100%	214
東京	23.6%	56.4%	5.5%	14.5%	100%	55
日本	41.0%	50.1%	1.5%	7.4%	100%	852

問2　他人は，機会があれば，あなたを利用しようとしていると思いますか，それともそんなことはないと思いますか。

	そんなことはないと思う	自分を利用しようとしていると思う	その他	わからない		合計
上海	57.9%	24.8%	3.5%	13.8%	100%	1,000
ソウル	44.9%	52.3%	0.0%	2.8%	100%	214
東京	41.8%	47.3%	1.8%	9.1%	100%	55
日本	56.8%	36.2%	0.0%	7.0%	100%	852

問3　あなたは，たいていの人は信頼できると思いますか，それとも，用心するにこしたことはないと思いますか。

	信頼できる	用心するにこしたことはない	その他	わからない		合計
上海	36.4%	59.1%	0.4%	4.1%	100%	1,000
ソウル	28.0%	71.0%	0.5%	0.5%	100%	214
東京	27.3%	56.4%	7.3%	9.1%	100%	55
日本	43.9%	48.0%	2.2%	5.9%	100%	852

表 1-B　年齢，性別，学歴と 3 都市および日本のクロス表

	上海	ソウル	東京	日本
年齢				
34 歳以下	27.9%	30.0%	21.8%	16.4%
34-49 歳	30.0%	35.0%	16.4%	22.3%
50 歳以上	42.1%	35.0%	61.8%	61.3%
合計	100%	100%	100%	100%
	1,000	214	55	852
性別				
男性	49.6%	48.1%	40.0%	43.5%
女性	50.4%	51.9%	60.0%	56.5%
合計	100%	100%	100%	100%
	1,000	214	55	852
学歴				
中卒以下	31.3%	12.6%	12.7%	14.4%
高卒	32.5%	43.0%	49.1%	45.7%
大卒以上	34.3%	44.4%	38.2%[*]	39.9%[*]
	100%	100%	100%	100%
	981	214	55	846

＊短大・専門学校卒以上

表 1-C-1　問 4（国民全体の生活水準は，これから先の 5 年間によくなると思うか どうか）と 3 都市および日本のクロス集計表

	上海	ソウル	東京	日本
非常によくなるだろう	35.9%	2.3%	5.5%	0.2%
ややよくなるだろう	48.1%	36.4%	43.6%	9.3%
変わらないだろう	8.5%	35.0%	41.8%	43.2%
ややわるくなるだろう	3.4%	22.0%	7.3%	37.0%
非常にわるくなるだろう	1.1%	0.5%	1.8%	8.7%
その他	0.6%	0.5%	0.0%	0.1%
わからない	2.4%	3.3%	1.8%	1.5%
合計	100%	100%	100%	100%
	1,000	214	55	852

表 1-C-2 問 5（同じ年齢の人と比べて，あなたの健康状態はどうか。）と 3 都市および日本のクロス集計表

	上海	ソウル	東京	日本
非常に満足	17.3%	15.9%	23.6%	17.0%
満足	58.8%	53.7%	58.2%	58.8%
あまり満足していない	16.8%	28.0%	16.4%	18.5%
満足していない	6.3%	2.3%	1.8%	5.5%
その他	0.6%	0.0%	0.0%	0.0%
わからない	0.2%	0.0%	0.0%	0.1%
合計	100%	100%	100%	100%
	1,000	214	55	852

表 1-C-3 問 6（自分の家族に満足しているか）と 3 都市および日本のクロス集計表

	上海	ソウル	東京	日本
満足	61.1%	18.7%	54.5%	49.8%
やや満足	32.2%	53.7%	29.1%	32.3%
どちらともいえない	3.4%	21.0%	10.9%	10.9%
やや不満	2.6%	5.6%	3.6%	4.5%
不満	0.3%	0.9%	1.8%	2.1%
わからない	0.4%	0.0%	0.0%	0.5%
合計	100%	100%	100%	100%
	1,000	214	55	852

表 1-C-4 問 7（今の生活に満足しているか）と 3 都市および日本のクロス集計表

	上海	ソウル	東京	日本
満足	38.9%	9.3%	47.3%	36.6%
やや満足	43.6%	50.0%	20.0%	36.0%
どちらともいえない	6.6%	27.6%	12.7%	13.8%
やや不満	7.5%	11.7%	16.4%	9.2%
不満	3.1%	1.4%	3.6%	4.3%
その他	0.1%	0.0%	0.0%	0.0%
わからない	2.0%	0.0%	0.0%	0.0%
合計	100%	100%	100%	100%
	1,000	214	55	852

表1-D　問8（家族も含めて，あなたの周りには，次にあげたような人が
　　　　　どの程度いるか）と3都市および日本のクロス集計表

①物や金銭を貸してくれたり，手伝ってくれる人

	上海	ソウル	東京	日本
たくさんいる	22.3%	7.0%	7.3%	6.3%
まあまあいる	60.0%	53.7%	47.3%	58.6%
ひとりだけいる	2.6%	15.9%	12.7%	8.8%
特にいない	9.8%	22.0%	25.5%	22.4%
わからない	5.3%	1.4%	7.3%	3.9%

②あなたの現在の気持ちや状態を理解してくれる人

	上海	ソウル	東京	日本
たくさんいる	19.6%	12.1%	9.1%	11.4%
まあまあいる	61.0%	51.9%	58.2%	68.7%
ひとりだけいる	7.2%	26.2%	23.6%	12.4%
特にいない	7.7%	8.9%	5.5%	6.2%
わからない	4.5%	0.9%	3.6%	1.3%

③気軽に電話したり，会ったりして相談できる人

	上海	ソウル	東京	日本
たくさんいる	23.7%	16.4%	10.9%	17.1%
まあまあいる	57.5%	50.0%	72.7%	66.4%
ひとりだけいる	7.0%	20.1%	10.9%	8.2%
特にいない	7.8%	12.6%	3.6%	7.7%
わからない	4.0%	0.9%	1.8%	0.5%

④　あなたのことを高く評価していたり，敬意を払ってくれている人

	上海	ソウル	東京	日本
たくさんいる	20.1%	7.5%	5.5%	5.4%
まあまあいる	55.2%	40.2%	61.8%	54.9%
ひとりだけいる	3.5%	22.0%	14.5%	9.3%
特にいない	8.2%	25.7%	12.7%	22.1%
わからない	13.0%	4.7%	5.5%	8.3%
合計	100%	100%	100%	100%
	1,000	214	55	852

1) 本章は，筆者の "A Comparative Analysis of Trust among Megacities: The Case of Shanghai, Seoul, and Tokyo." *Development and Society*. 2016, 503-536 をもとに日本語にして加筆修正を加えたものである。

2) 信頼の概念は，非常に広い。本研究では，他の信頼研究のように，「信頼」，「一般的信頼」，「社会的信頼」，「一般的社会信頼」を特に区別せず同義的に使用する。

3) 社会的信頼を個人の特性として捉えるアプローチは 1950 年代と 1960 年代のアメリカにおいて，個人の中核となるパーソナリティ特性とみなした。

4) 本研究では，「パーソナルネットワーク」，「社会ネットワーク」「インフォーマル社会的ネットワーク」を同義的に使用する。

5) アーミッシュ他（Ermisch et al. 2009：750）によると，「問 3（あなたは，たいていの人は信頼できると思いますか，それとも，用心するにこしたことはないと思いますか）は，信頼に対する経済的効果を分析した約 500 の文献で信頼感尺度として使用されている（サピエンザ他（Sapienza et al. 2013）による）。

6) 世界価値観調査（World Values Survey）では，一般的信頼の程度は単一の質問で測られている。総合的社会調査（General Social Survey（GSS））では，2 つの質問が含まれ，ヨーロッパ社会調査 （European Social Survey（ESS））では，3 つの質問が使用されている。

7) また，IASSIST Quarterly 12(4)：18-24, 1988 を参照のこと。

8) このソウルの分析結果が韓国全体の分析結果と相違するかどうかを調べるため，韓国の全国調査のデータを分析した結果，34 歳以下は不信感の側に布置する。

9) 日本語の質問では，日本人全体となっているので，同様に中国語では中国人，韓国語では，韓国人と訳している。

10) 複数の質問を作成する場合，質問の回答選択肢の数についてグループ化し，それぞれ同じになるようにそろえることを奨励する（Le Roux and Rouanet 2010：38）。

11) 回答選択肢を選んだ者を意味する。

［謝辞］本章には，吉野諒三教授（統計数理研究所）並びに林文氏（統計数理研究所客員教授）から貴重なコメントをいただきました。ここに感謝の意を表します。

参 考 文 献

Alesina, Alberto and Eliana La Ferrara. 2000. "Participation in Heterogeneous Communities." *Quarterly Journal of Economics* 115: 847-904.

Barber, Barnard. 1983. *The Logic and Limits of Trust*. New Brunswick, N.J.: Rutgers University Press.

Bjornskov, Christian. 2006. "Determinants of Generalized Trust: A Cross-country Comparison." *Public Choice* 130: 1-21.

Blau, Peter. 1964. *Exchange and Power in Social Life*. New York: Wiley.

Bok, Sissela. 1978. *Lying: Moral Choice in Public and Private Life*. New York:

Pantheon.

Butler, John. K., Jr. 1991. "Toward Understanding and Measuring Conditions of Trust: Evolution of a Condition of Trust Inventory." *Journal of Management* 17: 643-63.

Choi, Sang-Chin and Gyuseog Han. 2008. "Immanent Trust in a Close Relationship: A Cultural Psychology of Trust in South Korea." pp. 79-104, in *Trust and Distrust: Social Cultural Perspectives*, edited by Ivana Markova and Alex Gillespie. Charlotte, NC: Information Age Publishing.

Cook, Karen S., Margaret Levi, and Russell Hardin(eds.). 2009. *Whom Can We Trust?* New York: Russell Sage Foundation.

Dalton, Russell. 2004. *Democratic Challenges, Democratic Choices, the Erosion of Political Support in Advanced Industrial Democracies*. Oxford: Oxford University Press.

Delhey, Jan and Kenneth Newton. 2003. "Who Trusts: The Origins of Social Trust in Seven Nations." *European Societies* 5: 93-137.

Delhey, Jan and Kenneth Newton. 2005. "Predicting Cross-National Levels of Social Trust: Global Pattern or Nordic Exceptionalism?" *European Sociological Review* 21: 311-27.

Dietz, Graham, Nicole Gillespie, and Georgia T. Chao. 2010. "Unraveling the Complexities of Trust and Culture." pp. 3-41, in *Organizational Trust: A Cultural Perspective*, edited by Mark N. K. Saunders, Denise Skinner, Graham Dietz, Nicole Gillespie, and Roy J. Lewicki. Cambridge, UK: Cambridge University Press.

Ermisch, John, Diego Gambetta, Heather Laurie, Thomas Siedler, and S.C. Noah Uhrig. 2009. "Measuring People's Trust." *Journal of the Royal Statistical Society Series* A 172: 749-60.

Field, John. 2008. *Social Capital*. London and New York: Routledge.

Fischer, Claude. 1992. *America Calling: A Social History of the Telephone*. Berkley, CA: University of California Press.

Gheorghiu, Mirana, Vivian Vignoles, and Peter B. Smith. 2009. "Beyond the United States and Japan: Testing Yamagishi's Emancipation Theory of Trust across 32 Nations." *Social Psychology Quarterly* 72: 365-83.

Glaeser, Edward L., David I. Laibson, Jose A. Scheinkman, and Christine L. Soutter. 2000. "Measuring Trust." *The Quarterly Journal of Economics* 115(3): 811-46.

Golembiewski, Robert T. and Mark McConkie. 1975. "The Centrality of Interpersonal Trust in Group Processes." pp. 131-85, in *Theories of Group Processes*, edited by Cary L. Cooper. New York: Wiley.

Greenacre, Michael and Gorg Blasius (Eds.). 1994. *Correspondence Analysis in the Social Sciences*. London: Academic Press.

Han, Gyuseog and Sang-Chin Choi. 2012. "Trust Working in Interpersonal Relationships: A Comparative Cultural Perspective with a Focus on East Asian Culture." pp. 237–68, in *Trust: Comparative Perspectives*, edited by Masamichi Sasaki and Robert Marsh. Leiden, The Netherlands: Brill.

Hardin, Russell. 2006. *Trust*. Cambridge, UK: Polity.

Hirsch, Fred. 1978. *Social Limits to Growth*. Cambridge, MA: Harvard University Press.

Inglehart, Ronald. 1999. "Trust, Well-Being and Democracy." pp. 88–120, in *Democracy and Trust*, edited by Mark. E. Warren Cambridge, UK: Cambridge University Press.

Knack, Stephen and Philip Keefer. 1997. "Does Social Capital Have an Economic Payoff? A Cross-Country Investigation." *Quarterly Journal of Economics* 112: 1251–88.

Le Roux, Brigitte and Henry Rouanet. 2010. *Multiple Correspondence Analysis*. Los Angeles: Sage.

Lewis, J. David and Andrew Weigert. 1985. "Trust as a Social Reality." *Social Forces* 63: 967–85.

Liu, Li. 2008. "Filial Piety, Guanxi, Loyalty, and Money: Trust in China." pp. 51–77, in *Trust and Distrust: Social Cultural Perspectives*, edited by Ivana Markova and Alex Gillespie. Charlotte, NC: Information Age Publishing.

Luhmann, Niklas. 1979. *Trust and Power*. New York: John Wiley and Sons.

Miller, Alan S. and Tomoko Mitamura. 2003. "Are Surveys on Trust Trustworthy?" *Social Psychological Quarterly* 66: 62–70.

Misztal, Barbara A. 1996. *Trust in Modern Societies: The Search for the Bases of Social Order*. Cambridge, UK: Polity Press.

Newton, Kenneth. 2001. "Trust, Social Capital, Civil Society, and Democracy." *International Political Science Review* 22: 201–14.

Paxton, Pamela. 1999. "Is Social Capital Declining in the United States? A Multiple Indicator Assessment." *American Journal of Sociology* 105: 88–127.

_____. 2007. "Association Memberships and Generalized Trust: A Multilevel Model across 31 Countries." *Social Forces* 86: 47–76.

Putnam, Robert. D. 1993. *Making Democracy Work: Civic Traditions in Modern Italy*. Princeton, N.J.: Princeton University Press.

_____. 2000. *Bowling Alone: The Collapse and Revival of American Community*. New York: Simon and Schuster.

Reeskens, Tim and Marc Hooghe. 2008. "Cross-Cultural Measurement Equivalence of Generalized Trust: Evidence from the European Social Survey (2002 and 2004)." *Social Indicators Research* 85: 515–32.

Rosenberg, Morris. 1956. "Misanthropy and Political Ideology." *American Sociological Review*. 21: 690-5.

Sapienza, Paola, Anna Toldra-Simats, and Luigi Zingales. 2013. "Understanding Trust." *The Economic Journal* Online: 3 JUN 2013.

Sasaki, Masamichi and Robert Marsh(eds.). 2012. *Trust: Comparative Perspectives*. Leiden, The Netherlands and Boston, U.S.A.: Brill.

Schwarz, Norbert. 1999. "Self-Reports: How the Questions Shape the Answers," *American Psychologist* 54: 93-105.

Simmel, Georg. 1950. *The Sociology of Georg Simmel*, translated and edited by Kurt Wolff, Glencoe, Ill: Free Press.

Smith, Tom W. 1988. "The Ups and Downs of Cross-National Survey Research. GSS Cross-National Report No. 8." Chicago: National Opinion Research Center, University of Chicago.

Uslaner, Eric. M. 1999. "Democracy and Social Capital." pp. 121-50, in *Democracy and Trust*, edited by Mark. E. Warren. Cambridge, UK: Cambridge University Press.

―――. 2000. "Producing and Consuming Trust." *Political Science Quarterly* 115: 569-90.

―――. 2002. *The Moral Foundations of Trust*. Cambridge, UK: Cambridge University Press.

Warren, Mark. E.(ed.)1999. *Democracy and Trust*. Cambridge, UK: Cambridge University Press.

Whiteley, Paul F. 1999. "The Origins of Social Capital." pp. 25-44, in *Social Capital and European Democracy*, edited by Jan van Deth, Marco Maraffi, Ken Newoton, and Paul Whiteley. London: Routledge.

Wilkes, Rima. 2011. "Re-Thinking the Decline in Trust: A Comparison of Black and White Americans." *Social Science Research* 40: 1596-610.

Wuthnow, Robert. 2004. "Trust as an Aspect of Social Structure." pp. 145-67, in *Self, Social Structure, and Beliefs: Explorations in Sociology*, edited by Jeffrey C. Alexander, Gary Marx, and Christine L. Williams. Berkeley, CA: University of California Press.

Yamagishi, Toshio, Masako Kikuchi, and Motoko Kosugi. 1999. "Trust, Gullibility, and Social Intelligence." *Asian Journal of Social Psychology* 2: 145-61.

Yamagishi, Toshio. 2001. "Trust as a Form of Social Intelligence." pp. 121-47, in *Trust in Society*, edited by Karen Cook. New York: Russell Sage Foundation.

Yoshino, Ryozo. 2015. "Trust of Nations." *Behaviormetrika* 42: 131-66.

Yoshino, Ryozo and Hiroko Osaki. 2013. "Subjective Social Class." *Japanese Journal of Behaviometrics* 40: 77-114.

Zucker, Lynne. G. 1986. "Production of Trust: Institutional Sources of Economic

Structure, 1840–1920." *Research in Organizational Behavior* 8: 53–111.

ABSTRACT

In recent decades, trust has become a major issue in social science as globalization has become pervasive. Hence the study of trust has become essential in understanding and coping with the serious impacts of globalization. This is especially true of contemporary globalized "megacities," where great numbers of people flow into and out of countries. The security and interpersonal trustworthiness of life in the village has been supplanted by something much different, where people move about and are now an amalgam from a variety of cultures and social systems. But today we observe that trust levels are declining among many industrialized nations. The present study uses the generalized trust three-items which are commonly used by many general attitudinal surveys. Correspondence analysis, also used here, is a statistical technique especially useful for categorical data, yielding simple but elegant graphic displays. Data for the present study were collected based on nationwide attitudinal general social surveys among 19 nations in the Pacific region. The present study uses data from three megacities: Shanghai, Tokyo and Seoul. The trust structures of the megacities, analyzed using correspondence analysis, are similarly consistent with respect to the locations of the generalized three trust items. Trust was found to be associated with the social status characteristics of age, gender, and education, with younger people being distrusting and those over 50 being trusting. The present study also found that women are trusting and men are distrusting; that trusters are less educated; that optimism and well-being are associated with trust among the three megacities; and finally that informal social personal networks are associated with trust.

Keywords: trust, comparative analysis, three megacities in Asia, survey data

第 2 章
グローバル・ガバナンスと「信頼感」

倉本由紀子

1．はじめに

　「グローバル・ガバナンス」の概念は，冷戦後の 1990 年代に国際関係論で広く論じられるようになったが，その定義は，さまざまな分野によって多様化し不明確な性格をもつものである。歴史的変遷においても，「ガバナンス」の枠組みや「アクター」の役割・機能も変容した。覇権国家（ヘゲモニー）が存在しない今日の国際社会には，地球的規模の諸問題が山積し，その解決には多種多様な「アクター」の協働が必須である。しかし，グローバル化の深化は，「グローバル・ガバナンス」を複雑化・重層化し，国際社会におけるアクター間の衝突をも助長し，また協働を妨げている。本章は，現在，反グローバル化とグローバル化の深化が同時進行する中での「グローバル・ガバナンス」を，「信頼感」を分析手段として使用し検証する。まず，「グローバル・ガバナンス」と「信頼」の定義を歴史的変遷から概観する。次に，グローバル・ガバナンスの多様化するアクターへの「信頼感」の現状を明らかにする。そして，「グローバル・ガバナンス」における信頼の醸成について，「信頼感」と「政治社会のリスク」の関係から考察と分析を行う。

2. グローバル・ガバナンスと「信頼」

「グローバル・ガバナンス」は，一般的に，政府が存在しない世界における「ガバナンス」を意味し，国家だけでなく，国際機関，地域共同体，非政府組織，多国籍企業，個人を含む多様なアクターから構成される国際社会を想定する。「グローバル・ガバナンス」の概念の定義はいまだ多様であるが，グローバル・ガバナンス委員会の包括的な定義によると，「グローバル・ガバナンスは，公私を問わず個人および組織が，彼らの共通の事項を管理する多くの方法の全体であり。対立するあるいは多様な利益を取りまとめ，協力的な行為がとられる継続的な過程である。それは，ルールの遵守を強制するフォーマルな機構やレジームを含むとともに，人々や機構が共通利益となると考えたインフォーマルな枠組みを含むものである。」[1]

グローバル・ガバナンス論の先駆者である国際政治学者，James Rosenau は，「グローバル・ガバナンスとは人間の活動のすべてのレベル（家族から国際組織まで）にかかわるものであり，そしてそこでは，目標の追求のためのコントロールの行使はトランスナショナルな影響をもつルールのシステムを含むものと考えられる」[2]とし，非国家主体の存在の重要性を示唆した。Oran Young によれば，原則，規範，規則などを基礎に置く国際制度（レジーム）を中心として，問題領域ごとの国際レジームの積み重ねによる国際ガバナンスが「グローバル・ガバナンス」である[3]とし，国際レジーム制度を基盤とした「ガバナンス」と定義した。また，グローバル・ガバナンス論として，山本吉宣は，「主体として，非国家主体を参加させるべきものである。また，強制や支配ではなく，調整や協力的な行為をとるべきである，さらに主体間の非階層性という規範性をもつ。」[4]と論じ，「グローバル・ガバナンス」の定義の多様性に言及した。

さらに Weiss and Gordenker は，冷戦後のグローバル化による国民国家の枠組みや能力の衰退と，地球規模問題へ取り組む必要性から，「グローバル・

ガバナンスは，一国一国の能力を超えた社会，政治的な諸問題に，より秩序ある，またより信頼性のある対応をするための努力である」[5]と定義する。また，地域主義的なトランスナショナル・デモクラシーからグローバル・ガバナンスを考える Zaki Laidiha は，「国家の将来にかかる歴史的な不確実性を，グローバルなシステムにおける多様な行為主体間での取決めの構築によって削減する過程」とし，人々のアイデンティティと政治の表出の確保を国家に代行して担う政治システムと捉える[6]。

　『Who Governs the Globe?』の編著者である Avant, Finnemore, and Sell は，グローバル・ガバナンスの「ガバナンス」をプロセスや枠組みと見て，受け身な（passive）捉え方が多いことに問題意識をもち，「グローバル・ガバナンス」における統治主体の分析研究を行っている[7]。一方，「グローバル・ガバナンス」が，南北問題解決に向けての取り組みの中から生まれてきた実践的，政策的志向的概念と捉え，「グローバル・ガバナンスとは，地球的規模の問題に適切に対処する能力のことである。」[8]と能動的に扱う考え方もある。以上のように，「グローバル・ガバナンス」はさまざまな定義や研究対象が存在するが，本研究では，国家だけでなく，国際機関，地域共同体，非政府組織，多国籍企業，個人を含む多様なアクターから構成される国際社会のフォーマルおよびインフォーマルな問題解決の取り組みと定義する。

2.1　信頼の定義

　「信頼」の研究は，多元的な概念として，社会科学の分野で議論されてきた。とりわけ，「『信頼』を社会関係特性，とくに対人関係において捉えた場合，『信頼』は社会関係による集団の形成とその維持そして集団成員の社会化の中核ともなる。」[9]「信頼」は「社会関係資本」（Social capital）の重要な要素の1つとして扱われることが多い。「社会関係資本」も幅広い概念であるが，「人が他者との間に信頼の架け橋を築こうとしたり，他者との信頼の絆を深めようとしたりするときや，他者との共同事業を敢行するときに，さらには，他者との間に恒常的な相互依存関係を構築しようとするときに，誤解がもたらすコスト

や取引コストを最小化するうえで最も役に立つ可能性のあるもの」[10] と定義づけられる。「社会関係資本」の主要素は，人々の間の協調的な行動を促す「信頼」「互酬性の規範」「ネットワーク（絆）」である[11]。「社会関係資本」は，民主化[12] や経済発展[13] に大きな影響を及ぼすことが指摘され，「信頼」は社会インフラの重要な一部として扱われている。また，「信頼」は，社会関係資本の文化的な面を構成し，文化の違いによる「信頼度」の差異も研究対象になっている[14]。

　国際政治における「信頼」は，他のアクターの行動を合理的に計算する外交政策決定過程で用いられ，「信用」と「信頼」を融合して扱っていた[15]。しかし，Keating and Ruzicka は，「信頼」を，残存するリスクや不確実性を意識的に縮減または，取り除く観念的枠組みで，とくにアクターの意思決定過程で機能し，「信用」とは異なると定義する。「信用」は，「信頼」のような間主観的な社会的なものではなく，合理的に計算できるもので，リスクに対する認識を縮減しない[16]。また，Robert Keohane は，最初に国家間に「不信感」が生まれ，次に「組織」が創設され，その結果「信頼」が生まれると論じた。国際社会では，「不信感」から起こる問題の解決のために，国家主体は国際組織を設立し，国際組織の運営を通じて「信頼」関係を醸成するのである[17]。また，「信頼」の相互関係が，「信頼」を深化させ国家の安全保障に重要な役割を果たす協力体制を構築する。

　Avant, Finnemore, and Sell は，理念や相反する考えに対し，「信頼」はグローバル・ガバナンスの運営の手段となると論じる。「信頼」は，「特定な課題に対して，相手（方）が適当な行動をするという一連の期待」とし，ガバナンスのリーダーシップや権限を受け入れる土壌作りに機能するという。組織間の「信頼感」は，規範や規則の遵守や，お互いの行動があらかじめ推測できる状態を醸成する。欧州連合が，組織としての権限を確固としたものにする過程でやはり重要な役割を果たしたのが「信頼」であったのは言うまでもない[18]。

　本研究では，アクターが，他のアクターの意図や目的を好意的に認識することを「信頼感」[19] と定義し，グローバル・ガバナンスの現状や課題を分析す

る手段として用いる。

3．グローバル・ガバナンスにおける主要アクターと「信頼感」

　冷戦終焉後の 1990 年以降，グローバル化が加速し始め，国際社会における国家主体の役割や機能も変容した。現在，反グローバル化の傾向も見られるが，安全保障，貧困，環境問題などの地球規模の諸問題の解決には，国際社会における国家，国際機関，非政府団体（NGO），財団，企業，個人が協働することが必須である。Edlenbos and Klijn は，複雑化する組織間の協力体制の研究結果として，「信頼感」は，1）協力を促進し，2）協力を確固たるものにし，3）協働の成果を増進させると論じる[20]。この節では，グローバル・ガバナンスの現状を把握するため，多様化した国際社会のアクターに対する「信頼感」について検証する。

　まず，第二次世界大戦後発足した国際連合について検証する。国連は，世界政府が不在の国際社会で，多国間の連携や協働を促進し，戦争のない平和な世界を構築し，各国の共存共栄を可能とするグローバル・ガバナンスの主要な役割を果たすことが期待された。しかし，冷戦がもたらした二極化国際政治経済システムの影響により，国連の活動と機能は限定的なものとなった。しかし，その冷戦も終結し，国境を越えたヒト，モノ，カネ，情報やテクノロジーの移動が急速に深化したが，グローバル化したテロリズム，地球温暖化，国際的な貧富の格差の拡大など，地球規模の諸問題が悪化しているという深刻な事態に陥ったため，グローバル・ガバナンスの重要性があらためて認識されることになった。

　国連が主要アクターとしてリーダーシップを発揮してきた分野の1つは，国際開発である。グローバル・ガバナンスにおいて，南北問題に関するフォーマルおよびインフォーマルな問題解決の枠組みとして，国際開発レジームが存在する[21]。第二次世界大戦後の経済復興や開発支援から開始した国際開発は，米国

や欧州の国家主体と，国際連合，世界銀行などの国際機関が中心となり，国際開発レジームを形成し，国際開発に関するルールや規範形成を促進してきた。

　国際連合は，第二次世界大戦後の国際協調の枠組みを構築し，国際社会の多種多様な問題解決のために多大な貢献をしてきた国際機関である。国際開発に関しては，国連開発計画（UNDP）が大きな役割を果たし，1990 年に「人間開発」，1994 年には「人間の安全保障」の概念を提示し，国際社会の貧困問題解決には，経済開発のみならず社会開発の重要性を強調した。「人間開発」は，経済学者のアマルティア・センの「潜在能力（capability）・アプローチ」の考え方に基づき，「人々の選択肢を拡大するプロセス」を通じ，人間の「well-being」を目指し，「人の健康，知識，技能などの改善を通じた人間の潜在能力を形成すること」[22] とする。「人間の安全保障」は，飢餓，疾病，失業，低所得，環境破壊，犯罪，テロ，政治弾圧，戦争，紛争，伝統的文化の喪失などの「脅威」[23] からの自由と定義し，「恐怖からの自由」・「欠乏からの自由」を開発目標とする国際協調を促した。

　国連事務総長（当時）であるアナン氏が 1999 年にイニシアティブを取った「グローバル・コンパクト」は，ビジネス界に 4 分野（人権，労働，環境，腐敗防止）10 原則の遵守と実践を求め，国連とビジネスの協働体制を構築し，山積するグローバル問題の解決に取り組もうとするものであった。2017 年 7 月時点では，9,531 の企業が賛同し，4,000 以上の NGOs やその他の団体が参加している[24]。グローバル・コンパクトは，包括的に地球規模の諸問題を考える包摂的な枠組みを模索したものであった。

　国際連合が主導した国際開発規範として，ミレニアム開発目標（MDGs）がある。この MDGs は，2000 年から 2015 年までに達成すべき開発途上国の貧困削減のための 8 つの目標（貧困撲滅，初等教育普及，ジェンダー平等，乳幼児死亡率の削減，妊産婦の健康改善，感染症の防止，持続可能な環境づくり，開発のためのグローバルなパートナーシップの推進）を掲げ，国際援助協調を推進するメカニズムの役割も担った[25]。UNDP は，ミレニアム開発目標（MDGs）の達成には，各国政府だけでなく，国際機関，民間セクター，財団，教育・研究機関，非政

府組織（NGOs）を含む市民社会，市民一人ひとりによる貢献が必要であると訴え，包括的な国際協調の枠組みの構築に努力した[26]。そして，2015 年，「国連持続可能な開発サミット」が開催され，193 の加盟国によって「我々の世界を変革する：持続可能な開発のための 2030 アジェンダ（Transforming Our World：the 2030 Agenda for Sustainable Development）」が全会一致にて採択された。

　2030 アジェンダは「誰も置き去りにしない（leaving no one behind）」ことを掲げ，国際社会が 2030 年までに貧困を撲滅し，持続可能な開発を実現するための重要な指針で，一人ひとりに焦点を当て，貧しい国，豊かな国，中所得国等のあらゆる所得レベルの国々の取り組みを求めている。また，民間企業や市民社会の役割は益々高まっており，あらゆる関係者が連携すること（グローバル・パートナーシップ）の重要性を強調している[27]。

　世界銀行も，第二次世界大戦後の復興と旧植民地の開発に寄与し，国際開発レジームの形成に大きな役割を担った。世界銀行グループは，国際復興開発銀行（IBRD），国際開発協会（IDA），国際金融公社（IFC），多数国間投資保証機関（MIGA）から構成されており，途上国の政府だけでなく，民間企業も支援対象に低金利融資を実施し途上国の経済発展を促進させてきた。国際開発金融機関である世界銀行は，米国の影響が強く，世界銀行総裁も初代から今まで米国から輩出されている。発展途上国への融資における国際開発規範やルールも米国の影響が大きく，1980 年代の「構造調整レジーム」[28] もその例である。構造調整の考え方は，市場への政府の過剰な介入や規制を最小限に抑えることによって，経済活動を市場原理に委ねるという新古典派経済学の理論を，開発途上国に適用させることであった。この構造調整政策をコンディショナリティとして，融資の条件として開発援助を実施した結果，開発途上国（とくにアフリカ）の経済成長の阻害，貧困層の増加，政府の弱体化，債務問題の悪化などを引き起こし，構造調整政策は概ね失敗に終わった[29]。

　このように国連は南北問題の解決のため，国際社会の協働を促す努力をしてきたが，グローバル・ガバナンスの主要アクターとして，世界の各国から「信頼感」を得ているのだろうか。

　以下では，世界価値観調査の第4波 (1999 ~ 2004)，第5波 (2005 ~ 2009)，第6波 (2010 ~ 2014) のデータを比較し，国連に対する信頼度について分析を試みる。使用するのは，第4波から第6波に共通する13か国（アルゼンチン，チリ，中国，インド，日本，ヨルダン，韓国，メキシコ，ペルー，スペイン，スウェーデン，トルコ，米国）のデータである。質問項目は「今から多くの組織の名前を挙げます。各組織に対し，あなたは，どのくらい信頼していますか。大いに信頼する，とても信頼する，あまり信頼しない，全く信頼しない，どちらでしょうか (I am going to name a number of organizations. For each one, could you tell me how much confidence you have in them：is it a great deal of confidence, quite a lot of confidence, not very much confidence or not at all?)」。調査結果，図2-1で示すように組織に対しての信頼感については，10年間であまり大きな変化は見られない。通常，国際貢献の実績や経験が信頼感を醸成することが想定されるが，国際社会における国連の活動や機能に対しての評価は向上していないと言える。とくに注意すべき点では，過去3回の調査で「大いに信頼する」の割合は，「全く信頼しない」より継続して高いことである。

図2-1　国連に対する信頼度の推移 (2004 ~ 2014)

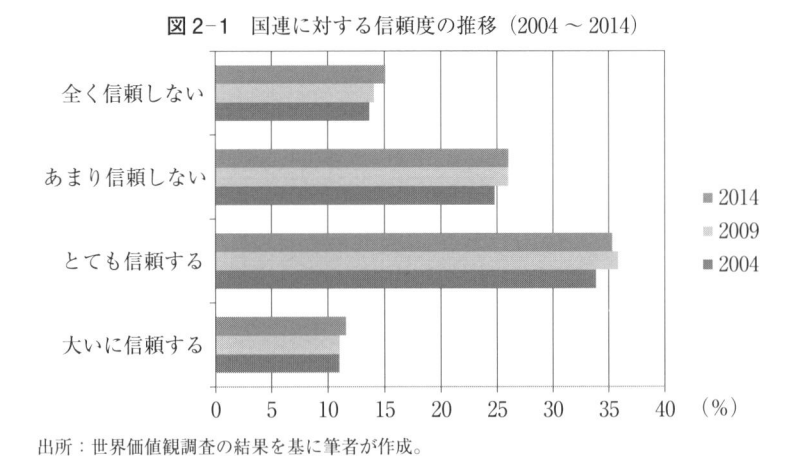

出所：世界価値観調査の結果を基に筆者が作成。

　次に，第6波（2010 ~ 2014）中の13か国の調査を国際比較し，国連に対する信頼感の詳細を検証する。13か国中で，国連への信頼度が一番高い国は，韓国で68.3％の人が国連を信頼できる（「大いに信頼する」・「とても信頼する」）と回答している。次にスウェーデン（63.5％），インド（58.7％）と続く。また，最も国連への信頼度が低い国（「あまり信頼しない」・「全く信頼しない」）は，ヨルダンで69.9％，次に米国（61.4％），アルゼンチン（57.9％）と続く。ヨルダンにおいては，46.5％の人が「全く信頼しない」と回答し，国連への不信感が非常に高い。

図 2-2　国連に対する信頼感の国際比較（2010 ~ 2014）[30]

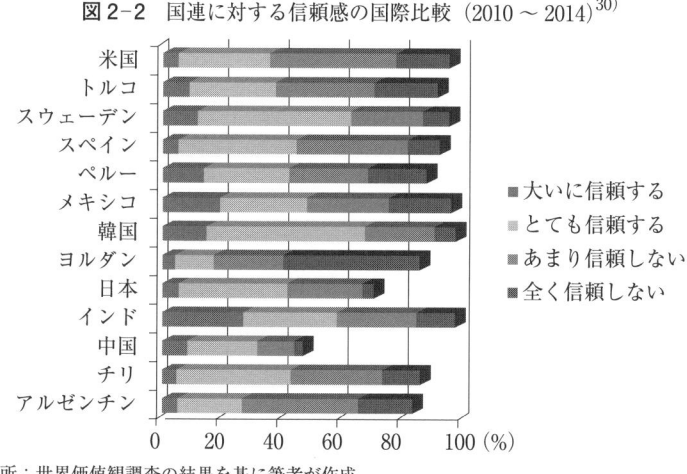

凡例:
- 大いに信頼する
- とても信頼する
- あまり信頼しない
- 全く信頼しない

出所：世界価値観調査の結果を基に筆者が作成。

　図 2-3 で示す近年の世界価値観調査（60 か国の 86,274 人対象）では，「国連を信頼する（「大いに信頼する」・「とても信頼する」）」は 42.2％，「国連を信頼しない（「あまり信頼しない」・「全く信頼しない」）」が 47.7％で，国連への不信感が強い結果となっている。「国連を信頼する」の割合では，ウズベキスタンが最も高く 72.9％，次にカザフスタン（69.4％），続いて韓国（68.3％）となっている。60％以上が「国連を信頼する」と回答した他の国は，フィリピン（66.9％），ガーナ（65.1％），キルギス（65.8％），スウェーデン（63.5％），シンガポール

（63％），マレーシア（61.9％）で計9か国である。一方，国連に対する不信感が最も高い国は，エジプトで89.9％，次にパレスチナの82.3％，イラクも73.8％で，いずれも中東の国と地域である。その他にも，アルジェリア（71％），スロベニア（70.9％），パキスタン（70.3％），ヨルダン（69.9％），チュニジア（69.3％），カタール（68.7％），リビア（67.8％），アゼルバイジャン（66.4％），レバノン（63.2％），イエメン（62.2％）で3か国の60％を超える回答者が「国連を信頼しない」と回答している。エジプトの66.6％，パレスチナの55.8％の人々が「国連を全く信頼しない」と回答し，非常に高い不信感を表している。

　さらに，図2-3では，グローバル・ガバナンスにおいて重要なその他のアクターに対する信頼感を比較する。前述したように，グローバル化が深化した国際社会では，国家主体だけではなく，国際機関，企業，NGOs，財団などが，地球規模の諸問題の解決に協働する重要アクターになっている。とくに多国籍企業のグローバルな活動は，冷戦終焉後，急速に拡大し，2007年には，国家のGDPと企業の売上高を比較した場合，世界の上位100の経済主体のうち，42を企業が占め，国家は58であった[31]。「グローバル・コンパクト」も，国際社会における企業の役割を重要視した結果，構築された協働体制である。図2-3は，世界価値観調査第6波における各組織に対する信頼感の比較である。質問内容は，図2-1と同様で，59か国（85,214人）のうち，46.4％が「大手企業を信頼する（「大いに信頼する」・「とても信頼する」）」と回答し，「国連を信頼する」の42.2％を上回る。しかし，大手企業に対する不信感（「あまり信頼しない」・「全く信頼しない」）も，「国連を信頼しない」の47.7％より高く，49％である。

　大手企業を信頼する回答者の割合が最も高いのは，ガーナ（75.8％），次にマレーシア（74.3％），そしてバーレーン（72.4％）である。その他，60％以上が「大手企業を信頼する」と回答した国は，ジンバブエ（72.1％），シンガポール（71.9％），カタール（67.9％），ナイジェリア（67.7％），台湾（65.6％），フィリピン（64.6％），コロンビア（61％）である。一方，大手企業に不信感が高い国（60％以上が「信頼しない」と回答）は，イエメン（75.2％），チリ（65％），米

国（64.8％），スロベニア（64.6％），ドイツ（63.4％），スペイン（63.1％），ア
ルゼンチン（61.5％）の7か国で，国連に対して高い不信感を表した国の数の
半数である。

図2-3　組織に対する信頼感の比較（2010 ～ 2014）

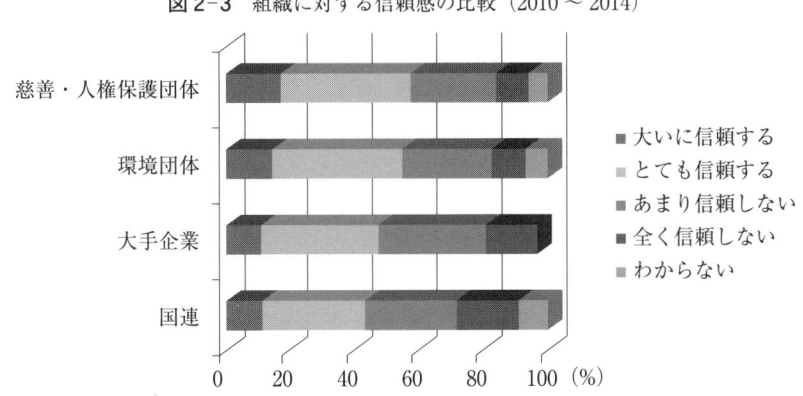

出所：世界価値観調査の結果を基に筆者が作成。

　では，環境団体に対する信頼度は，他の組織と比較するとどうであろうか。
World Wide Fund for Nature, Greenpeace, Climate Action Network など，
地球温暖化問題に取り組む NGOs が，各政府への働きかけや国際会議での参
加などで，環境問題解決に向けて重要な役割を果たしている。図2-3で示す
世界価値観調査第6波（60か国の86,274人対象）では，53.9％が「環境団体を
信頼する（「大いに信頼する」・「とても信頼する」）」と回答し，38.1％が「環境団
体を信頼しない（「あまり信頼しない」・「全く信頼しない」）」と回答している。個々
の国々に焦点を当て信頼度を検証すると，多くの国の環境団体への信頼が厚い
ことが明らかになった。最も信頼度が高い国は，フィリピン（80.9％），次に
マレーシア（78％），香港（75.2％），と続く。他に信頼度が60％を超える国は，
ウズベキスタン（74.3％），台湾（73.6％），バーレーン（73％），コロンビア
（71.2％），ガーナ（70.2％），カタール（69.6％），シンガポール（69.8％），エス
トニア（69.5％），スウェーデン（69.2％），インド（69.2％），キプロス（68.2％），

ウルグアイ（66.4％），ドイツ（66.1％），ベラルーシ（65.6％），メキシコ（65％），
ジンバブエ（65.5％），チリ（64.7％），韓国（62.4％），ブラジル（61.4％），タ
イ（60.6％）の20か国である。一方，環境団体に対する強い不信感（60％以上
の回答者）を表したのはエジプト（72.9％）のみである。

　図2-3で示すように，環境団体より，世界価値観調査の国際比較で信頼度
が高い組織は，慈善・人権保護団体である。慈善・人権保護団体を信頼する
（「大いに信頼する」・「とても信頼する」）人の割合は56.5％で，信頼しない（「あま
り信頼しない」・「全く信頼しない」）割合は36.4％である。人権保護団体で代表的
な NGOs には Amnesty International や Human Rights Watch があり，国際
的な人権キャンペーンを展開し啓蒙活動に努力をしている。慈善・人権保護団
体への信頼度が最も高いのは，カタール（86.1％），次にフィリピン（80.9％），
そしてマレーシア（77.6％）となっている。その他で信頼度が高い（60％以上）
国は，台湾（76.4％），ガーナ（76.3％），ジンバブエ（74.1％），ドイツ（74.1％），
コロンビア（70.8％），バーレーン（70.1％），ウルグアイ（69.6％），オースト
ラリア（69.1％），香港（69％），ウズベキスタン（67.6％），キプロス（66.6％），
エストニア（66.6％），チリ（66.5％），ポーランド（65％），スペイン（63.8％），
韓国（64％），キルギス（62.9％），シンガポール（62.4％），ナイジェリア（62％），
クウェート（62％），ベラルーシ（61.9％），米国（60.6％），ジョージア（60.5％）
の23か国である。この結果には宗教の違いによる信頼度への影響はあまり認
められない。一方，慈善・人権保護団体に対し60％以上の強い不信感を表し
ているのはスロベニア（62.6％）のみである。

　最後に，グローバル・ガバナンスのアクターへの信頼度の検証を，自国の政
府に対する信頼度と比較し，今後の役割や機能について検証する。図2-4は，
各国の組織に対する信頼度の国際比較である。自国の政府に対する信頼度と他
の組織への信頼度を比較すると，60か国の中8か国の，アゼルバイジャン，
中国，カザフスタン，ヨルダン，ルワンダ，シンガポール，トルコ，ウズベキ
スタンでは，自国政府への信頼度が，他の組織に対する信頼度を上回る。しか
し，他の52か国は，政府より信頼する組織が存在する。とくに，オーストラ

図 2-4　各組織に対する信頼度の国際比較（2010 ～ 2014）（単位：%）

国名	自国政府を信頼	国連を信頼	慈善・人権団体を信頼	環境団体を信頼	大手企業を信頼
アルジェリア	33.9	9.0	39.0	27.2	32.0
アゼルバイジャン	80.1	33.6	46.0	48.5	58.6
アルゼンチン	31.6	26.9	57.1	47.1	34.5
オーストラリア	30.0	54.4	69.1	57.3	48.7
バーレーン	72.1	47.4	70.1	73.0	72.4
アルメニア	38.4	42.3	46.4	36.5	35.5
ブラジル	41.0	37.2	59.4	61.4	58.5
ベラルーシ	56.0	55.6	61.9	65.6	55.2
チリ	33.6	43.2	66.5	64.7	32.6
中国	84.6	31.6	47.8	56.7	53.5
台湾	44.8	43.5	76.4	73.6	65.6
コロンビア	39.3	43.0	70.8	71.2	61.0
キプロス	38.5	38.8	66.6	68.2	51.2
エクアドル	50.4	39.3	48.8	50.8	52.6
エストニア	52.8	57.1	66.6	69.5	56.0
ジョージア	32.5	46.8	60.5	52.8	36.9
パレスチナ	37.1	8.2	44.6	34.1	25.7
ドイツ	44.4	45.7	74.1	66.1	25.1
ガーナ	60.8	65.1	76.3	70.2	75.8
香港	59.4	56.5	69.0	75.2	56.5
インド	54.2	58.7	59.1	69.2	58.6
イラク	38.2	16.6	57.3	36.6	31.3
日本	24.3	42.0	20.2	33.7	43.4
カザフスタン	74.8	69.4	58.0	57.6	57.2
ヨルダン	54.2	17.2	42.2	37.1	36.0
韓国	49.5	68.3	64.0	62.4	55.9
クウェート	60.5	34.9	62.0	42.5	48.2
キルギス	57.7	65.8	62.9	55.1	56.6
レバノン	22.7	29.5	41.3	41.7	41.4
リビア	22.5	19.8	55.9	41.5	40.1
マレーシア	75.1	61.9	77.6	78.0	74.3
メキシコ	38.7	48.8	59.9	65.0	54.1
モロッコ	44.4	18.9	56.2	49.7	47.4
オランダ	33.0	41.9	41.3	44.7	37.3
ニュージーランド	44.7	44.9	58.4	52.2	38.5
ナイジェリア	37.9	55.1	62.0	55.2	67.7
パキスタン	35.8	23.1	39.7	38.3	48.9
ペルー	21.8	42.6	49.6	48.4	38.1
フィリピン	57.7	66.9	80.9	80.9	64.6
ポーランド	16.0	39.5	65.0	51.3	36.8
カタール	82.9	26.1	86.1	69.6	67.9
ルーマニア	18.3	42.8	42.8	43.6	41.0
ロシア	47.4	33.8	41.0	47.5	32.8
ルワンダ	63.5	45.1	58.1	48.5	51.6
シンガポール	79.8	63.0	62.4	69.8	71.9
スロベニア	7.7	24.0	33.8	45.3	29.6
南アフリカ	46.0	42.9	46.7	48.4	48.6
ジンバブエ	71.3	59.3	74.1	65.5	72.1
スペイン	20.7	45.2	63.8	55.6	33.5
スウェーデン	59.9	63.5	46.4	69.2	51.2
タイ	51.1	48.1	55.1	60.6	56.6
トリニダード・トバゴ	34.9	39.1	55.0	46.9	34.7
チュニジア	17.8	11.8	31.5	21.3	23.4
トルコ	58.9	38.1	54.8	49.4	46.6
ウクライナ	25.4	49.3	56.8	55.7	41.5
エジプト	39.7	8.3	54.7	25.2	45.6
米国	32.6	35.9	60.6	47.7	32.6
ウルグアイ	59.0	40.0	69.6	66.4	42.1
ウズベキスタン	94.6	72.9	67.6	74.3	N/A
イエメン	27.5	8.0	37.3	18.0	10.5

出所：世界価値観調査の結果を基に筆者が作成。

リア，コロンビア，キプロス，エストニア，ジョージア，ガーナ，インド，韓国，レバノン，メキシコ，ペルー，フィリピン，ポーランド，ルーマニア，スペイン，ウクライナの16か国では，国連，慈善・人権保護団体，環境団体，大手企業，すべてに対する信頼度が，自国の政府への信頼度より高いことが明らかになった。この結果により，地球規模の諸問題への対応には，政府機関ではなく，他の組織を利用した枠組みが有効である可能性が明らかになった。

4．グローバル官民パートナーシップと「信頼感」

　信頼度の国際比較からも検証されたように，グローバル化が深化する国際社会における環境・人口・保健・安全保障・政治経済問題は，世界各国が参加する国際機関や2国間の外交だけでなく，企業やNGOs等を含む国際的協働体制が必要かつ有効であると言える。その中で，新しい市場と言われる Base of Pyramid（BOP）を求める企業や，ソーシャルビジネスや企業の社会的貢献（CSR）を目指す企業は，発展途上国の援助政策への参画を希望している。また財政困難な先進国は政府開発援助（ODA）の拡充が不可能であるため，民間からの資金を必要としている。このように国際社会におけるアクターは，新しい国際協力レジーム構築に向けて動きだした。

　これまでの国家またはNGOsなどの横断的協調体制から，現在は縦断的な

図2-5　グローバル化したアクター共同体の変化

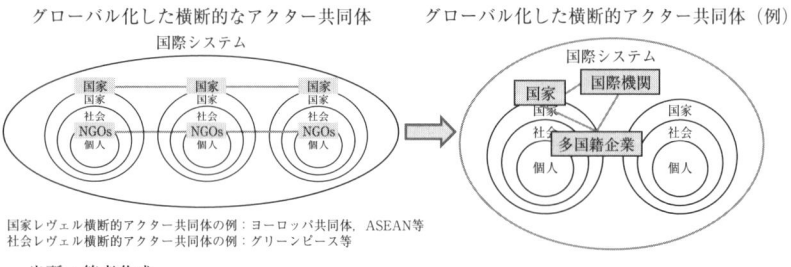

国家レヴェル横断的アクター共同体の例：ヨーロッパ共同体，ASEAN等
社会レヴェル横断的アクター共同体の例：グリーンピース等

　出所：筆者作成。

アクター共同体（国際・国家・社会の 3 レベル）の官民連携パートナーシップが形成されている。官民パートナーシップ（PPP）は，「リスク，コストと利益を共有することによって開発され，比較的持続可能なパートナーシップの卓越した手段」として，近年増加傾向にある[32]。とくに公共政策においての PPP では，民間企業や団体が政策決定過程から参画し，専門知識やリスク，そして責任を共有することで，政策がより優れ，効果的な成果を生みだす。

4.1　グローバル官民パートナーシップと「信頼」：GAVI アライアンス（GAVI）

Global Alliance for Vaccines and Immunization（GAVI）は，最も成功しているグローバルな官民連携プログラムの 1 つで，発展途上国の子どもの予防接種の普及を目的とする資金援助を行っている。先進国と発展途上国の政府，世界保健機関（WHO），国際連合児童基金（UNICEF），世界銀行グループ，Gates 財団，ワクチン製造業団体，研究機関などが主なメンバーで，現在 73 か国が予防接種の資金援助を受けている[33]。GAVI は，2000 年に設立されてから 2014 年までに 100 億 8440 万 US ドルの資金を集め，2 億 700 万人以上の子どもたちが予防接種を受けた。このグローバルな PPP は，Gates 財団の大きな拠出金によって財政的に安定しているが，官民アクターの協力体制には「信頼感」が重要な役割を果たしている[34]。

　GAVI が設立に向けて動きだした時には，それぞれの団体が異なった目的や意識をもっていた。例えば，GAVI 作業グループのメンバーは，発展途上国に新しい予防接種を導入することを優先しようとしたが，WHO と UNICEF は，ドナー国や発展途上国の声を重視することを唱え，接種が必要なすべての人に最低限必要な予防接種を提案した。また，GAVI の枠組みは統一した組織であるべきか，アライアンス（同盟）にすべきかについて意見が分かれたが，WHO は，GAVI が複雑な官僚機構になることに懸念を表し，WHO のシニアメンバーが，アライアンスにすべきであると主張した。WHO と UNICEF のリーダーシップが世界銀行やワクチン製造業者などを妥協させたのである[35]。

　このように，GAVI は，多様な官民アクターが協働して作り上げた PPP で

あるが，GAVIの設立からの記録文書と聞き取り調査から，ワクチン製造業者団体と世界保健機関が，お互い不信感をもち，共同活動に非協力であったことが明らかになっている[36]。また，アクターの協働作業によって「信頼」が醸成されたことも指摘されている。例えば，WHOと世界銀行の「信頼感」は，段階的に1）両機構のトップ（Gro Harlem BrundtlandとJames Wolfensohn）の信頼関係が築かれ，2）役員レベルのスタッフがお互いの組織に移籍し風通しが良くなり，3）関係者同士の信頼関係が深くなったことによって醸成された[37]。

　この研究を行ったMcNeill and Sandbergは，多様なアクター間の協調を達成するには「信頼感」が不可欠であると指摘し，子どもたちの命を救うという明確なビジョンが，アクター間の「信頼感」の醸成にも貢献したと結論づける。GAVIを構成する多様な機関や団体間の「信頼感」は，組織間の交渉などを担ったキーパーソンの間で築かれた信頼関係が基盤となったことも明らかにしている。

4.2　グローバル官民パートナーシップと「信頼」：米国グローバル開発同盟

　米国は，2001年9月の同時多発テロ事件後，3D Security Engagement Policy Approach（Defense 防衛，Diplomacy 外交，Development 開発）すなわち国家安全保障戦略の一環として対外援助政策を強化した。米国の援助政策は，元来国益重視で，援助の理念として自由主義経済や民主主義国家の拡大を目的としてきた[38]。再び世界第1位の援助供与国になった米国は，米国国際開発庁（USAID）のもと，国内外の民間企業や財団，国際機関等と，共同で資金を拠出し，発展途上国の開発プロジェクトを行うプログラムとして，Global Development Alliances（GDAs）を2001年に設立した。これまで1500件以上のプロジェクト（3500以上の民間企業や財団が参加）を実施し，民間からの多くの資金調達によって官民連携援助政策が施行されている[39]。

　民間企業が投資するだけの伝統的な官民連携アプローチとは異なり，GDAは，政府，企業やコミュニティが遭遇する開発途上国の複雑な問題解決のために，戦略的パートナーとしての政府と民間が人材，経験，想像力，そして出資

資本や市場アクセスを結集させた官民連携協同体である。また，GDA のパートナーシップは，米国政府の開発援助における戦略的目的とビジネス産業の目標に多くの共通点があることが前提となっている[40]。

2008 年に就任したオバマ大統領は，米国外交政策と国際援助政策には，セクターを超えた協働が重要であると強調し，クリントン国務長官も「今日，米国が抱える脅威や問題は，政府だけでは対処できない。グローバルビジネス，慈善団体，市民社会とのパートナーシップが不可欠だ。」と述べた[41]。

GDA 報告書の内容分析から，民間アクターが慈善事業としての意義を重視したプロジェクトより，ビジネスとして成功することを目的とした GDA プロジェクトのほうが，開発目標を達成し持続可能な成果をもたらす可能性が高いことも明らかになった[42]。GDA の開発プロジェクトの重要な意義は「持続可能性」であり，GDA に参画した多くのアクターが評価したのは「価値」と「信頼感」であった。その他 GDA が各アクターに寄与した「価値」には，リソースの増加，人間関係，プロジェクト実施における責任と義務，技術，実践的ノウハウや知識，リスクの共有や責任，文化を配慮した問題解決方法，伝統的な枠組みを超えた実践などが挙げられた。

5．グローバル・ガバナンスにおける「信頼感」と政治社会のリスク

地球規模の諸問題の解決には，グローバルな官民パートナーシップの枠組みが有効であり，今後も増加の傾向にある。その協働体制の成功にも，参画者の信頼関係の構築が必須であることを前節の 2 つの事例研究から指摘した。では，どのようにしたら国際社会での信頼関係を構築することができるのであろうか。以下では，グローバル・ガバナンスの基盤である「グローバル市民」の「信頼感」を分析する。グローバル市民は，お互いを信頼し協働することは可能なのか，また「信頼感」を高めるためにはどうしたらよいか，「リスク」の概念を導入し考察する。

　「リスク」と「信頼」が密接な関係にあることは既に多くの研究者が指摘している [43]。社会学者のギデンスやルーマンは，「信頼」はリスクを回避または縮減させると論じる。しかし，「リスク」が存在しなければ，相手を信頼する必要がなく，信頼するという行為は，潜在する「リスク」との闘いでもある。リスクが高ければ，人は信頼することに躊躇するであろうし，「リスク」が低ければ信頼することは容易になる。したがって，「リスク」の縮減が，信頼感の醸成を促すと考えられる。本研究では，グローバル・ガバナンスにおいて重要な政治社会のリスクに焦点を当て，「自国の政治社会のリスクが高いと，他国の人々を信頼する可能性が低い」という仮説を検証し，グローバル・ガバナンスにおける信頼関係の構築について考察する。

　グローバル・ガバナンスにおけるアクターは，国家，国際機関，財団，企業やNGOsと多様化しているが，その協働体制の基盤は「グローバル市民」である。すなわち，参画する個人が，他の国々の人間と，歴史，文化，伝統，言語などの違いを超えて，地球規模の諸問題の解決に取り組まなければならない。お互いへの不信感が強いと，長期にわたり困難な問題に立ち向かうことは不可能であろう。3節で扱った世界価値観調査では，次のようなアンケート調査を2010年から2014年の間に59か国（85,433人）を対象に実施している。「さまざまなグループの人々に対して，あなたがどのくらい信頼するのかをお尋ねます。他国籍の人々に対して，あなたは，完全に信頼する，いくらか信頼する，あまり信頼しない，全く信頼しない，どちらでしょう（I'd like to ask you how much you trust people from various groups. Could you tell me for each whether you trust people from this group completely, somewhat, not very much or not all?: People of another nationality)」。

　本研究では，グローバル問題の解決に向けたグローバル市民の協働体制構築を検証するデータとして，この世界価値観調査の「他国籍の人を全く信頼しない」の回答率を使用する。同調査での「完全に他国籍の人を信頼する」の回答率は概ね低く（インドの19.3%が最も高い），条件や環境に影響されやすいことがうかがえる。「他国籍の人を全く信頼しない」の回答率については，ペルー

（56.2%），チュニジア（52.4%），エジプト（46.6%），メキシコ（46.6%），リビア（43.8%），イエメン（42.9%），アルジェリア（42.2%），パレスチナ（42%），コロンビア（41.7%），パキスタン（41.7%），ウズベキスタン（40%）と 12 か国で 40％を超える人が強い不信感を表明している。この「不信感」は，他国籍の人に対して拒否反応を示す可能性があり，グローバルな協働体制においては，大きな障害になり得る。よって，「他国籍の人を信頼しない」の回答率を，グローバル・ガバナンスにおける重要な「信頼感」のデータとして使用する [44]。

図 2-6　「他国の人に対する不信感」の国際比較（2010 ～ 2014）[45]（単位：%）

国名	不信感	国名	不信感	国名	不信感
アルジェリア	42.2	イラク	32.9	ルーマニア	25.5
アルゼンチン	14.4	日本	13.6	ロシア	18.8
オーストラリア	4.9	カザフスタン	12.9	ルワンダ	23.4
バーレーン	19.7	ヨルダン	25.1	シンガポール	8.9
アルメニア	32.7	韓国	20.7	スロベニア	16.2
ブラジル	38.8	クウェート	18.3	南アフリカ	18.0
ベラルーシ	16.4	レバノン	21.3	ジンバブエ	30.8
チリ	11.4	リビア	43.8	スペイン	10.9
中国	14.7	マレーシア	34.3	スウェーデン	2.6
台湾	5.3	メキシコ	46.6	タイ	34.7
コロンビア	41.7	モロッコ	38.2	トリニダード・トバゴ	17.4
キプロス	25.0	オランダ	7.1	チェニジア	52.4
エクアドル	35.3	ニュージーランド	N/A	トルコ	24.3
エストニア	8.1	ナイジェリア	25.5	ウクライナ	11.1
ジョージア	11.2	パキスタン	41.7	エジプト	46.6
ドイツ	8.4	ペルー	56.2	米国	6.3
ガーナ	28.5	フィリピン	25.3	ウルグアイ	24.3
香港	10.3	ポーランド	5.5	ウズベキスタン	40.0
インド	25.2	カタール	7.8	イエメン	42.9

出所：世界価値観調査の結果を基に筆者が作成。

　本研究が使用する「政治社会のリスク」は，世界銀行研究所の「世界ガバナンス指標」のデータである。この指標は，1996 年からのデータを公表し，国際的な比較分析を可能としている。世界銀行は，ガバナンスを「一国の権力が行使している慣習と制度」[46] と定義し，6 分野からの指標を作成し各国を分析し

ている。その 6 分野とは,「表現の自由と説明責任 (Voice and Accountability)」・
「政治の安定と暴力の不在 (Political Stability and Absence of Violence/Terrorism)」・
「政府の有効性 (Government Effectiveness)」・「規則の質 (Regulatory Quality)」・
「法の支配 (Rule of Law)」・「汚職の抑制 (Control of Corruption)」である [47]。
この世界ガバナンス指標は,世界銀行が選定した 25 機関による 31 種類のデー
タから構成されている。本研究では,政治社会のリスクとして「政治の安定と
暴力の不在」の指標を用いる。この指標は,「政治の動機による暴動やテロリ
ズムを含む非合法な手段,または暴力的方法によって,政治体制が不安定化す
る,また転覆する可能性があるか」[48] についての認識度を計測したものであ
る。指標は,－ 2.5 から＋ 2.5 の値で示され,測定値が高いほど,政治社会
が安定し,政治社会のリスクが少ないと判断できる。

図 2-7 「政治の安定と暴力の不在」指標 (2014) の国際比較

国名	政治的安定	国名	政治的安定	国名	政治的安定
アルジェリア	-1.17	イラク	-2.49	ルーマニア	0.03
アルゼンチン	-0.01	日本	0.95	ロシア	-0.94
オーストラリア	1.02	カザフスタン	0.01	ルワンダ	-0.27
バーレーン	-0.93	ヨルダン	-0.05	シンガポール	1.16
アルメニア	-0.3	韓国	0.09	スロベニア	0.95
ブラジル	-0.1	クウェート	0.13	南アフリカ	-0.13
ベラルーシ	0.12	レバノン	-1.69	ジンバブエ	-0.68
チリ	0.46	リビア	-2.35	スペイン	0.26
中国	-0.53	マレーシア	0.24	スウェーデン	1.06
台湾	0.75	メキシコ	-0.85	タイ	-0.91
コロンビア	-1.12	モロッコ	-0.43	トリニダード・トバゴ	0.24
キプロス	0.56	オランダ	1.03	チュニジア	-0.85
エクアドル	-0.02	ニュージーランド	1.45	トルコ	-1.07
エストニア	0.76	ナイジェリア	-2.13	ウクライナ	-1.99
ジョージア	-0.28	パキスタン	-2.4	エジプト	-1.61
ドイツ	0.92	ペルー	-0.55	米国	0.58
ガーナ	-0.13	フィリピン	-0.72	ウルグアイ	0.99
香港	1.11	ポーランド	0.85	ウズベキスタン	-0.31
インド	-0.98	カタール	0.98	イエメン	-2.63

出所:世界ガバナンス指標を基に筆者が作成 [49]。

　「グローバル・ガバナンスにおけるグローバル市民は，国境を越えて信頼関係を構築し，地球規模の諸問題に立ち向かうことができるのか」という命題に対し，本研究は「自国の政治社会のリスクが高いと，他国の人々を信頼する可能性が低い」仮説を検証する。分析に用いた変数は，世界価値観調査の「他国籍の人を全く信頼しない」の回答率と，世界銀行研究所の世界ガバナンス指標の1分野である「政治の安定と暴力の不在」の指標である。結果は，図2-7で示すように，「他国の人を全く信頼できない」と「政治の安定と暴力の不在」の間には，比較的高い負の相関関係が認められた（$r = -.631$, $p < .01$）。

図2-8　不信感と政治社会の安定度の散布図 （2014）

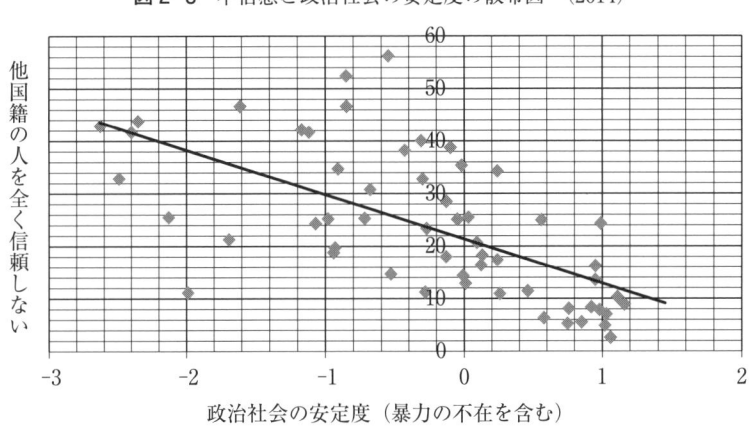

出所：世界価値観調査と世界ガバナンス指標の結果を基に筆者が作成。

　「他国の人に対しての不信感」と「政治の安定と暴力の不在」に負の相関関係が認められたことで，「信頼感」と「政治社会のリスク」に相関関係があることが明らかになった。政治が不安定，またはテロや非合法な暴力が多い社会では，外国人への信頼感が低くなり排他的になる可能性もある。国際関係論で「文化」の理論を展開した国際政治学者のRichard Ned Lebowは，個人とその個人が帰属する社会は，安全保障（security），満足できる生活状況（wellbeing），自尊心（self-esteem）に大きく影響されるとし，これら3つの要

因は，協力，対立，リスクの捉え方を左右するアクター間の「信頼感」に影響すると論じた[50]。現在の国際社会において，紛争後の不安定な政治体制，長期にわたる宗教，人種，民族，部族間の対立，猛威を振るうテロリズムなど，政治社会のリスクは増大していると言える。このような政治社会のリスクを縮減することが，グローバル市民の間の信頼感を醸成することにつながり，グローバル・ガバナンスの有効性も高まることも，今回の調査から言えるのではないだろうか。

6．おわりに

　本研究は，グローバル・ガバナンスの現状と課題を「信頼感」を手段として用いて検証を試みた。国際機関の中心を担う国連は，第二次世界大戦後，国際社会の平和と繁栄を促進するために貢献してきたが，「信頼感」の分析から，国連の役割や機能への評価は向上していないことが明らかになった。グローバル化が深化した国際社会において，国家主体を基盤とした枠組の果たせる役割の限界を示唆していると言える。また，国連より「信頼感」を得ていることが判明した大手企業，環境団体，慈善・人権保護団体は，今後地球規模の諸問題に取り組むグローバルな協働体制の構築に重要な役割を果たすことが期待される。さらに，本研究は，「信頼感」と「政治社会のリスク」との相関関係を明らかにすることによって，グローバル・ガバナンスにおけるアクター間の信頼の醸成には，政治社会のリスクを縮減することが有効であることを明らかにした。

　国際社会の貧富の格差，水や食料，公衆衛生，地球温暖化，人口問題などを含むグローバルな課題解決には，多種多様なパートナーシップが必須である。とくに，国境を越えたグローバルな官民連携パートナーシップには，不確実性やリスクが大きくなる可能性が高く，そのハードルを越えるために，パートナー間の「信頼感」が重要な役割を果たす。また「信頼感」がパートナー間に醸成されれば，グローバルな協働プロジェクトの成果も向上し，結果として

「グローバル・ガバナンス」の有用性も高まる。「信頼感」は，リスクや不確実性がある関係に生まれ，その相互作用において醸成され，維持される。しかしながら，国際社会に潜在する宗教・民族間の対立や「文明の衝突」によって生じる「相互の不信感」は増加傾向にある。衝突したアクター間の「信頼感」の構築が可能なのか，また失われた「信頼感」はどのように回復可能なのか，今後研究を進める必要があるであろう。

1) 稲田十一『国際協力のレジーム分析』有信堂高文社，2013，7頁。
2) 山本吉亘『国際レジームとガバナンス』有斐閣，2008，170頁。
3) 土山實男「アナーキー下のグローバル・ガヴァナンス」渡辺昭夫・土山實男編『グローバル・ガヴァナンス』東京大学出版会，2001，102頁。赤根谷達雄「グローバル・ガバナンスと国際レジーム研究の諸相」『国際政治』162，147頁。
4) 山本吉宣『国際レジームとガバナンス』，169-170頁。
5) 山本吉宣『国際レジームとガバナンス』，170頁。
6) 中井愛子「グローバル・ガバナンスの構想と批判」中央大学社会科学研究所研究叢書14『グローバル・ガバナンスの理論と政策』中央大学出版部，2004，53頁。
7) Deborah D. Avant, Martha Finnemore, and Susan K. Sell eds, *Who Governs the Globe?* Cambridge University Press, 2010, p.1.
8) 横田洋三「グローバル・ガバナンスと今日の国際社会の課題」『グローバル・ガバナンス』日本経済評論社，2006，4頁。
9) 佐々木正道『信頼感の国際比較研究』中央大学出版部，2014，i。
10) 猪口孝「アジアの10か国における社会関係資本：社会関係資本はアジアの民主化，経済発展，地域統合のトレンドを予測するための有用な概念か」猪口孝編著『アジア・バロメーター東アジアと東南アジアの価値観：アジア世論調査（2006・2007）の分析と資料』慈学社出版，2011，75。
11) 稲葉陽二著『ソーシャル・キャピタル入門』中公新書，2011。
12) Robert Putnam, *Making Democracy Work: The Civic Tradition in Modern Italy* Princeton University Press, 1933.
13) Francis Fukuyama, *Trust: The Social Virtues and the Creations of Prosperity* Free Press, 1995.
14) 安野智子「パーソナルな信頼および一般的信頼と社会関係資本」佐々木正道編著『信頼感の国際比較研究』83-102頁。
15) 例えば，Andrew Kydd, Trust and Mistrust in International Relations. Princeton University Press, 2005.
16) Vincent Charles Keating and Jan Ruzicka, "Trusting Relationships in International Politics: no need to hedge," *Review of International Studies* 40 (4),

755.

17) Robert Keohane, *After Hegemony: Cooperation and Discord in the World Political Economy*. Princeton University Press, 1984.

18) Avant, Finnemore, and Sell, op. cit., p.361.

19) Sanne Grotenbreg, Erik Hans Klijin, Frank Boons & Arwin van Buuren "The Influence of Trust on Innovative Outcomes in Public-Private Partnerships." と，Jurian Edelenbos and Erik-Hans Klijin, Trust in Complex decision-Making Networks," で使用された定義に基づく。

20) Jurian Edelenbos and Erik-Hans Klijin, Trust in Complex decision-Making Networks,"pp.43-44.

21) 国際開発レジーム研究では，稲田十一の『国際協力のレジーム分析』が詳しい。

22) 下村泰民，辻一人，稲田十一，深川由起子著『国際協力』有斐閣選書，2016，49頁。

23) 同上，49-50頁。

24) United Nations Global Compact homepage（https://www.unglobalcompact.org/what-is-gc/participants）.

25) 稲田十一『国際協力のレジーム研究』有信堂，2013，76頁。

26) UNDP　駐日代表事務所　http://www.jp.undp.org/content/tokyo/ja/home/sdg/mdgoverview/mdgs.html。

27) 国際開発機構（JICA）https://www.jica.go.jp/aboutoda/sdgs/index.html。

28) 稲田十一『国際協力のレジーム分析』，51頁。

29) 下村泰民，辻一人，稲田十一，深川由起子著『国際協力』，98頁。

30) この質問に対して中国では，「Not applicable」の回答率が22.4％，「Do not know」の回答率は20％であった。また日本も同じ質問の「わからない」の回答率が40.2％あった。

31) マンフレッド・B・スティーガー『グローバリゼーション』岩波書店，2003，58頁。

32) Sanne Grotenbreg, Erik Hans Klijin, Frank Boons & Arwin van Buuren "The Influence of Trust on Innovative Outcomes in Public-Private Partnerships." Prepared for International Research Society for Public Management 18th Annual Conference.

33) Global Alliance for Vaccines and Immunizations, *Vaccines Alliance Progress Report 2014*（http://www.gavi.org/results/gavi-progress-reports/）.

34) Desmond McNeill and Kristin Ingstad Sandberg, "Trust in Global Health Governance: The GAVI Experience," *Global Governance 20*（2014）pp. 325-343.

35) Ibid., p.333.

36) Ibid., p.333.

37) Ibid., p.330 .

38) Steven Hook, *National Interests and Foreign Aid*, Lynne Rienner Publications, 1995.

39）US Agency of International Development *Global Development Alliances* (https://www.usaid,gov/gda).

40）United States Agency for International Development, *(Re)Valuing Public –Private Alliances: An Outcome-Based Solution*.（United States Agency for International Development: Private sector Alliances Division Mission Measurement, LLC, 2010）, 5.

41）Ibid, 5.

42）倉本由紀子「グローバル・ガバナンスと国際開発—米国グローバル開発同盟の分析—」

43）Anthony Giddens, The Consequences of Modernity, Stanford University Press, 1990，ニコラス・ルーマン『信頼　社会的な複雑性の縮減メカニズム』勁草書房，1990。組織内の「信頼」と「リスク」については，Lane, C, Bachman, R（eds），*Trust within and between organizations; conceptual issues and empirical applications*, Oxford: Oxford University Press, 1998. などがある。

44）世界銀行研究所の「政治の安定と暴力不在」の指標で調査対象になった国と共通する国のデータとして使用する。

45）図 2-3 と同様，中国の調査では，この質問に対して「Not applicable」の回答率が 22.4%，「Do not know」の回答率は 20%であった。また日本も同じ質問の「わからない」の回答率が 40.2%あった。

46）Daniel Kaufmann, Aart Kraay and Massimo Mastruzzi, "The Worldwide Governance Indicators: Methodology and Analytical Issues," p4.

47）同上，4 頁。

48）同上，4 頁。

49）世界銀行は，213 の国や地域についてのデータを公表しているが，ここでは世界価値観調査と共通する国や地域のデータを表示した。

50）Richard Ned Lebow, *A Cultural Theory of International Relations*, Cambridge University Pres, 2008.

参 考 文 献

赤根谷達雄「書評論文 グローバル・ガバナンスと国際レジーム研究の諸相—山本吉宣著『国際レジームとガバナンス』，オラン . R. ヤング著『世界の諸問題におけるガバナンス』Oran R. Young 'Governance in world affairs', Commission on Global Governance 著 京都フォーラム監訳・編集『地球リーダーシップ』Commission on Global Governance 'Our global neighborhood'（ボーダースタディーズの胎動）The political spectrum of studies in global governance and international regimes」『国際政治』162，2010 年，143-152 頁。

Avant, Deborah D. Martha Finnemore, and Susan K. Sell eds, *Who Governs the Globe?* Cambridge University Press, 2010.

Edelenbos, Jurian and Erik-Hans Klijin, "Trust in Complex decision-Making

Networks: A Theoretical and Empirical exploration," *Administration & Society* 39 (1) 2007, pp.25-50.

Fukuyama, Francis *Trust: The Social Virtues and the Creations of Prosperity* Free Press, 1995.

Giddens, Anthony, *The Consequences of Modernity*, Stanford University Press, 1990.

Global Alliance for Vaccines and Immunizations, *Vaccines Alliance Progress Report 2014* (http://www.gavi.org/results/gavi-progress-reports/).

Grotenbreg, Sanne, Erik Hans Klijin, Frank Boons & Arwin van Buuren "The Influence of Trust on Innovative Outcomes in Public-Private Partnerships." Prepared for International Research Society for Public Management 18th Annual Conference.

Hook, Steven, *National Interests and Foreign Aid*, Lynne Rienner Publications, 1995.

稲田十一『国際協力のレジーム分析』有信堂高文社，2013 年。

稲葉陽二著『ソーシャル・キャピタル入門』中公新書，2011 年。

猪口孝編著『アジア・バロメーター東アジアと東南アジアの価値観：アジア世論調査（2006・2007）の分析と資料』慈学社出版，2011 年。

Keating, Vincent Charles and Jan Ruzicka, "Trusting Relationships in International Politics: no need to hedge," *Review of International Studies* 40(4), 2014, 753-770.

Keohane, Robert, *After Hegemony: Cooperation and Discord in the World Political Economy*. Princeton University Press, 1984.

国際金融公社『インクルーシブ・ビジネス〜成功企業から学ぶノウハウ〜』世界銀グループ，2015 年。

倉本由紀子「ポスト国連ミレニアム開発に向けて―と国際規範としての『ジェンダー平等』の考察―」『中央大学　社会科学研究所　年報』第 19 号，2015 年，205-218 頁。

倉本由紀子「グローバル・ガバナンスにおける『信頼』の考察」『中央大学　社会科学研究所　年報』第 20 号，2016 年 99-113 頁。

倉本由紀子「グローバル・ガバナンスと国際開発―米国グローバル開発同盟の分析―」『中央大学文学部　紀要（社会学・社会情報学）』第 27 号，2017 年，189-199 頁。

Kydd, Andrew, *Trust and Mistrust in International Relations* Princeton University Press, 2005.

Lebow, Richard Ned *A Cultural Theory of International Relations*, Cambridge University Pres, 2008.

ルーマン・ニコラス『信頼　社会的な複雑性の縮減メカニズム』勁草書房，1990。

McNeill, Desmond and Kristin Ingstad Sanberg, "Trust in Global Health Governance: The GAVI Experience," *Global Governance* 20, 2014, pp.325-343.

Putnam, Robert, *Making Democracy Work: The Civic Tradition in Modern Italy* Princeton University Press, 1933.

Ruggie, John Gerard, "Global Governance and 'New Governance Theory': Lessons from Business and Human Rights," *Global Governance* 20, 2014, pp.5-17.

佐々木正道『信頼感の国際比較研究』中央大学出版部，2014 年。

スティーガー，マンフレッド・B『グローバリゼーション』岩波書店，2003。

下村泰民，辻一人，稲田十一，深川由起子著『国際協力』有斐閣選書，2016 年。

内田孟男・川原彰　編著『グローバル・ガバナンスの理論と政策』中央大学出版部，2004 年。

United States Agency for International Development, *(Re) Valuing Public – Private Alliances: An Outcome-Based Solution*. (United States Agency for International Development: Private sector Alliances Division Mission Measurement, LLC, 2010.)

US Agency of International Development, *Global Development Alliances* (https://www.usaid.gov/gda).

渡辺昭夫・土山實男編『グローバル・ガヴァナンス』東京大学出版会，2001 年。

山本吉亘『国際レジームとガバナンス』有斐閣，2008 年。

横田洋三「グローバル・ガバナンスと今日の国際社会の課題」『グローバル・ガバナンス』日本経済評論社，2006 年。

第 3 章

諸国の人々の信頼感

―― データの科学からのアプローチ[1] ――

吉 野 諒 三

1. は じ め に

　本章では，「データの科学」という統計哲学のもとで国際比較研究のために開発されてきた「文化多様体解析（Cultural Manifold Analysis ［CULMAN と略称]）」と称するパラダイムの中で，特に「人々の信頼感」についての解析結果の一端に触れる。前半では，特に，米国一般社会調査（The General Social Survey）で用いられている信頼感（trust）に関する 3 項目や世界価値観調査（The World Values Survey）の組織・制度に関する信頼（confidence）を用いたわれわれの国際比較調査の結果について多次元データ解析する。後半では，それらの項目による解析を乗り越えて，人々の信頼感について異文化間の適正な国際比較可能性を追求するために，その基礎となる人々の基本的な価値観や宗教意識などをCULMAN の枠組みで具体的に試行錯誤をしよう。

　重要なことは，単純に数値指標の大小で各国の信頼感の高低を断ずることではなく，各種の調査データを多次元的かつ階層的に眺め議論する過程で，各国の人々のあり方を浮き彫りにし，理解しようと努めることである。人々は客観的には厳しい生活状況にあり不満を抱えていても，それぞれの生活の中で人々との関係を保ち相互に助け合おうとするものも多い。あるいは，不満や不信の表明は，適切な範囲のうちでは社会を改善するエネルギーとなろう。社会調査

において各国民の示す一般的回答傾向の差違と各国の政治・経済・社会・歴史的な固有の状況を念頭に置き，調査データの示す人々の意識の表層と深層とを区別して，総体的に理解を深めることが重要である。

1.1 戦後の「平和の統計」を創造する時代

すべての調査研究は，その背景にある時代や歴史，調査の理論と実践的方法とが三位一体となって織りなすものであり，表面上のデータの数字の大小だけで云々すべきではない。

日本の官民学の統計調査やデータ解析の方法は，戦後，統計数理研究所が中心となり，各分野の専門家たちの共同研究として確立したものが多く，今日でもその基盤が踏襲されているものも少なくはない。昭和20年代の統計学は，国の復興という大義のもとで優れた人材が集合し，今日振り返っても十分に機能する各種の統計調査のシステムが創造されていった時代であった。

戦後の統計調査で特筆すべきは，日本人は難解な漢字を用いているために十分な学力が身についておらず，軍国主義的リーダーに盲目的に従ってしまったと考える米国政府の一部が強く主張する「日本語のローマ字化」（漢字の廃止）に対し，昭和23年に文部省のもとで統計数理研究所や教育，国語学等の専門家たちが携わった統計的大規模標本による「日本人の読み書き能力調査」がある。結果として，日本人は民主主義を発展させるのに十分な学力があることが分かり，日本語を救ったといわれている。実際には，占領下の検閲，米国政府や米軍内部での考え方の対立など，複雑な背景があったろうが，少なくとも表面的には，科学的な統計調査に基づく政策立案の基礎が示されたことになった。また，この際に確立された方法論による科学的世論調査が戦後民主主義の発展の動力となっていくのであった（吉野　2005a，2015）。

統計数理研究所では，「読み書き能力調査」で実践的に開発された統計的無作為標本抽出法に基づき，昭和28年より「日本人の国民性」調査が開始された（水野他　1992，吉野　2011a, b, c）。これは，今日では内閣府の「社会意識に関する調査」，NHKの「日本人の意識調査」とともに日本の三大意識調査と

呼ばれている。「国民性」が数年程度では大きく変化するとは思わず，当初は
継続調査を想定していなかったようで，5 年後の昭和 33 年調査では新たな質
問項目を増やした。しかし，同じ質問に対して意見分布がかなり変化したもの
が見られ，同じ質問で長期継続調査することの重要性を認識し，昭和 38 年の
第 3 回調査以降は，基本的に全く同じ表現の質問項目を用いることを方針とし
た。ただし，1988 年の第 8 回からは，時代の変化も考慮して，継続質問を主
とする K 型（継続型）と M 型（未来志向型）の 2 つの調査票を作成し，同時期
に，2 つの無作為抽出標本集団に対してそれぞれの調査をすることとなった。

1.2　「日本人の国民性調査」から「意識の国際比較調査」へ

「国際比較は意識調査の宝庫である」とは，統計学の碩学であり，戦後の科
学的な世論調査や社会調査の方法論の発展に大きな足跡を残した林知己夫が，
長年の経験から到達した認識であった（林　1984［2011 再刊，p. 158］，2001）。国
際比較では，翻訳のみならず，サンプリング法など，各国固有の事情で日本と
はかなり異なる方法をとらざるをえないことが多いが，それが逆に日本の調査
でも見過ごしていた問題点を浮き彫りにすることも多く，国際比較のためだけ
ではない知見を与えてくれるという主旨である。

　統計数理研究所による本格的な海外調査が，1971 年のハワイ日系人調査が
最初で，国民性をより深く考察する目的で日本以外に住む日本人・日系人を初
め，他の国の人々との比較調査へと拡張されてきた（林他　1998，吉野編　2007，
吉野・林・山岡　2010）。表 3–1 は，今日までの国際比較関連の大規模調査を示
す。「日本人の国民性調査」は研究所の機関研究として継続されてきたのだが，
国際比較調査の方は各代表者がその都度，大型科学研究費補助金を獲得して遂
行してきた個人研究の形であることが多い。しかし，今日では双方が相補的な
発展を遂げ，統計数理研究所の NOE（Network of Excellence）プロジェクト，
それをさらに発展させた情報・システム研究機構の DS 共同利用基盤施設・社
会データ構造化センターの柱となっている。

表3-1 統計数理研究所による主な意識の国際比較調査

1953 – present	Japanese National Character Survey 「日本人の国民性」
Surveys on	Japanese Americans of Hawaii & of the West Coast, and Japanese Brazilian
1971	Honolulu Residents with Japanese ancestry ハワイ日系人調査（ホノルル住民）
1978	Honolulu Residents, Americans in the Mainland
1983	Honolulu Residents
1988	Honolulu Residents
1991	Japanese Brazilians（JB）in Brazil ブラジル日系人調査
1998	Japanese ancestry Americans in the West coast of U.S.A. 米国西海岸日系人調査
1999	Japanese Americans in Hawaii ハワイ日系人調査（ホノルル住民）
1987–1993	Seven Country Survey（Japan, USA, & 5 European Nations） 日米欧7カ国比較
1987	Britain, Germany & France
1988	Americans in the mainland of U.S.A, the Japanese in Japan
1992	Italy
1993	The Netherlands
2002–2005	East Asia Values Survey（EAVS） 東アジア価値観国際比較（Japan, China ［Beijing, Shanghai］, Hong Kong, Taiwan, South Korea & Singapore）
2004–2009	Pacific-Rim Values Survey（PRVS） 環太平洋価値観国際比較（Japan, China ［Beijing, Shanghai］, Hong Kong, Taiwan, South Korea, USA, Singapore, Australia & India）
2010–2014	Asia-Pacific Values Survey（APVS） アジア・太平洋価値観国際比較（Japan, China ［Beijing, Shanghai］, Hong Kong, Taiwan, South Korea, USA, Singapore, Australia, India & Vietnam.）

　様々な国を比較する時は，翻訳の問題，各国固有の調査方法の違いに関わる問題など，そもそも国際比較など可能なのかが大問題となる。われわれはこの「国際比較可能性」を追求するための方法論を研究しているのであり，単純に調査結果の表面上の数値を比べ，解釈しているわけではない。「データの科学」（Yoshino and Hayashi　2002）と称する統計哲学を計量的文明論（林　2001，吉野 2001，2005a，2011c）のために試行錯誤しているのである。

　国際比較調査は，資金さえあれば，どこの国でも統計的に厳格な標本抽出調査がすぐに可能であるわけではない。政治など，各国内の事情により調査が不可能なこともある。また，アジアの国々の中には正確で詳細な国勢調査の統計がなかったり，全国レベルの正確な戸籍簿や住民票などが一般の世論調査に活用できなかったり，偏らず適切に国民を代表する調査データを得るのは容易ではないところもある。また，「1人1票の民主主義」のもとでの世論調査という大義名分から遠い国では，母集団の成人全体からの「等確率抽出」を前提と

しない手続きが採用されていることが常態のようである。そもそも，日本以外
は民間調査機関は市場調査で利益を上げるのが主で世論調査はサイドビジネス
のようになっているためか，「1 人 1 票の民主主義」の手続きに準じた統計的
標本抽出が念頭にあるとは限らない。市場の方に関心が強ければ，非識字者や
貧困層の人々を初めから度外視した標本設計にしてしまうこともある。また，
これまで国内外の調査機関を利用してきたわれわれの経験からは，各国の違い
のみならず，同じ国でも各機関の違い，また各機関内の担当者の違いが無視し
えないという印象も強い。

　戦後の日本のように，民主主義発展の基盤としての厳格な「科学的世論調
査」の方法論の確立をしてきたのは，世界中で日本くらいしかないのではない
か。世論調査の「方法論」の点では日本が世界で一番民主主義的であろうとい
うのが，筆者の印象である。ここで，「科学的」とは，精度（サンプリング誤差）
が計算できることである。多くの国の世論調査の方法では，おそらく市場調査
の方法論や政治における性・人種・年齢の権利の平等の意識が強い影響を持っ
てきたのに対して，戦後日本の世論調査は数学者・統計学者により厳密な統計
的無作為標本抽出法が実践的に開発されてきたことがこの違いをもたらしたと
推察される。

　欧米では，割り当て法など，統計的推論の観点からは好ましくない方法が用
いられていることが多く，戦後のトルーマン，近年のブッシュ Jr，昨年のト
ランプ大統領誕生，英国の 2015 年の総選挙や 2016 年の EU 離脱国民投票な
ど，しばしば世論調査による結果予測で大きな混乱を生んできた。米国では世
論調査の結果が，戦争への突入や回避に大きな影響を与えることを考えると，
世論調査の方法自体に問題があっては，民主主義を守ることは危うい。

　他方で，米国では世論調査の結果が政治の実践と緊密で，政策の結果の是非
が逆に世論調査を評定する一側面もある。しかし，日本では世論調査の結果が
現実の政治にどこまで反映されているのかは，心もとない。2002 年のイラク
戦争では，米国は世論操作してまでも国民の大半が賛成する形をとって戦争開
始したと批判されているが，他方で，日本では国民の大半は反対であったが，

米国に追従してしまった。その後，英米は推論の根拠の誤りを公に認めたが，日本はそのままである。

　本章では，複雑な政治問題には立ち入ることはできないが，統計学者としては世論調査の厳格な方法論を守る意義を強調したい。

1.3　国際比較可能性の追求のためのパラダイム――連鎖的比較方法 CLA から文化多様体解析 CULMAN へ

　国際比較調査の研究では，特に，各国の言語の差違，標本抽出調査法の差違がある条件のもとでの国際比較可能性の実践的追求が主要な課題となる（林知己夫　1984, 2001, 吉野　2001, 2005a, 吉野・千野・山岸　2007, 吉野・林文・山岡 2010）。初めからいきなり全く異なる国々を比べても通常の意識調査では計量的に意味のある比較は難しい。言語や民族の源など，重要な共通点がある国々を比較し，似ている点，異なる点を判明させ，その程度を測ることによって，初めて統計的な比較の意味がでてくる。この比較の環を徐々に繋ぐことによって，比較の連鎖を拡張し，やがてはグローバルな比較も可能になろう。これを，1970 年代からの「意識の国際比較」の中で林知己夫や鈴木達三らは「連鎖的比較方法論 (Cultural Link Analysis [CLA と略]) として展開してきた (Suzuki 1989)。

　例えば，日本に住む日本人とハワイ在住の日系人との比較のように，共通の側面と異なる側面を持つ国々や集団の比較から始め，質問項目を適宜入れ替えながら徐々にその比較の環の連鎖を広げ，やがてはグローバルな**国際比較**を目指す。同様に，「日本人の国民性調査」のような時系列調査で，時代とともに項目を徐々に更新することを考えながら**時間の比較の連鎖**を考え，時系列比較の発展を考える。さらに，**調査テーマや項目の連鎖**を考え，国々や社会の多次元的側面を明らかにして行く。

図3-1　連鎖的比較 CLA の方法論

a) 時系列の連鎖　長期の経年調査では，時代とともに，調査項目群は徐々に入れ替えが行われることもあろう

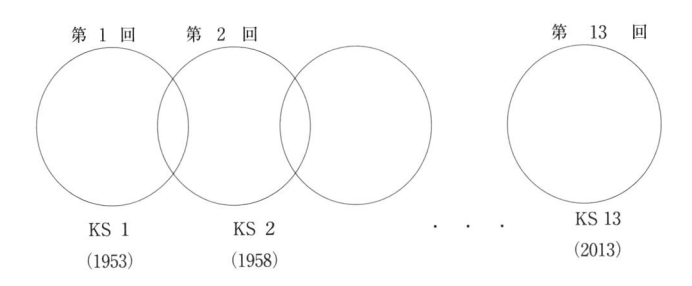

b) 空間の連鎖　隣接する国々や地域・民族の連鎖を徐々に拡大し，最終的にグローバルな比較を目指す

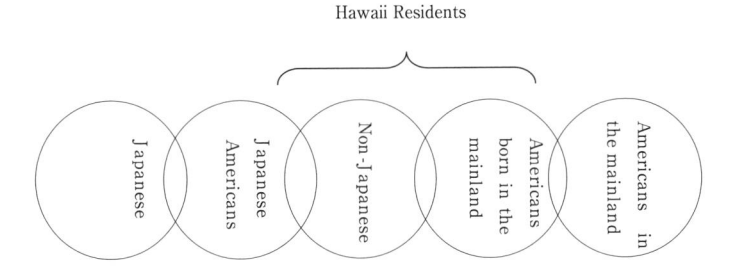

c) 調査項目群や調査テーマの連鎖　多次元構造をなす

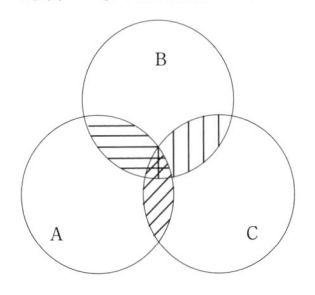

比較の環を徐々に拡大していく。比較の環の集合は，全体として階層構造をなし，文化の多様体 CULMAN を成すと想定される（図3-2の空間の多様体参照）。

　筆者らは国際比較調査の視野をさらに拡大しながら，これらの空間，時間，調査項目の比較の連鎖に階層構造を導入し「文化多様体解析 Cultural Manifold Analysis（CULMAN）」[2] と称するパラダイムを発展させている（芝井・吉野　2013，吉野　2005a，2011c，吉野編　2007，吉野・林・山岡　2010，Yoshino, Nikaido, and Fujita　2009，Yoshino, Shibai, Nikaido, and Fujita　2015）。

図3-2　局所チャートの階層構造をなす文化多様体（Cultural Manifold）

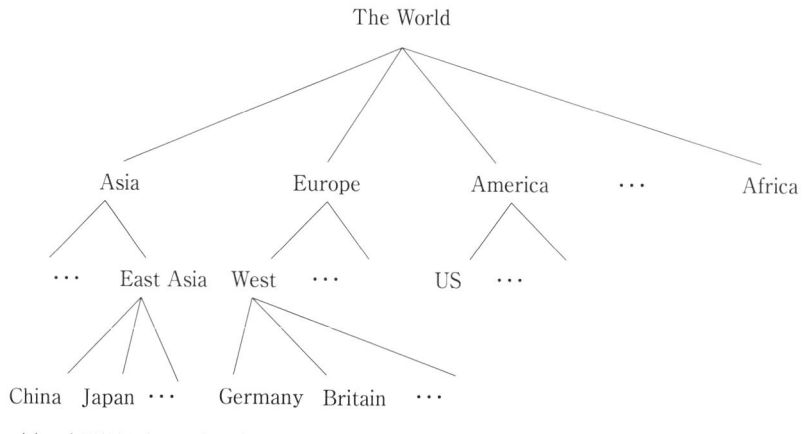

(a)：空間的局所地図（地域）の階層

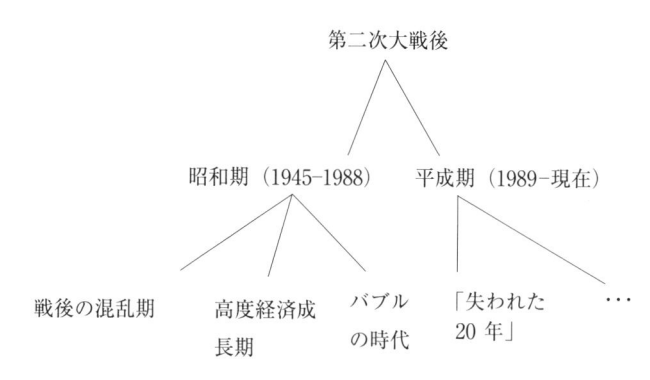

(b)：時間的局地図（各時代区分）の階層

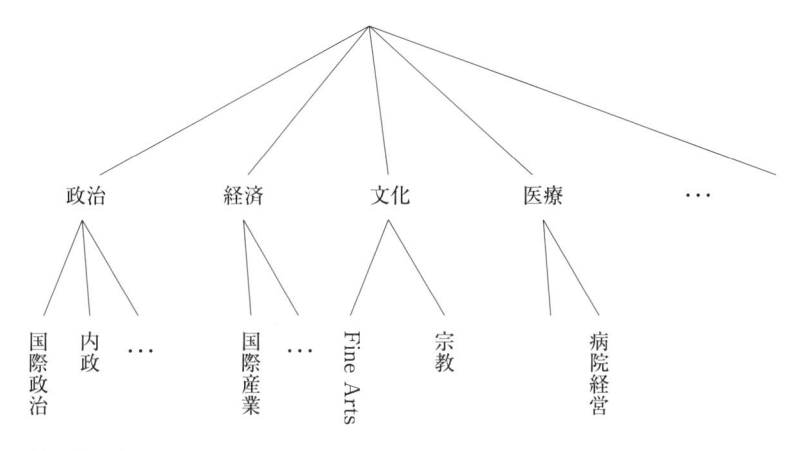

(c)：各トピックの階層

　この発想は，国際的な政策立案のためのパラダイムとしても参考になると期待される（図3-3参照）（Fujita and Yoshino　2009，Yoshino　2015）。

図3-3　地域共同体の織り成す多様体

The World
SARTA (South Asia)
APEC（Asia-Pacific）
East Asia Community
ASEAN
CER (Oceania)
NAFTA (North America)
EC → EU
ALADI (Latin America)
EFTA
ECOWAS (West Africa)

これらの地域共同体のいくつかの対は互いに一部重なり合ったり，一方が他方を包み込んだりし，その重複や包含関係もダイナミックに変化するのであろう。全体として時代とともに発展を見せる，1つの階層構造をなすであろう。世界の平和で安定した経済発展のためには，「世界全体での単一の厳格な基準」ではなく，各地域共同体の対どうしを結びつける「緩やかな規則の集合」が必要なのであろう。

　この調査のパラダイムは，ミシガン大学の Inglehart らによる「世界価値観調査」（WVS）のように，米国製の単一の調査票を各国語に翻訳し，文化的に著しく異なる国々を含む世界各国で調査した結果を直接に比較するという発想とは著しく異なる。Inglehart の研究が世界的に与えた影響は多大なものであるが，他方で，例えば彼の研究の中心概念である「post-materialism」を測る質問項目群は，アジアの人間には脱近代化どころか，アジアの伝統的価値観に対応するように思える部分もあり，また彼の cultural map では日本やアジアがしばしば牽強付会に位置づけられている印象がある（ただし，多くの批判的研究とその後の Inglehart の長年の調査研究で，彼の cultural map は順次修正され，また予期していた世界の一様化『one world』の出現は，自ら実証的に否定するようになった）。他方で，日本からは NHK が参画している ISSP（International Social Survey Program）の国際比較では，各国共通の質問群とは別に，宗教など各国の差違が著しい項目は各国固有の質問群を取り入れるなどし，われわれの調査パラダイムに近い。

　われわれの意識調査データの解析においてしばしば活用されるのが，林の数量化III類などの多次元データ解析法である。その「適度に敏感で適度に鈍感な方法」は，質問項目の翻訳やワーディングの問題，サンプリング方法の差違，回収データのウェイト調整のやり方などの各種の問題を乗り越えて，安定した結果をもたらすことを経験的に了解している（吉野・林・山岡　2010）。混入している「偽造回答データ」を多次元データ解析で検出することが可能な場合もある（吉野　2001：88-91 頁，superculture model の適用）。

2．信頼感に関する質問項目の国際比較における意味と意義

　この 20 年ほどは，経済，公衆衛生などを含む広い分野で人々の信頼感に関する調査が遂行されている。われわれの調査研究は必ずしも「信頼感」に特化したものではなかったが，この章では「対人的信頼感」と「制度への信用」に関連す

る項目について，その統計としての歴史的背景と意味，意義について触れよう。

2.1　GSS の信頼感（trust）に関する 3 項目

　信頼感に関する研究で，米国の General Social Survey（GSS）の中の信頼感に関する 3 項目は，多くの研究者に活用されている。GSS は「日本人の国民性」に触発されて米国で開始されたのであったが，これらの質問項目は 1978 年以降に統計数理研究所における「日本人の国民性」や「意識の国際比較」にも導入され，逆輸入された形となった。その質問項目は以下のようなものである。

a.　たいていの人は，他人の役にたとうとしていると思いますか，それとも自分のことだけ考えていると思いますか。
　　　1　他人の役にたとうとしている
　　　2　自分のことだけ考えている
Would you say that most of the time, people try to be helpful, or that they are mostly just looking out for themselves?
　　　1　Try to be helpful
　　　2　Look out for themselves

b.　他人は，機会があれば，あなたを利用しようとしていると思いますか，それともそんなことはないと思いますか。
　　　1　他人は機会があれば利用しようとしていると思う
　　　2　そんなことはないと思う
Do you think that most people would try to take advantage of you if they got the chance, or would they try to be fair?
　　　1　Take advantage
　　　2　Try to be fair

c.　たいていの人は信頼できると思いますか，それとも，常に用心した方がよいと思いますか。
　　　1　信頼できると思う
　　　2　常に用心した方がよい

Generally speaking, would you say that most people can be trusted or that you can't be too careful in dealing with people?

   1 Can be trusted

   2 Can't be too careful

過去の主な調査における3項目ごとの回答分布は, 表3-2に示す。(表中の「正の回答」とは問a, b, cのカテゴリーのそれぞれの「1」「2」「1」をさす)。

表3-2a GSSの信頼感に関する3項目への正の回答の率(%): アジア・太平洋価値観国際比較(APVS)

Year	2011	2011	2011	2011	2012	2012	2013	2012	2010	2010	2010
APVS	北京	上海	香港	台湾	韓国	シンガポール	インド	オーストラリア	米国	日本	ベトナム
a	72	66	43	46	52	50	55	59	51	41	70
b	57	58	40	53	53	49	34	63	53	57	21
c	42	36	21	21	32	34	45	45	31	44	23

表3-2b GSSの信頼感に関する3項目への正の回答の率(%): 環太平洋価値観国際比較(PRVS)

Survey Year	2005	2005	2005	2006	2006	2007	2008	2007	2006	2004	2004
PRVS	北京	上海	香港	台湾	韓国	シンガポール	インド	オーストラリア	米国	日本A	日本B
a	67	65	41	46	57	50	61	54	56	35	37
b	51	53	42	61	45	51	29	59	56	59	—
c	37	34	19	19	30	26	52	43	41	37	39

表3-2c GSSの信頼感に関する3項目への正の回答の率(%): 東アジア価値観国際比較(EAVS)

Survey Year	2002	2002	2003	2002	2002	2003	2003	2004
EAVS	北京	上海	昆明	杭州	香港	台湾	韓国	シンガポール
a	62	59	48	61	36	38	58	51
b	53	65	41	55	46	58	45	52
c	36	33	32	39	19	14	28	33

a 「(人々は)他人の役にたとうとしている」
b (他人は, 機会があれば, あなたを利用しようとしているか)「そんなことはないと思う」
c 「(たいていの人は)信頼できると思う」

表 3-2d　GSS の信頼感に関する 3 項目への正の回答の率（%）：
「日本人の国民性」調査

調査年	1978	1983	1988	1993	1998	2003	2008	2013
KS 回数	KS6	KS7	KS8	KS9	KS10	KS11	KS12	KS13
a	19	24	—	29	30	34	36	45
b	53	59	—	65	61	62	62	67
c	26	31	—	38	33	33	30	36

（KS: the Japanese National Character Survey）

表 3-2e　GSS の信頼感に関する 3 項目への正の回答の率（%）：
日米欧 7 カ国調査

Survey Year	1988	1987	1987	1987	1992	1993	1988	1988
	アメリカ	フランス	イギリス	西ドイツ	イタリア	オランダ	日本-A	日本-B
a	54	19	53	43	21	32	31	29
b	56	36	58	55	30	48	53	56
c	42	23	36	38	14	48	39	34

表 3-2f　GSS の信頼感に関する 3 項目への正の回答の率（%）：シンガポール調査
（3 民族別の 2004 年，2007 年及び 2012 年調査の結果）

調査年	2004			2007			2012		
	中国系	マレー系	インド系	中国系	マレー系	インド系	中国系	マレー系	インド系
a	50	54	55	50	57	43	48	58	53
b	53	50	53	50	53	50	48	55	48
c	33	37	28	25	25	28	33	33	45

表 3-2g　GSS の信頼感に関する 3 項目への正の回答の率（%）：
海外の日系人比較

調査年	1988		1999		1998	1991
	ハワイ日系人	ハワイ日系人以外	ハワイ日系人	ハワイ日系人以外	米国西海岸日系人	ブラジル日系人
a	58	66	68	65	66	41
b	68	66	—	—	—	—
c	60	46	56	59	61	6

　これらの項目は，Rosenberg（1956）が学生調査で再生率 92% の Guttmann スケール[3] を構成して得た「Faith-in-People Scale」の 5 項目（trustworthiness, honesty, goodness, generosity, brotherliness）がもとである。その 5 項目は Almond and Verba（1963）等の研究にも用いられ，その後，ミシガン大学 Survey Research Center の ISR 調査やシカゴ大学 NORC の GSS で用いられる過程で 5 項目のうちの 3 項目が，回答スケールが 2 値となるなど表現が修正され（Robinson, Shaver, and Wrightsman　1991），上記のような形でよく用いられるようになった。

　もとの 5 項目は多数の項目から因子分析で独立した因子として抽出されたもので，特に上記の 3 項目は，「trust in people」のスケールとして用いられている。項目 a は「互酬性（norm of reciprocity）」，b は「公平性（fairness）」，c は「一般的対人信頼感（generalized interpersonal trust）」の尺度として扱われる。しかし，それらの名称（ラベル）の独り歩きには注意すべきと思われる。それらの名称のままの意味で用いる傾向は，政治・経済にせよ，医療にせよ，先行する理論やモデルを実証データで証明しようとするトップダウン型の研究に多く見られる（Kawachi 他　1997, Uslaner　2002）。しかし，単一の項目が，特定のテーマの尺度として十分な妥当性と信頼性が担保されないままに，他の重要なテーマの変数を従属変数として説明，解析するための独立変数として用いることには慎重でなければならない。ましてや異なる国々で同じ意味を持つとは直ちにはいい難いであろう。

　項目 c については，表現を「たいていの人は信頼できると思いますか，それとも，信用できないと思いますか」と後半の部分を変えると，日米とも「信頼できる」が増えることも報告されている（Yoshino　2002）。c の表現は，敢えて簡単に「信頼できるかできないか」を聞くのではなく，「信頼できるか」と「常に用心した方がよい」と必ずしも矛盾はしない 2 つの価値観を並べ，タテマエ（social desirability）で簡単に「信頼できる」という回答が高く出るのを，ある程度，抑制する効果があると推察される。

表 3-3a　GSS の 3 項目（a, b, c）の各対のスピアマン相関係数：
アジア・太平洋価値観国際比較

調査年	2010	2010	2011	2011	2011	2011	2011	2012	2012	2013	2013
	日本	米国	北京	上海	香港	台湾	韓国	シンガ ポール	オースト ラリア	インド	ベトナム
a × b	0.14	0.49	0.19	0.26	0.31	0.28	0.00	0.31	0.43	0.04	0.10
a × c	0.24	0.44	0.21	0.21	0.28	0.27	0.23	0.29	0.36	0.25	0.21
b × c	0.28	0.39	0.21	0.24	0.26	0.22	0.02	0.32	0.35	0.01	0.35

表 3-3b　GSS の 3 項目（a, b, c）の各対のスピアマン相関係数：
環太平洋価値観国際比較

調査年	2004	2006	2005	2005	2005	2006	2006	2007	2007	2008
	日本	米国	北京	上海	香港	台湾	韓国	シンガ ポール	オースト ラリア	インド
a × b	0.20	0.53	0.21	0.24	0.18	0.20	0.10	0.32	0.44	0.05
a × c	0.30	0.36	0.23	0.21	0.19	0.22	0.24	0.32	0.38	0.35
b × c	0.31	0.37	0.15	0.22	0.22	0.12	0.26	0.21	0.32	0.00

表 3-3c　GSS の 3 項目（a, b, c）の各対のスピアマン相関係数：
東アジア価値観国際比較

調査年	2002	2002	2002	2002	2003	2003	2004	2003	2002
	日本	北京	上海	香港	台湾	韓国	シンガ ポール	昆明	杭州
a × b	0.23	0.21	0.33	0.18	0.26	0.05	0.32	0.37	0.27
a × c	0.32	0.28	0.33	0.19	0.26	0.13	0.31	0.33	0.21
b × c	0.37	0.13	0.24	0.16	0.15	0.24	0.22	0.31	0.25

表 3-3d　GSS の 3 項目（a, b, c）の各対のスピアマン相関係数：
日米欧 7 カ国国際比較

調査年	1988	1988	1987	1987	1992	1993	1987
	日本	米国	フランス	英国	イタリア	オランダ	西ドイツ
a × b	0.14	0.45	0.32	0.44	0.40	0.36	0.36
a × c	0.24	0.37	0.21	0.35	0.30	0.29	0.49
b × c	0.29	0.44	0.38	0.36	0.34	0.32	0.34

相関係数の相対的大小のパターンは、多くの国・地域では年月を経ても比較的安定しているが、韓国など、一部の国・地域では変動が見られる。時代の変化による本質的な回答変動の可能性もあるが、質問文の微妙な差違、標本抽出方法の差違などにも留意が必要である。（これらの表は表 3-2 の各表とともに参照せよ。）

　項目 a，b，c は因子分析により独立した因子として抽出されたのであるが，必ずしも無相関でない。表 3-3 に，これまでの統計数理研究所による日米欧 7 カ国調査，東アジア価値観調査，環太平洋価値観調査，アジア太平洋調査における，各国の信頼感 3 項目の相関を示した。日本は 3 項目間の各 3 対の相関は 0.1 から 0.3 程度で，相対的には b と c の相関が若干高く，a と b が若干低い傾向がある。欧米は 3 項目間の各対で 0.3 から 0.4 程度の相関を見せ，相対的に米国，英国，イタリアは a と b，西ドイツ（統一前）は a と c，フランスは b と c の相関がやや高い。北京，上海，香港，台湾，シンガポールなどは，3 対の各相関は 0.2 から 0.3 程度だが，相対的に a と b，または a と c との相関がわずかながらも高めの傾向がある。インドは他の国からかなり離れた様相で，a と c の相関が 0.35 で，b と a の相関，b と c との相関はほとんどない。このように，大きく欧米と東アジアの傾向が分かれ，日本，韓国，インドはそれぞれ，それらとは多少とも異なる様相を示している。調査年次の差があるが，複数回異なる年次で調査した国・地域では概ね，安定した様相が確認できる。ただし，韓国のように比較的変動を見せた国がある。これについては，調査年度により調査機関や調査方法の細部の違いによる変動の可能性に注意すべきである。このように国によって 3 項目間の相関のパターンが異なることは，各項目が持つ意味の多義性，多様性あるいは文化差への注意を促している。

　抽象的に「信頼できるか」と尋ねる c に比べ，a，b はより具体的に他者を信頼できるかを尋ねている。これが，少なくとも部分的には文化差と結びついていると推察される。例えば，表 3-3 における日米の結果について改めて考えてみよう。日本では，a と b の相関が他の組み合わせに比べて低いが，これは一般に人が「他人の役にたとうとすること」と「人を利用しようとしないこと」は，必ずしも重複しない態度として認識されているといえよう。つまり，人を利用しようとはせず公正にふるまう人が，必ずしも，他人と積極的に関わり，他人の役にたとうとするとは限らないのであろう。他方で米国では a と b の相関が高く，「他人の役にたとうとすること」と「人を利用しようとせず公正にふるまうこと」はある程度類似の態度として認識されていると推察でき

る。こうした日米の差は，内向的な態度の日本人にとっても「人を利用しよう
とせず公正にふるまうこと」はそれほど苦ではないが，それに比べて「他人の
役にたとうとする」積極的な外向的態度はもっと敷居の高いことなのかもしれ
ない。われわれの調査（日本 2010，USA2010，日本 2004，USA2006）で，米国に
おいては，ａの「他人の役にたとうとしている」とｂの「そんなことはない」
（「人を利用せず公正にふるまうと思う」の意味）の回答割合はほぼ同程度であるが，
日本においては，ａの「他人の役にたとうとしている」はｂの「そんなことは
ない」に比べて 10 ポイント以上低い（吉野編　2010，吉野・二階堂編　2011a，
2011b）。

　このように，それぞれの国において，信頼感 3 項目の相互関係を慎重に考察
することが必要と思われるが，そのためには各国の人々の外向的態度や内向的
態度，自己開示性など，既存の知見とともにデータを読み解く必要があろう
（吉野・角田　2010）。

　一般に，因子分析の結果は同時に解析する他の項目群にも依存するので，調
査票全体，あるいは解析すべき項目全体の中での役割が異なる可能性に注意が
必要である（Rosenberg ［1956］の学生調査で数百項目から因子分析で数項目が抽出
されたとされているが，因子の抽出で軸の回転が許容されたのか否か，されたとして直
交回転と斜交回転のいずれか，などは明示されていない［3 項目間の相関があることを
考えると，斜交回転をしたのであろうかと推察されるが］。回転の是非や，回転が許容
された場合でも直交と斜交のいずれが適切か慎重な検討が必要なのだが［足立・村上
2011］，筆者らが知る限りは，その検討がこれまでなされたことはないようである。計
量心理学研究と社会調査研究との文化の差違，あるいは当時の社会学的実証研究のパラ
ダイムの限界に関係するのかと思われる）。

　GSS の信頼感 3 項目について，項目の測定目的に照らした妥当性について
は，これまでも多くの議論がある。例えば，Miller and Mitamura（2003）は
「一般的信頼感項目」の多義性を，小規模な学生実験調査で指摘する。Sturgis
and Smith（2010）は，「一般的信頼感項目」の質問において，回答者は周囲の

人々を想起して回答することが多く，また，そのような回答者の方が，抽象的に一般的な人々を想起して回答する人々よりも，信頼感を高く表す傾向を報告している。筆者らはこれまで国際比較の中で，中国人が「一般的信頼感」を高く表明する結果を繰り返し得てきたが，国際比較可能性に関して容易ならざる問題を感じてきた。しかし，彼らが表面上の「一般的信頼感項目」に対して，実は意識的にせよ，無意識的にせよ，「周囲のもの（家族や親せき，友人，知人）」を想起して回答しているとすれば，家族の団結の強い中国人の回答として解釈に無理がなくなる。

　もし，項目 c が本当に「一般的信頼」を測定しているとするのであれば，「たいていの人」という言葉で誰を想定するか，その範囲が人によって異なることが問題となりうる。他方で，そういった多義性や曖昧性は実証的に完全には除去できないことを前提にし，個々の回答者が「たいていの人」として無意識に思い浮かべる人々やイメージがその回答者にとって信頼できるか否かを測定していると捉え，敢えて個人差の問題を直接問う必要はないとする立場もありえる。敢えて問えば，回答者の無意識のプロセスに介入し，回答を歪めることにもなるかもしれない。ここに，社会調査における「木を見るか，森を見るか」の解析の「深さ」と「範囲」とのトレードオフがある。「測定」が曖昧すぎれば，何を測っているのか不明となる。しかし，厳密に定義しすぎると，机上の論理から現実がこぼれる。適度に敏感で，適度に鈍感な尺度を構成することを目指すのが，「データの科学」の神髄である（林　2001，吉野　2001，吉野・林・山岡　2010）。

　米国政府の政策立案に深く関与している Uslaner（2002）は，飽くまでも，人々には「一般的信頼感」があり，項目 c でそれを測定していると想定している。米国内での政策立案のための解析では米国の事情を勘案し，そのような行動主義的指標の扱いが概ね妥当という場合もあるかもしれないが，米国以外の国での測定や国際比較の文脈では，各国の人々の一般的回答傾向を含め，文化差や男女差なども考慮し，比較可能性を検証することが重要であろう。この点は一般的信頼の定義のみならず，各テーマについての尺度の多義性，曖昧性に

関わり，社会調査全般における測定の問題として，今後も十分に検討される必要があろう。

　なお，大﨑・吉野（2011）は，2010年度の日米調査におけるGSSの信頼感の3項目に対する回答分布の解析について報告しているが，要約すると，以下のとおりである。

　A）日米とも①「3項目すべてに楽観的回答をしている」パターンと②「3項目とも悲観的回答をしている」パターンの割合が高いが，米国の方が日本より両極端の回答の割合が高い。これは1988年の日米調査でも，同様の傾向である。また，日米ともにこの20年ほどで前者は減少し，後者は増加の傾向が見られる。この20年ほどの世界的な経済混迷は格差の進展をもたらしているが，これが「信頼感」の回答の割合にも示唆されている。

　三宅（林他　1998：第7章）は，日米の1978年調査において，上記2パターンに加え，③「aは悲観的回答でb，cは楽観的回答」パターンと，④「a，cは悲観的回答でbのみ楽観的回答」の2パターンが多く，これらの4パターンで全体の約8割を占めるとしている。概ね，この傾向は日本2010調査でも確認され，他方でUSA2010調査ではそれらとは異なり，「a，bが楽観的でcが悲観的な回答」の割合が高く，③は少なかった。

　B）3項目を通じて，米国では年齢が上がるとともに楽観的回答が増加する傾向が見られた。おそらく，これは従来いわれているように，第二次世界大戦から戦後1960年代くらいにかけて米国の政治・経済における繁栄が頂点に達する過程を経験してきた「ベビーブーマー世代」が示す高い信頼感の表れの一側面であり，年齢効果というよりも，世代効果であろうと推察される。他方で，日本は米国ほど，年齢によって信頼感が高まる傾向は確認されなかった。

　C）米国は項目a（「他者は他人の役に立とうとしているか」）で男女差が見られるのに対し，日本は項目b（「他者に利用されるか」）で男女差が見られた。この差は，米国の中高年層の女性が男性に比べ「他者の利他性」を高く評価し，日本の若年層の男性は女性に比べ「他者からの搾取」を強く警戒している，とい

う点に顕著に見られる。

D）項目 c「一般的対人信頼」については，日米ともに男女差は見られず，年齢の効果は米国でややあるのが確認できるが，日本では確認できなかった。

以上，信頼感を測定する項目としての GSS 信頼感 3 項目に対する日米の回答傾向は項目ごとに異なり，従って，GSS 信頼感 3 項目は「対人的信頼尺度」としてまとめて用いるだけでなく，文化差，男女差をも念頭に，各項目が測定している内容を吟味し，調査や解析の目的に応じ各項目別々に扱うか，あるいは 3 項目から 1 つの指標を作成するか（3 項目すべてにポジティブに回答する人の比率など）などの区別が必要であることが再認識される。

最後に，日本において作成された「一般的信頼尺度」について言及しておこう。山岸の一般的信頼尺度（Yamagishi and Yamagishi　1994, 山岸　1998）は，「ほとんどの人は基本的に正直である」，「ほとんどの人は信頼できる」，「ほとんどの人は基本的に善良で親切である」，「ほとんどの人は他人を信頼している」，「私は，人を信頼するほうである」，「たいていの人は，人から信頼された場合，同じようにその相手を信頼する」の 6 項目から構成される Likert スケールである。「一般的信頼」に特化した尺度であり，GSS 信頼感 3 項目の c に対応する。山岸尺度は 6 項目で測定することによって尺度の統計的安定性を高めるが，そのために多数の項目を当てるコストは高まる。また GSS 型一般的信頼項目は「たいていの人は信頼できる／常に用心した方がよい」の 2 値選択肢であるのに対し，山岸尺度は多肢選択型である。山岸（1998）は信頼と用心深さが必ずしも同一次元上の両極には位置せず，信頼していたとしても用心することはありえるとする。Miller and Mitamura（2003）は，GSS 型一般的信頼項目 c が「信頼」と「用心」の表現を同時に含むため一般的信頼の測定には不向きであり，山岸尺度の使用を推奨する。この点については，本章ですでに述べたように，GSS 型一般的信頼項目 c は矛盾しない価値観を並べ，タテマエとしての「信頼できる」の回答を減らすという効果を考慮した上であることに留意すべきである。林（2006）は，GSS 型一般的信頼項目 c が「用心」の言葉を含むことによって，他者一般の人間性に対する期待としての信頼感だけでな

く，他者を信頼するに足る社会環境を制度が効果的に提供しているかの評価も含めた信頼感を測定している利点を議論している。他方，山岸尺度のLikertスケールとしての側面は，「名義尺度」（カテゴリカル）かせいぜい「順序尺度」であるものを「間隔尺度」として計算しているので，尺度の「有意味性」の観点から適正ではない（稲葉・吉野　2016：7章3（7）参照）。稲葉（稲葉・吉野2016：111-119頁）は，信頼感の9ポイントスケール評定の実際の回答データを用いて，その解析における適正な「尺度水準」を検討するために数量化Ⅲ類を適用し，その数量化得点から，表面上の9ポイントスケールを再カテゴリー化して，カテゴリーを3つにまとめている。その結果は厳密には各回答データに依存するものの，認知構造から考えて，人々がこの種の意識調査の質問のスケールとして統計的に安定して弁別できるのは，せいぜい3段階であろうことはかなり一般的に成立すると推察できるのではないか。

　これらの議論は，一般的信頼の概念をどう捉えるかという本質的な問題と関わり，また，調査対象を日本人（成人）全体の意識調査とするか，小規模の住民や学生の調査とするかなどにも関係するであろう。調査の目的に応じたユニバースと母集団の設定，標本抽出法のあり方については，本章の枠を超えるが，吉野（2011a，2011b）を参考にしていただきたい。

2.2　長寿世界一の日本──信頼感と寿命──

　前節の注意を念頭に，これまでしばしば論じられてきた「健康と信頼感」の相関に関するデータを瞥見し，文化差についてさらに注意を加えよう。

　表3-4は，26カ国の男女別の平均寿命とランキングの統計データである。日本は男女ともトップであり，またイタリアやフランス，北欧の長寿も目立つ。他方で，先に示した表3-2にはGSSの「一般的信頼感」の項目（項目c）の統計数理研究所による調査データ（選択肢「1．信頼できると思う」の選択率）がある。

　繰り返し調査されてきた国々については，一般には時系列的には比較的安定

した結果を得ている。各調査年度や調査方法の詳細は，吉野・芝井・二階堂（2015）を参照。

　これまで，米国発の公衆衛生や保健医療の研究では，「一般的信頼感」と「健康の良好さや長寿」の相関を示すデータが発表されてきた。しかし，表3-2e に見られるようにフランスやイタリアの「一般的信頼感」に関する質問項目の回答における「信頼できる」という回答選択率の低さは繰り返し確認されており，その事実と上記の長寿の順位は矛盾するようにも見える（Yoshino 2009：Fig. 2，吉野　2008b：40頁も参照）。したがって，いわゆる GSS の信頼感の項目は本当には「一般的信頼感」を（1次元の尺度としては）測りきれていないか，米国内はともかく国際比較には適用できないか，あるいは「一般的信頼感」と健康とは直接には関係ない，少なくとも1次元の比例関係にはないということになる。この「一般的信頼感」と「健康」に正の相関が見られたという米国国内調査のこれまでの報告は，おそらく，米国が多民族国家であり，しかも植民地時代からと独立戦争を経て，隣国との関係，民族の問題に関係して歴史的経緯が著しく異なる州で構成され，各州の人々もかなり特徴的な「州民性」を持っていながら1つの「国家」を構成しているという特殊性を勘案しなければならないのではないかと推察される。つまり，世界が多民族であるからといって，多民族社会の米国モデルを直ちに国際比較に敷衍することはできないであろうことに留意しなければならない。

　各国の対人関係のあり方（参考　Miyamoto, Fugita, and Kashima　2002）を念頭に置きながら，表3-2 と表3-4 の日本，イタリア，フランス，米国などに着目すると，他者に対する認知と行動のプロセスにおける国民性の差，男女の差が推察される。

　例えば，次のような推論が可能ではないか。日本人は他者の意識や行動に敏感なので，お互いにストレスを外には出さないことでストレスの増加を回避する。他者の意識や行動には比較的無頓着で自己意識やエゴに敏感な国民はストレスを外に発散させ，減じる。男女の差では，どの国も相対的に女性はストレスを外に発散させることで減じ，男性はお互いにストレスを外には出さないこ

表3-4　平均寿命の国際比較

国名		作成基礎期間	男	女
	日本	2010*	79.64	86.39
アフリカ (AFRICA)	アルジェリア	2008	74.9	76.6
	エジプト	2007*	69.5	74.0
	南アフリカ	2008	53.3	57.2
	チュニジア	2009*	72.5	76.5
北アメリカ (NORTH AMERICA)	カナダ	2005*	78.0	82.7
	メキシコ	2010*	73.1	77.8
	アメリカ合衆国	2007*	75.4	80.4
南アメリカ (SOUTH AMERICA)	アルゼンチン	2006-2010	72.5	80.0
	ブラジル	2009*	69.4	77.0
	チリ	2005-2010	75.5	81.5
	コロンビア	2005-2010	70.7	77.5
	ペルー	1995-2000	65.9	70.9
アジア (ASIA)	バングラデシュ	2007	65.4	67.9
	中国	2000*	69.63	73.33
	インド	2002-2006	62.6	64.2
	イラン	2006	71.1	73.1
	イスラエル	2009*	79.7	83.5
	韓国	2009*	77.0	83.8
	マレーシア	2010*	71.7	76.6
	パキスタン	2007	63.6	67.6
	カタール	2008	77.9	78.1
	シンガポール	2010*	79.3	84.1
	タイ	2005-2006	69.9	77.6
	トルコ	2008	71.4	75.8
ヨーロッパ (EUROPE)	オーストリア	2010*	77.7	83.2
	ベルギー	2006	77.0	82.7
	チェコ	2009*	74.19	80.13
	デンマーク	2009-2010*	77.05	81.22
	フィンランド	2010*	76.7	83.2
	フランス	2010*	78.1	84.8
	ドイツ	2007-2009*	77.33	82.53
	アイスランド	2010*	79.5	83.5
	イタリア	2008*	78.81	84.07
	オランダ	2010*	78.8	82.7
	ノルウェー	2010*	78.85	83.15
	ポーランド	2009*	71.53	80.05
	ロシア	2008*	61.8	74.2
	スペイン	2009*	78.55	84.56
	スウェーデン	2010*	79.53	83.51
	スイス	2009*	79.8	84.4
	ウクライナ	2007-2008	62.5	74.3
	イギリス	2007-2009*	77.7	81.9
オセアニア (OCEANIA)	オーストラリア	2007-2009*	79.3	83.9
	ニュージーランド	2007-2009	78.4	82.4

- 参考：香港 (HongKong) の平均寿命は 2010 年＊で、男が 80.0 年、女が 85.9 年である（人口 698 万人）。
- 資料：UN「Demographic Yearbook 2008」
- ただし、＊印は平均寿命が当該政府の資料によるものである。
- 注：人口は年央推計人口で、2008 年の値である（中国は 2007 年）。ただし、日本については平成 22 年 10 月 1 日現在推計人口である。
  厚生労働省 HP　http://www.mhlw.go.jp/toukei/saikin/hw/life/life10/03.html　（2017 年 7 月 23 日アクセス）より一部複製。

とでストレスの増加を回避している。しかし，そのようなストレス増加の回避
は，もし現在抱えているストレスが大きなものであれば，問題を残したままに
なろう。欧米人に比べ日本人は，女性に比べ男性は，この種の調査で病気の症
状を調査員へ報告する率は低いが，実際には，日本人男性の自殺率の高さが目
立つことは吉野・林・山岡（2010：108-111頁）でも示した。因みに，自殺は男
性の方が，自殺未遂は女性の方が多いが，これも自己開示性の男女差と密接に
関係していると見られる。現在のデータのみからの断定は慎重でなければなら
ないが，この推論の今後の検証を待ちたい。

　Namekata ら（1996）は，米国人，米国日系人（シアトル在住），日本人およ
び日本の都市部の労働者についての心臓疾患に関する研究をしている。このう
ち，コレステロールと中性脂肪値が最も高かったのは米国日系人の男女であ
り，遺伝と環境の要因を示唆している。一方，米国への日本移民に関する
Marmot ら（1975）の研究では，虚血性心疾患の有病率がカリフォルニアの日
系人で最も高く，続いてハワイの日系人，日本在住の日本人で最も低いことが
見出されたが，血圧や血清総コレステロールでは，虚血性心疾患の有病率の差
を説明できなかった。このことから，観察された虚血性心疾患の差には文化・
行動的な要因が関与していると推察し，日本人移民のうち米国文化に変容した
者の方が，日本文化にとどまった者よりも虚血性心疾患の有病率が高いことを
確認した（Marmot et al. 1976）。しかし，Salant and Lauderda（2003）は，一般
的には，移住先の文化との接触によって生じる文化変容（acculturation）と健康
との間には複雑な関係があることに注意を促している。

　Bezruchka, Namekata, and Sistrom（2008）は，戦後の日本人寿命の変化を
占領下のニューディール派の推進した「平等社会」が日本で徐々に実現された
ことと結びつけて論じている。戦後の荒廃から復活する過程で「格差」の少な
い社会は人々の慢性的なストレスを減じたので，どのような健康増進政策より
もはるかに効果をあげてきたとしている。

　Lincoln and Kalleberg（1990）による労働者の日米比較では，米国の労働者
は上司との接触回数が多いと仕事のコントロールが大きく低下し職務満足度も

低下するが，日本の労働者は上司との接触回数が多いと職務満足度が増加するという対比が見られ，職場における上下関係のあり方の違いが大きく影響していることが示唆された。こうした文化や国の差違に関する研究は社会構造と健康のメカニズムを解明する上で重要な手がかりを与える（川上・小林・橋本編 2006）。

2.3　東京9区における格差と信頼感の郵送調査

経済格差の大小と住民の信頼感を比較することを主要な目的として，2012年8月から9月にかけて，統計数理研究所と日本大学の稲葉陽二研究室との共同調査が遂行された（稲葉　2013）。東京都の下町3区（足立，葛飾，江戸川），都心3区（千代田，中央，港），山の手3区（目黒，世田谷，杉並）の成人男女（20歳以上80歳未満）を対象として，層化2段抽出法により計画標本サイズ1503人（1自治体167人）に調査票を郵送した。

結果として，有効回収率30.5%（有効回収数458人）となり，有効回収の内訳は，都心3区が34.3%（157人），山の手3区と下町3区は32.8%（150人）であった（1名は地区不明）。3グループで回収率はあまり変わらない。通常の面接調査などでは，都心3区では面接員がセキュリティの厳しい高層マンションなどの住民に直接は接触し難く回収率がかなり低くなりがちであるが，この郵送調査では他の地域よりほんのわずかだがむしろ高い。有効回答の内訳は，男女別では都心3区（男，女）で（45.9%，54.1%），山の手3区は（45.3%，54.7%），下町は（42.7%，57.3%）であり，（計画サンプルに性別の偏りがなかったとして）どの地域も女性の方が調査への協力率が高く，これは一般の面接調査と同様である。

回収率は住民の調査への協力を通して，見知らぬ他者への信頼感とも結びついていると思われるので留意が必要である。いつも調査に協力してくれるような回答者は，一般に社会参画の度合いが高く，対人的信頼感も高い傾向にあると推察される。したがって，低回収率の調査の方が，有効回答の中での「一般的信頼性」が高くなることが予想され，実際の面接調査，電話調査，WEBア

ンケート等の比較データの傾向と矛盾しない（林・大隅・吉野　2010，林・吉野 2011）。この意味では，有効回収率の著しく異なる2つの調査データ間で「信頼性」の比較には十分に留意しなければならない，これに関しては2.5節でさらに触れるが，当該の調査では，3地域の回収率の大きな差違はないので，この点に関して問題はなかろう。

　東京9区の調査票の項目として，以下の質問が含められていた。

1 –(1)　あなたは，一般的に人は信頼できると思いますか。それとも信頼できないと思いますか。あなたの考えに近いと思うレベルの数値を1つ選び，その数字に○印をつけてください。

1.　ほとんどの人は信頼できる	2.	3.	4.	5.　両者の中間	6.	7.	8.	9.　注意するに越したことはない

　回答者に提示されたスケールにおいて，1，5，9ポイントのところだけ，文章が補足されていることに注意する（一般的に，これらの文書のあるなしで回答は変わりうる）。

　概観すると，全体的には回答分布のパターンは3地域で顕著な違いはなさそうである（図3-4参照）。この種の調査回答に見られるように，スケールの中間の5ポイントが一番多い。次に，ポジティヴ側の中間3ポイント付近が多い。このあたりまでは，この種の回答スケールを用いる調査データで見られる一般的な分布のパターンである。しかし，このデータでは，9ポイントも顕著に多い。これは，スケールとしては最もネガティヴの9ポイントに「9.　注意するに越したことはない」と文章が補足されていることにより，この9ポイントスケールが回答者の心の中では一元尺度（最もポジティヴな1から最もネガティヴな9までの順序尺度）にはならずに，「9.　注意するに越したことはない」が，「1.　ほとんどの人は信頼できる」とは別の意味でポジティヴな値観観として捉えられた可能性がある（前節の議論を参照）。「9」が一番多いのは，わずかな差だが

図3-4　東京9区郵送調査（下町，都心，山の手の各3区）の
一般的信頼9ポイント評定比較

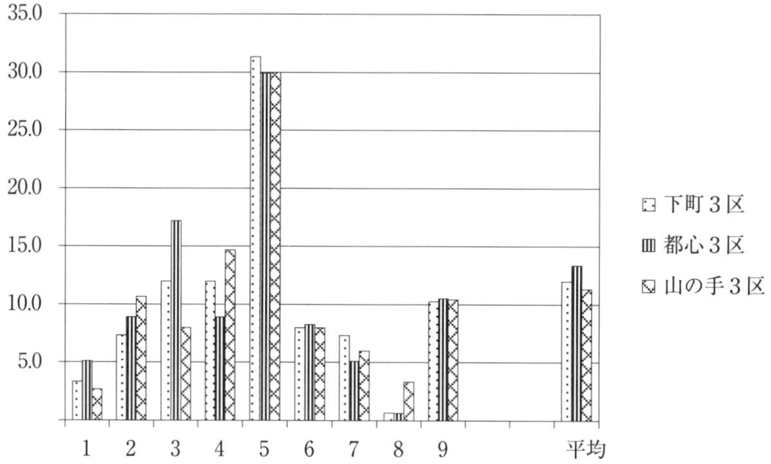

参考のために1-8ポイント（9ポイントを除く）回答分布の算術平均を右端に示す。

「都心3区」である。

　「9ポイント」の回答は別にして，さらに詳細に見ると，顕著な差とはいえないが，都心3区は中間からポジティヴ側に，山の手3区は都心3区と比べればそれより中間寄りから多少ネガティヴ寄りの分布になっているようである。それらと比べれば，下町3区はややネガティヴ寄りである。スケールが厳密に間隔尺度となっているようには思えないので算術平均の比較は統計的には有意味ではないが，順序尺度と考えて中央値の比較をしても，3グループとも5ポイントとなり（9ポイントを含めても同様）差を検出し難いので，分布の全体の形を比較する方がよい。あるいは以下のように数量化Ⅲ類を適用するのも一案である。

　回答の「9ポイント」や「10．わからない」なども含め，データの全体的な構造を比較するために，数量化Ⅲ類を適用した結果は，図3-5のとおりである（実際にはそれと数学的に同等のSPSS Ver.19の「最適化尺度法」のソフトウェアを用いた。以下同様）。「山の手3区」，「下町3区」，「都心3区」は相互にほぼ

図3-5　東京9区郵送調査（下町，都心，山の手の各3区）の信頼感に関する
　　　　9ポイント評定の最適尺度法による解析の結果

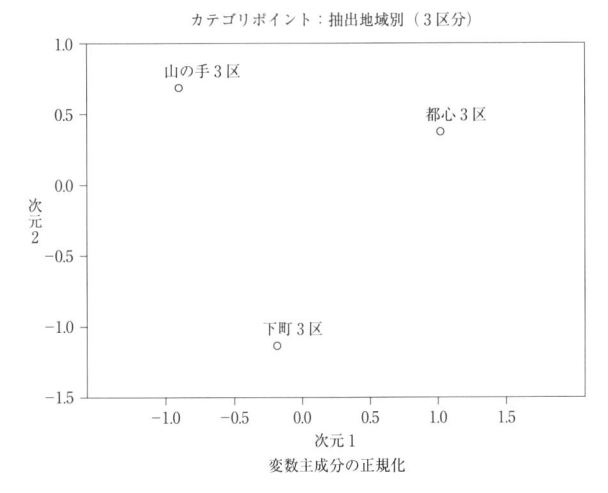

3地区は相互にほぼ等しい距離を置く。1次元軸上に沿って「山の手」と「都心」が分かれ，2次
元軸上に沿って「山の手，都心」と「下町」が分かれている（固有値は1次元，2次元でそれぞれ
1.20，1.14であった）。

　等距離を保っている。1次元軸に沿って，「都心3区」が，「山の手3区」や
「下町3区」と分かれる。そして，2次元軸に沿って，「山の手3区」と「都心
3区」が「下町3区」と分かれる。飽くまでも3グループの詳細な差違までを
云々するとすれば，「信頼感」のポジティヴな回答の多さの順は「都心3区」，
「下町3区」，「山の手3区」となろうか（図3-4）。1次元には近隣との付き合
いの有無（程度），2次元には，近隣との付き合い方の内容（深さ）の差違によ
る信頼感の表明の仕方の違いが出ているのか。

　しかし，全体としてこの3グループのデータの差違を顕著なものと見るか，
あるいはそれほど変わらないものと見るかは，単純に数字をもてあそぶのでは
なく，現実に沿って総合的な判断が必要であろう。筆者も現時点で断定的なこ
とはいい難いが，確かに，この調査の結果の細部を見ると経済状況の好悪やジ
ニ係数に見られる経済格差の大小での「信頼感の回答パターン」の差違は見受
けられるものの，そういった経済状況だけで直ちに「人々の信頼感」の顕著な

差違が生まれるわけではなさそうである。そもそも「ジニ係数」で表される格差が大きい地域でも，各個人のレベルでは経済・社会的に同じような境遇にある人々と日常生活を過ごしていることが多く，それぞれの生活環境の中で人々との信頼感を持った関係性を作り，それを維持，発展しているものであろう。近隣の人々との付き合いが乏しい人でも，職場での付き合いでは職務の範囲を超えた密接な人間的な付き合いを持っている人々も少なくはない。また，経済格差が大きいというような場合でも，多くの人々はそれぞれの状況で自分と似た人々との付き合いを発展させ，互いに精神的や物質的に助け合って何とかやっていくというようなことが人生であろう。その意味では，経済状況がよくとも人との付き合いがない人の孤独感は深く，経済状況がそれほどよくなくても互いの気持ちを理解してくれる友人がいる人の人生の方が豊かであるということもあろう。

　稲葉（2013）のまとめでは，「…（3地域のうち）高学歴，高収入の都心3区が心身ともに最も健康である。…しかし，その一方で，収入，学歴では都心3区，山の手3区に劣る下町3区において心身両面で問題があるものの比率が一番低いことは，社会関係資本が健康の悪化を防ぐラチェット（下支え）効果を持つとみることもできよう」としている。

2.4　GSS の信頼感（trust）に関する3項目の数量化Ⅲ類の適用

　前節までの議論を念頭に，国際比較文脈の中で，各国の「信頼感」の3項目に対する回答パターンを多次元データ解析により俯瞰してみよう。ここでの重要なポイントは，単純にどの国の信頼感が高いか低いかを論じるのではなく，各国のそれぞれの回答パターンを生み出している状況を理解することに努めることである。各国の人々はそれぞれの生活の中で人々とのつながりの中で信頼を保っているのであるが，各国や地域の歴史，政治，経済，社会の背景から，その表層のあり方が異なるであろうという視点からデータを眺めることが肝要であろう。

　ここでの数量化Ⅲ類の適用の主な目的は，GSS の信頼感の3項目に対する

人々の回答データにおいて，国々の相互の関係性（類似性・非類似性）の様相を国際比較の枠で俯瞰し，またその様の時間的安定性を確認することである。単純に1つ1つの質問項目に対する回答分布の数字の大小で表層的に「信頼感」の高低を論じるのではなく，複数の項目群に対する複数の国々の人々の回答分布を多次元データ解析することにより，各国の人々の回答の多次元的な構造へアプローチしようとするものである。

　ここでは，統計数理研究所の過去の国際比較調査として，以下のデータを扱う。

a. 日米欧7カ国国際比較（1987-1993）（林他　1998）.

b. 東アジア価値観国際比較（1992-1995）（吉野編　2007）.

c. 環太平洋価値観国際比較（2004-2009）（吉野編　2010）.

d. アジア・太平洋価値観国際比較（2010-2014）（吉野・芝井・二階堂編　2015）.

（http://www.ism.ac.jp/~yoshino/ 参照のこと）

　いずれの国際比較も，統計数理研究所の調査研究リポートとして，総合報告が公開されているので，次の Web ページも参考にしていただきたい。

　http://www.ism.ac.jp/editsec/kenripo/index.html　調査科学研究リポートのシリーズ

　http://www.ism.ac.jp/editsec/kenripo/index_e.html　（in English）

　http://www.ism.ac.jp/ism_info_j/kokuminsei.html　統計数理研究所・調査研究

　http://www.ism.ac.jp/ism_info_e/kokuminsei_e.html　（in English）

　http://www.ism.ac.jp/~yoshino/ap2/index.htm　国際比較

　http://www.ism.ac.jp/~yoshino/index_e.html　（in English）

　また，a については林他（1998），b については吉野編（2007）が発刊されおり，また b から d については，「行動計量学」の32巻2号，33巻1号および「Behaviormetrika」の Vol. 29 No. 2, Vol. 30 No. 1, Vol. 36 No. 2, Vol. 37 No. 1,

Vol. 42 No. 2の特集号も参照していただきたい。それらは，J-stageの無料オンライン・ジャーナルとしてダウンロードが可能である。

行動計量学　http://www.jstage.jst.go.jp/browse/jbhmk/

Behaviormetrika　http://www.jstage.jst.go.jp/browse/bhmk/

これらの調査においてGSSの信頼感に関する3項目のデータについて，SPSS Ver. 19の最適尺度法（数量化Ⅲ類と同様）を適用した結果は，図3-6，3-7，3-8，3-9のとおりである。

各図中の国々を囲う円や曲線は，筆者が国々・地域の政治，経済，文化などを総合的に勘案して，試行的にクラスター（グループ分け）を描いたもので，各国を厳密に差別化する境界線というわけではない。CULMANの多様体の局所地図local chartを試行的に描いたということである。数量化Ⅲ類の結果で

図 3-6　GSSの信頼化に関する3項目への最適尺度法の適用　日米欧7カ国比較（日本 Japan，米国 America，英国 England，西ドイツ W.Germany，フランス France，イタリア Italy，オランダ Holland）

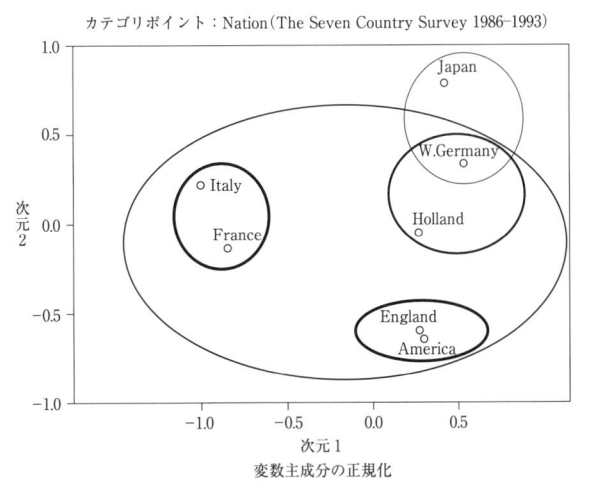

カテゴリポイント：Nation（The Seven Country Survey 1986–1993）

1次元，2次元に対応する固有値は，それぞれ1.90と1.72である。

図3-7 GSS の信頼化に関する3項目への最適尺度法の適用　東アジア国際比較調査
（日本 Japan, 韓国 South Korea, 北京 Beijing, 上海 Shanghai, 昆明 Kunming,
杭州 Hangzhou, 香港 Hong Kong, 台湾 Taiwan, シンガポール Singapore）

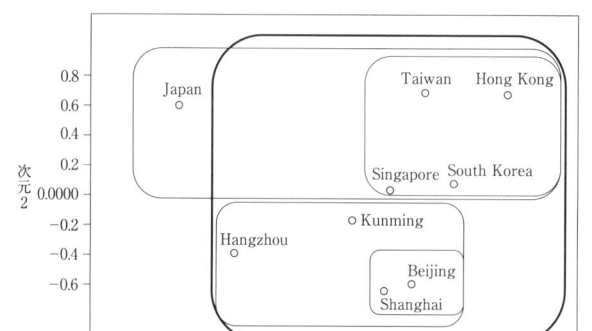

1次元, 2次元に対応する固有値は1.67, 1.60である。

図3-8 GSS の信頼化に関する3項目への最適尺度法の適用　環太平洋国際比較調査
（日本 Japan, 韓国 South Korea, 北京 Beijing, 上海 Shanghai, 香港 Hong
Kong, 台湾 Taiwan, シンガポール Singapore）

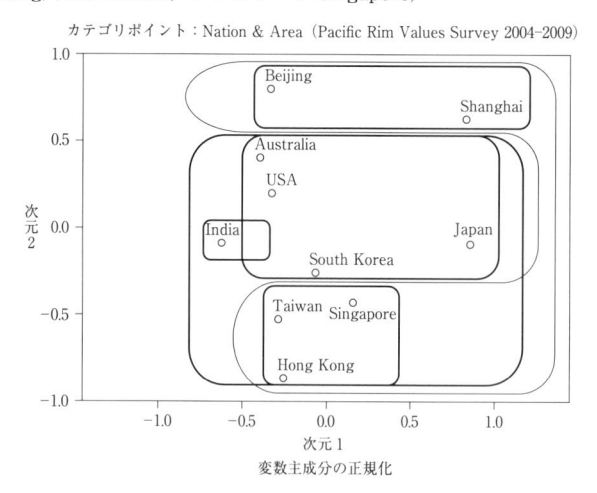

1次元, 2次元に対応する固有値は, それぞれ1.67と1.57である。

図 3-9　GSS の信頼化に関する 3 項目への最適尺度法の適用　アジア・太平洋国際比較
（日本 Japan，韓国 South Korea，北京 Beijing，上海 Shanghai，香港 Hong
Kong，台湾 Taiwan，シンガポール Singapore，米国 USA，オーストラリア
Australia，インド India）

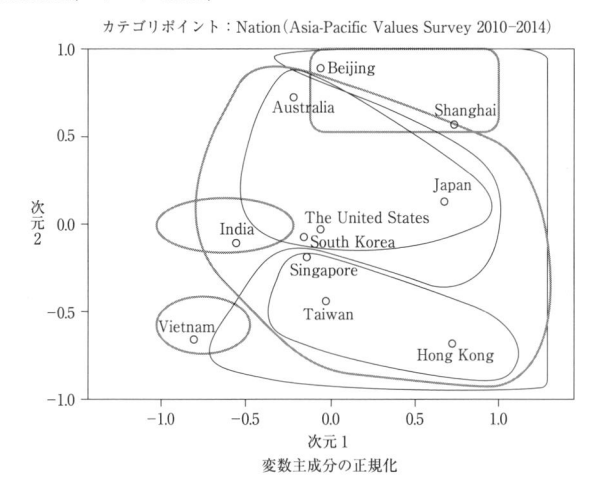

カテゴリポイント：Nation（Asia-Pacific Values Survey 2010-2014）

1 次元，2 次元に対応する固有値は，それぞれ 1.64 と 1.57 である。

示される各国の位置づけは，「相互に比較すべき国々の集合全体」が比較の枠
組みを与え，結果はこれに依存するので，比較する国が 1 つ加わっただけでも
図の様相がかなり変化する場合もありえる。

　日米欧の 7 カ国（図 3-6）は，信頼感の項目のみならず，意識調査データ一
般の解析においてよく見られる国々の類似性の構図を示している。つまり歴史
的経緯からも推察される英米のクラスター，ラテン系のフランスとイタリアの
クラスター，隣接する西ドイツ（1987 年当時）とオランダのクラスターなど，
地理，歴史，宗教，文化の背景からくる類似性がクラスターをなしている。日
本は他から離れているが，敢えていえば，ドイツに比較的近い。次元に着目す
るとすれば，敢えていえば，1 次元軸の左右にラテン系と非ラテン系，2 次元
軸の上下に日独型と英米型とに分かれる。2.1 節では 3 項目の中での 2 項目ご
との各対の相関係数について，その相対的大小のパターンを述べた。ここでの
数量化Ⅲ類は 3 項目に対するデータの構造を同時に解析しているので，2.1 節

の記述とは異なった側面が表れ，それぞれの国際比較データの総体的な構造が
浮き彫りになる。

　東アジア，環太平洋，アジア・太平洋の各国際比較では国々・地域の多くが
重複されて調査されているので，それらに関しては経年調査となる。数量化Ⅲ
類の結果の図は，対象（ここでは国々）の類似性の程度を図上の遠近で表して
いるものなので，上下左右の反転は許容された変換なので，上下や左右，ある
いはそれらの組み合わせで対称な図は同じ図と見なされるのに留意する。ただ
し，例えば東アジア国際比較では，中国大陸の北京，上海，香港のみならず，
内陸部の昆明 Kunming と杭州 Hangzhou も入っており，台湾やシンガポール
などとともに，中華圏の国や地域が多いので，全体の図の様相もいわば中華圏
の枠組みの中で表現されているといえるかもしれない。昆明 Kunming と杭州
Hangzhou の調査は東アジア国際比較のみであったが，他方，環太平洋国際比
較では，米国，オーストラリア，インドが加わり，アジア・太平洋国際比較で
はベトナムが入った。環太平洋国際比較とアジア・太平洋国際比較の図は，ほ
ぼ整合しているように見える。他方，東アジア国際比較の図は，これらとは多
少様相が違うようにも見えるが，おそらく，北京，上海に加えて昆明
Kunming と杭州 Hangzhou の中国大陸が4地域も入っているので，それらの
中国大陸部の様相に全体が引きずられている可能性が高い。

　それでも，これらのアジア地域を主とするこれらの3つの調査では，中華圏
と非中華圏のクラスターが分かれ，次のレベルで，中華圏内で，中国大陸と周
辺国（あるいは大陸の一党独裁体制の地域と，民主化された国・地域）が分かれてい
るように見える。また，北京，上海からの各国・地域の距離は，政治体制の独
裁の程度に対応しているように見える。

2.5　回収率の差違や変動の問題

　本章の最後の節として，調査の回収率とデータの質について，重要な注意を
与えよう。統計的標本抽出法に基づく各調査の回収率の低下が大きな問題とし

て論じられるようになってから久しい。これは現今の日本調査の問題だけではない。世界の各国の世論調査に基づく選挙結果予測や国民投票において，著しい誤謬の一因は，十分なサンプルサイズで十分な有効回収率の統計的無作為標本抽出調査が行われずに，回収サンプルが母集団からはかなり逸脱しているにもかかわらず，バイアスやサンプリング誤差の読み込みに失敗している例が多い。「信頼感」の項目は，調査に協力してくれるサンプル（回収層）と拒否するサンプル（未回収層）との間では，個人レベルでの例外はともかく，集団全体ではかなり回答分布の差違がありそうである。

　特に，性・年齢層の割当て法などを用いている調査では「回収率」の概念がない場合もあるが，仮に日本流の統計的無作為標本抽出に準じて「回収率」に相当する率を計算してみると，著しく低くなるのは珍しくない（吉野　2014b）。他方，7，8割以上の相当高い回収率のデータ間の比較は別にして，低回収率のデータ間での比較では，必ずしも回収率が相対的には高い方が質の高いデータであるとはいえない場合もある。回収データの質の評価は，調査のテーマや目的にも依存することもあろう（吉野　2011a，2011b）。

　低回収率データに対する「補正」と称する操作は，傾向スコア（propensity score），補正（imputation），キャリブレーション（calibration）などの各種の方法が試行検討されてきたが，観測されていない未回収層の分布の真の値が不明である限り，それらの手法は「調整の試行錯誤」にしか過ぎない。しかしながら，現実のデータについてこれらの方法を試みてきた研究を概観すると，面接調査での「回収層」は「非回収層」に比べ，地域での活動への参加や協力，在宅の時間の率が高いなどの特徴が推定される（伏木・前田　2013，土屋　2010）。逆に，「非回収層」は相対的に，地域や社会に対して閉じこもりがち，社会への不満が高い，家族団らんを楽しんではいないなどの特徴が推察されている。これらの特徴は，逆に WEB 調査での「回収層」の特徴に重なる（飽くまでも集団的な分布の相対的な特徴であり，勿論，WEB 調査協力者のすべてが閉じこもりがちで社会への不満が高いなどということではない）。

　これらの考察は，国際比較データを読む際，あるいは同じ国でも面接調査とWEB 調査のような調査法の違うデータを読み解く際に，大きな誤謬に至らぬよう注意を喚起する。また，同じ調査機関の経年調査でも，時代によって回収率が大きく変化してきた場合，調査テーマによっては見かけ上の回答分布の変化だけを見ては誤謬となるので要注意である。

　この問題を具体的に示そう。NHK では，「中学生・高校生の生活と意識調査」を厳格な統計的無作為標本抽出調査に則り，1982 年から継続的に遂行してきた。最初から 1992 年までは配布郵送回収調査で，それ以降は配布回収調査である。2013 年には，その報告書として「NHK　中学生・高校生の生活と意識調査 2012」（NHK 放送文化研究所編　2013）が刊行されている。経年変化のデータにおいて，「幸福と回答する中高生」の割合の急速な上昇が見られ，2012 年調査では「中高生の 9 割が幸福」として，この 30 年間の著しい経年変化がグラフとして示されている（同書，図 5.2）。そして，それをテーマに公開シンポジウムが開催され，その様子が収録されている（同書，第 6 章）。

　そのシンポジウムの冒頭で，教育評論家の尾木直樹は教育現場を知るものとして「そんなことはない」と言明するが，シンポジウムのその後の流れは，調査データの表面上の数字を前提に議論することで進んでいったようである。講演者の 1 人の若手の社会学者である古市憲寿（2011）は，このテーマに関して，「絶望の国の幸福な若者」というタイトルの書籍を著していた。

　「母集団における幸福と回答する回答者の率」は，上記の回収層における「幸福と回答した回答者」と未回収層における「幸福と回答した回答者」の和の計画標本全体での率として推定される。一般には，未回収層（計画標本の中で，回答を拒否したり，接触できなかったり，回答を得られなかった人々）の中での「幸福と回答した回答者の率」は知る由もない。しかし，先述のように，調査での「回収層」は「非回収層」に比べ，地域での活動への参加や協力，在宅の時間の率が高い，他方で「非回収層」は相対的に，地域や社会に対して，閉じこもりがち，社会への不満が高い，家族団らんを楽しんではいない，などの特

徴が経験的に推察されている。これを念頭に上記の中高生の意識データを再考すると，調査に協力しない自己非開示的傾向がある（閉じこもっている）中高生は，「幸福」と回答しないような傾向がかなり強いと推察できないか？[4]

Kahneman（2011）や Hofstead ら（2010）の調査データに表れる「幸福感」や「満足感」の中長期的安定性の考察を念頭に，ここでも母集団全体において「幸福」と回答する層はあまり変わらないが，調査有効回収率の低下とともに，調査に協力する回収層は「幸福」と回答する傾向の強い層に偏りがちであるのかもしれないという推察を検討してみよう。

まず，次式に留意する。

　　回収層で「幸福」と回答した人の率 × 有効回収率

　＝(回収層で「幸福」と回答した人の数 ∕ 回収層の人数)×(回収層の人数 ∕ 計画標本の人数)

　＝(回収層で「幸福」と回答した人の数 ∕ 計画標本の人数)

第3式は，計画標本全体の中で，調査協力し，かつ「幸福」と回答した人の率であり，第1式より，回収層で「幸福」と回答した人の率と有効回収率との積に比例するのが分かる。

さて，同調査の回収率は1982年には約88%，2012年には約63%と，この30年間で著しく変化してきた。その「回収率」と各回の調査での「幸福と回答した回答者の率」（前掲書の図5.2参照）とをかけてみよう。その積は，計画標本全体における「幸福と回答した回答者の率」を示すことになり，高校生の回答については以下のようになる（括弧内は中学生の回答についての結果）。

　　1982年（配布郵送回収）：24 × 87.9 = 22.0（31.6）(小数点2位以下四捨五入，以下同様)

　　1987年（配布郵送回収）：25 × 86.4 = 21.6（33.6）

　　1992年（配布郵送回収）：32 × 81.1 = 26.0（30.0）

　　2002年（配布回収）：33 × 74.5 = 24.6（30.5）

　　2012年（配布回収）：42 × 63.4 = 26.6（34.5）

「回収率」と「有効回収層における幸福と回答する人の率」の積は，前掲書

「NHK　中学生・高校生の生活と意識調査2012」の図5.2のような劇的な変化に比べ，高校生においても中学生においても，計画標本全体の中で，調査に協力し，かつ「幸福」と回答する生徒の率は，この30年間それほどには変化していないのが確認でき，前述の推察とは矛盾しない。このデータ解析だけから，他のあらゆる可能性を排除できはしないが，「幸福と回答する回答者の率」は，本当はこの30年間大きくは変化していないのではないか（少なくとも，表面上のデータ数字のように「幸福」が急増しているとは思えない）と考える方が自然ではないだろうか。

　昔は，不満を抱えている中高生も調査には多少なりとも協力し不満を表明するものも相応にいたかもしれないが，今は事態がさらに厳しくなり，閉じこもりがちになり，調査にも協力しない，できないものが増えているのが実情ではないか。その推察の方が，先述のような現場を知る教育評論家の直観に近くはないか。

　この調査では，途中で調査法が変わっているが，その郵送回収と直接回収における回答者の匿名性の程度について差がありえることに留意すると，後者の方で匿名性が減じ，社会的望ましさ social desirability へのバイアスが多少なりともかかることを念頭に，回答分布を見るのも参考になろう。現実には，時代の効果等との交絡があろうから解釈は単純ではなかろうが。

　別の調査では，厚生労働省が WEB 調査（日経新聞電子版2014年7月13日）で「若い世代は幸福度低め」と報告している。先に述べたように，WEB 調査では，回収層は，むしろ面接調査などの「非回収層」に重なり，相対的に，地域や社会に対して閉じこもりがち，社会への不満が高い，家族団らんを楽しんではいない，などの特徴が経験的に推察されていることを考えると，首肯できるのではないか。面接調査で非協力的な自己開示傾向の低い者が，匿名性の高いWEB 調査では調査回答して，社会や家庭生活への不満，不幸を訴える傾向に注意すべきであろう（林・大隅・吉野　2010，林・吉野　2011）。

　狭義の「科学的世論調査」では，NHK の報告のように回収サンプルの中での回答分布を加工せずにそのまま報告するのが原則であり，当該の調査でも

「(回収サンプルの中で) 中高生の9割は幸福と回答した結果を得た」と報告するのは正しい。選挙においての投票・非投票の論理からのアナロジーとして，狭義の「世論調査」において，協力拒否したものは結果を調査協力した人々の意見に委ねていると見なされ，集計は飽くまでも回収層の賛否の率で論じられるのが通常の手続きである (「補正」の導入は，しばしば調査主体側の恣意性が入りこむ危惧があり，補正とはなりえぬ危惧があるので，すべきではないとされる)。

　しかし，同じデータであっても，それをより深く学術調査，社会調査として多面的に解析する際には，社会的望ましさへのバイアスなどを含め質問文のあり方の検討，データ収集の方法と匿名性の程度，それに関係する回収率などの問題が大きくのしかかってくる。調査方法の詳細を念頭に置かぬ議論は誤謬となることもあろう。NHK の報告とその結果の議論は，相応に役割を果たしたのであろうと思うが，本当に現場での問題解決を目標にした政策立案のためには，さらに十分な考察が必要である。しかしいずれにせよ，もとが信頼性の低いデータでは，このような厳密な議論はし難いが，NHK の調査では厳格な統計的標本抽出法を順守しているからこそ，本節のような議論ができるのである。

　実は，過去10数年ほど筆者が扱ってきた「信頼感」についても，回収層と非回収層の中でも意見分布がかなり異なりそうであるとの印象が強い (吉野 2003, 2008a, 2009, 2010, 2011d, 2013, 2014a, Yoshino 2002, 2005, 2009, 2012, 2014, 吉野編　2010, 吉野・角田　2010, 2012)。少なくとも，日本調査では，低回収率の場合ほど，回収層は協力的な人々ばかりとなり，見かけ上の「信頼感」の率が高くなってしまう傾向を推察している (林・大隅・吉野　2010, 林・吉野　2011)。ただし，比較検討したい各調査で調査機関や調査法の違いの効果などが複雑に交絡しているようであり，この推察は飽くまでも定性的なもので，先述の NHK のデータのように定量的には示し難い。

　この問題について国際比較に言及すると，海外では，日本のように整備された住民基本台帳や選挙人名簿が世論調査に利用できる状況にはなく，調査主体の恣意性を排除するための統計的無作為標本抽出法ではあるものの，母集団の

回答分布を推測するという目的には最適ではない方法をとらざるをえない場合が支配的である。標本抽出の手続きが違いすぎるので厳密な比較はできないが，あえて日本流の厳密な回収率の計算をしてみると，10数％程度という国や地域も見られる（アジア・太平洋価値観国際比較の各国・地域のリポート参照）。

　例えば公衆衛生研究では「健康」と「信頼感」の相関が論じられることがあるが（Tsunoda, Yoshino, and Yokoyama 2008），国際比較でそれらの間の相関が見られない場合も多い。それは本当に相関がないのか，各国であまりにも低回収率なので，回収層は協力的な人々ばかりとなり，見かけ上の「信頼感」の率も高くなってしまっているということもありえるのかもしれない。

　本節では，調査データの解析において，回収率をどう読み込むかについて言及した。低回収率の調査データに対して，回収データによる性・年齢層・人種などの社会的属性について「補正」をして比較することが見られるが，むしろ想定外のバイアスを拡大しかねない危惧に留意すべきである。バイアスの「補正」が数学的に有効なのは，未回収率があまり大きくないという仮定が満たされる場合であり，その時，「補正」の効果は高々数％程度である。今日の未回収率が数十％の時は，その仮定は満たされず，機械的な「補正」はむしろ想定外のバイアスを助長しかねない。そのような数値いじりに先走るよりは，「非回収層の人々は通常の調査の手法でアクセスし難い，アクセスできても調査に協力しない」という現実を見据えて詳細に吟味し活用することの方が，実践的には重要と思える。その意味では，傾向スコアや multiple imputation や calibration などの技法でいう「補正量」がもとのデータでの回答比率と特に大きく（たいてい，高々数％程度だが）**差が出る質問項目に着目**することによって，バイアスの傾向が浮かび上がらせる手がかりとすることもあろう。その理論と実態の考察の試行錯誤が肝要である。

3．文化多様体の観点からの解析

　本節では，前節までで述べた国際比較における一般的な留意点，「信頼感」

のような主観的指標の実質的な意味とその国際比較可能性の是非や程度に関する知見を念頭に置きながら，各国の政治・経済体制などに関連する「社会的諸制度に対する信頼・信用」などのデータを俯瞰し，国際比較可能性の追求を進めよう。国々の間や地域間の比較をより適正に考える意識の国際比較のためのゲージ変換（測定の物差しを揃えること）を具体的に試行してみよう。

　まず，3.1節で異文化間比較の理念を再確認しよう。これを具現化するために，3.2節では「各国の人々の一般回答傾向のうち，特に中間回答選好傾向（あるいは逆に極端回答選好傾向）」を考えたデータ解析における回答選択肢の再カテゴリー化について述べる。次に，3.3節では「様々な組織・制度についての信頼・信用」のデータについて，各国を個別に眺め，各国内の組織・制度に対する信頼や信用の度合いの高低を眺め，その後にそれらの国ごとの結果を国際比較する。これは，政治や経済の体制がかなり異なり，また，おそらくこの種の意識調査における一般的回答傾向も異なる国々の間で，直ちに回答率の数字の大小で国々を比較することは妥当ではなかろうという最も慎重な国際比較の態度になる。

　さらに3.4，3.5，3.6の各節で，宗教，東西の価値観，国際関係などのデータを用いて，国際比較の枠組みを広げる可能性を試行する。ここには，「比較可能性の範囲（この場合，空間的範囲）」の大小と「比較の深度（木を見るか，森を見るか）」の一種のトレードオフがあることを認識することが大切である（図3-2）。これらの試みは，すべて CULMAN の枠組みを具現化しようとするものである。

3.1　異文化間を俯瞰する視点── CULMAN における文化のゲージ変換──

　異なる文化圏（国々・地域など）を比較する際には，「同じ指標（ゲージ，物差し）」の確保は一般に自明ではない。通貨で喩えると，円でもドルでも物価は測れるが，それらの間の変換（為替レート）が明確でないと物価の比較は不能であろう。さらには，「米価」のように，国によって主食か否かなどの差違も

あり，為替レートの明確化だけでは，国際間での同一物の価格の比較可能性は十分ではないという議論もありえる。しかし，いずれにせよ，国際比較における指標（ゲージや物差し）間の適正な変換や関係づけの明確化は，その指標による各国での測定データの比較のためには，十分条件ではないにせよ，必要条件であろう。客観的指標と思われている物価指数ですら問題は少なくないが，人々の意識や意見の分布を比較する際は，見かけ上の回答分布の数字の大小をそのまま比較するのは誤謬に陥る危惧が常に付きまとう。しかし，その比較を適正にする方法は何かという問題の解は自明ではない。CLA や CULMAN は，直ちにその問題に定量的な解を与えてくれる魔法ではないが，その困難な課題にアプローチする 1 つの方法論，パラダイムである。

これまでのわれわれの論文や書籍では，この問題を意識して具体的な解析データを明示的に説明することは必ずしもしてこなかったが，本章では，試行錯誤中のものを含め，今後の参考にいくつかのトピックのデータ解析で簡明に示してみよう。最終的に目指すものは，特殊な技法ではなく，簡単な操作で容易に国際比較可能性を高められる工夫の提供である。われわれのこれまでの経験では，この種の調査回答データの尺度水準の観点から，揺らぎやすい単独の質問に対する回答データではなく，一連の質問群に対する複数の国々の回答データに多次元データ解析を適用し安定した結果を得るという意味で，林の数量化III類を活用することが多い。

3.2　各国民の一般回答傾向のバイアスを考慮した工夫

まず，比較的単純ではあるものの，無視しえないのは，各国民の一般回答傾向である。例えば，日本人が良くも悪くも極端な回答を避け，程度を控えめにいう傾向（中間回答選好傾向），「DK（分からない，どちらともいえない）率が高い」傾向や，米国人，アラブ人は Yes/no を明確にいう，フランス人が否定的，批判的に回答する傾向などが知られている（Yoshino 2009, 吉野・林・山岡 2010）。日本は 1980 年代に世界の経済のトップクラスに躍り出たが，意識調査で「生活満足度」は必ずしも高く現れず，世界を不思議がらせた。ブラジルは

90年代初め頃，世界の最大の債務国であったのに，人々の満足感や幸福感が欧州の裕福な国並みに表れ，これもパラドキシカルに見えたこともあった。

より詳細なレヴュー（吉野　2014a）では，人々の生活満足感や幸福感などの評定は1日の中でも大きく変動することがある一方，中長期的には各個人や各国民や民族に固有のパーソナリティと密接に関連し，外部の客観的状況の変化にもかかわらず安定した傾向が維持され比較的不変となるとされる（Kahneman 2011）。つまり，中長期的には，政治や経済を含む外部環境の向上や低下に依存しないようである（Hofstead, G., Hofstead, G. J., and Minkov　2010：Ch. 6）。

端的に述べると，人々の意識調査での「回答分布」は，「現実の状況の変化」の反映と「一般的回答傾向」との一種の複合体であるいえよう。これ自体がデータ解析に多様な問題を含むのだが，ここでは，まず，比較的簡単な話から始めよう。

この一般的回答傾向の差違を減じて，国際比較する簡易な方法として，まず，回答選択肢の再カテゴリー化で区分を粗くして，比較可能性を広げることも多い。

例えば，生活満足感を尋ねるのに，選択肢のリストで「1. たいへん満足，2. やや満足，3. やや不満，4. たいへん不満」とした場合，回収データに対しては，「1」と「2」，「3」と「4」をまとめ，「1. 満足，2. 不満」と再カテゴリー化する。これにより，例えば日米間で両極端の選択肢を避ける傾向のための差違は減じられることが期待される。

しかし，他のカテゴリー化が適切と思われる場合もありえる。吉野・大﨑（2013）は，前述の「満足感」について，統計数理研究所の過去の主な国際比較調査すべての回答分布を俯瞰している。当該の選択肢を，せいぜい順序尺度とすると，統計的代表値は「算術平均」ではなく，最頻値（モード）や中央値であり，それはインド（吉野・二階堂・芝井編　2014）とブラジル日系人（山本他 1993）が「1. たいへん満足」で，他の国・地域はすべて「2. やや満足」である。この傾向は各国や地域，時代によらないようである。その知見のもとで，「1」「2」「3と4」の3段階，あるいは「1」「2と3と4」の2段階にまとめる

という考え方もありえる。

　なお，吉野（2003，2005b：153頁）では，満足感の高い人は，家庭，健康，生活一般に対するそれぞれの満足感の相関は高いが，それぞれへの不満感の高い人は，それぞれの項目に対してそれぞれの様相を示すことを報告している。

　因みに，「満足感」に比べ，「不安感」に関しては，重大な病気，交通事故，戦争，原子力施設への不安など，テーマごとに国・地域，男女，年齢による差違が大きいようである。おそらく各国・地域の現実の社会的状況と各人や各国・地域の人々のパーソナリティ（自己開示性 self-disclosure）とが交絡しているのであろう。

　各国の一般的回答傾向の差違を越えた実質の比較を目的に選択肢の再カテゴリー化（カテゴリーを粗くする）について言及したが，結局，機械的に表面上の正負で分けるのではなく，テーマごとに適切な再カテゴリーの方がよい。

3.3　組織・制度についての信頼感（confidence）

　本節では，Michigan 大学の Inglehart らによる「世界価値観調査（World Value Survey）（WVS）」（電通総研・日本リサーチセンター　2004）に含まれる社会制度（institutions）やシステム等への信頼感に関する調査項目（「科学技術」に対する信頼を追加）に関して，われわれの「東アジア価値観調査」のデータを分析してみよう。用いた質問項目は，以下のとおりである。

問41　〔カード24〕あなたは，次にあげる組織や制度，事がらをどの程度信頼しますか。「非常に信頼する」「やや信頼する」「あまり信頼しない」「全く信頼しない」のいずれかでお答え下さい。

　尋ねる項目は，以下のとおりである。

　a. 宗教団体，b. 法律や裁判の制度，c. 新聞・テレビ，d. 警察，e. 国の行政，f. 国会，g. NPO・NGO（非営利団体や非政府組織），h. 社会福祉施設，i. 国連，j. 科学技術（基本的には，世界価値観調査と同じ項目であるが「j. 科学

技術」を追加してある）。また，回答カテゴリーは「非常に信頼する」，「やや信頼する」，「あまり信頼しない」，「全く信頼しない」である。

Q52　How much confidence do you have in the following? Are you very confident, somewhat confident, not confident, or not confident at all?

	Very Confident	Somewhat Confident	Not Confident	Not Confident at All
Religious organizations	1	2	3	4
The law and the legal system	1	2	3	4
The press and television	1	2	3	4
The police	1	2	3	4
National federal bureaucracy	1	2	3	4
National Assembly (Federal Parliament)	1	2	3	4
NPO/NGO (non-profit and non-governmental organization)	1	2	3	4
Social welfare facilities	1	2	3	4
The United Nations	1	2	3	4
Science and technology	1	2	3	4

　この項目に対する東アジアの諸国の回答分布は吉野編（2007）に示されているが，各国の回答傾向（回答の分散が異なる）の差違や国際比較における尺度の頑健性（信頼性）を考慮して国際比較可能性を追求する（情報縮約して回答パターンを安定にする）ために，「非常に信頼する」と「やや信頼する」というポジティヴの2つのカテゴリーをあわせた回答の割合を，国ごとに全項目を標準化された得点（平均 0.00，標準偏差 1.00）に変換して比較を試みている（表3-5参照）。

　このように国ごとの標準得点化による比較で各組織や制度に対する相対的信用度を調べ，その結果を国際比較したが，同様の視点を維持しながら，標準得点の計算など行わずに簡便に眺めてみよう。表3-6では，東ア調査と同様に4段階のカテゴリーを正負の2段階に落としている。次に，国ごとに組織・制度間の信用度の大小比較を行う（各国内でのランキングを示すことと同様）。その国ごとの結果（ランキングの順列）を，国と国の間で比べる。

表3-5 社会制度やシステムに関する「信頼感」

	日本	北京	上海	香港	昆明	杭州	台湾	韓国	シンガポール
a. 宗教団体	-2.11	-1.99	-2.21	-0.47	-1.87	-2.25	0.85	-0.09	-0.60
b. 法律や裁判制度	0.70	0.65	0.88	1.30	0.82	0.70	0.85	0.50	1.08
c. 新聞、テレビ	0.61	-0.41	-0.20	-1.83	-0.40	-0.44	-1.03	0.55	-0.97
d. 警察	0.21	0.18	-0.05	0.55	0.11	0.28	-0.16	-0.04	0.89
e. 政府や官僚	-0.75	0.74	0.73	-0.61	0.52	0.75	-0.56	-1.11	0.89
f. 国会	-1.10	0.78	0.68	-0.67	0.62	0.75	-1.50	-1.98	0.71
g. NPO・NGO	0.21	-1.22	-0.84	-0.40	-0.90	-0.75	-0.63	-0.36	-1.34
h. 社会福祉施設	0.57	0.18	0.34	0.76	0.01	0.13	0.17	0.66	-0.22
i. 国連	0.57	-0.20	-0.45	0.01	-0.60	-0.34	0.17	0.23	-1.34
j. 科学技術	1.09	1.29	1.12	1.37	1.69	1.16	1.85	1.63	0.89

東アジア価値観国際比較（2002-2005）の問41のデータについて、「非常に信頼する」と「やや信頼する」という2つのカテゴリーをあわせた回答の割合について、国・地域ごとに全項目を標準得点（平均0.00、標準偏差1.00）に変換した。
出所：吉野（2005）の表1を修正加筆。

表3-6は、当該の項目に対する東アジア、環太平洋、アジア・太平洋の各価値観国際比較調査におけるデータである。すべての3つの調査に参加している国または地域で概ね一貫したパターンを示している（Yoshino 2015）。この項目に関しては、回答分布は時間の経過とともにはほとんど変化していない様相である。例えば、2002年（EAVS）、2004年（PRVS）、2010年（APVS）の日本調査の項目ごとの差は、サンプリング誤差の範囲内であった。最大の差は、例えばNPO／NGOで約10%であるが、概ねデータの安定性が確認された（NPO／NGOの割合は、2002年の55%から2004年には45%に、2010年代初めには49%に変化した。これは、NPO／NGO活動が増加していることや、2000年代初めに一部の団体に違法行為が見られたため、2008年に登録機関に関する日本の法律が大幅に改訂された事情に関連していると思われる）。

インド、シンガポール、ベトナム、米国、台湾、香港を除き、調査対象国や地域では、宗教団体に対する信頼度は低い。これらの国・地域ごとの相対的な信頼度は、インドと台湾を除いて各国の他のすべての項目と比較してまとまり高くない。日本と中国本土は、宗教団体に対して著しい否定的な態度を示している。しかし、日本人の否定的回答の割合は中国人よりも低かった。中国人は提

表3-6　組織などへの信頼感

a　アジア・太平洋価値観国際比較（APVS）

調査年	2011	2011	2011	2011	2010	2012	2012	2012	2013	2010	2010
項目	Beijing	Shanghai	Hong Kong	Taiwan	USA	South Korea	Singapore	Australia	India	Japan	Vietnam
Q52a Religious organization（宗教団体）	27	36	58	75	58	41	82	44	87	13	79
Q52b The law and thelegal system	85	82	86	53	56	51	83	78	78	72	94
Q52c The press and television（新聞・テレビ）	68	64	56	44	21	63	78	33	70	70	80
Q52d The police（警察）	75	72	69	59	65	46	92	89	59	70	85
Q52e National government bureaucracy（行政）	83	77	50	46	26	34	89	47	49	38	93
Q52f Congress/Diet（国会）	83	75	53	38	22	17	88	46	55	25	95
Q52g NPO/NGO（NPO等のボランティア団体）	41	45	64	56	51	42	80	74	61	49	86
Q52h Social welfare facilities（福祉制度）	78	70	81	69	48	59	83	79	75	71	88
Q52i The United Nations（国連）	59	54	70	61	40	68	82	63	60	59	90
Q52j Science and technology（科学技術）	95	89	85	86	76	75	91	92	90	83	95

b　環太平洋価値観国際比較（PRVS）

調査年	2005	2005	2005	2006	2006	2006	2007	2007	2008	2004
項目	Beijing	Shanghai	Hong Kong	Taiwan	USA	South Korea	Singapore	Australia	India	JapanA
Q50a Religious organization	24	32	60	66	69	46	84	48	90	15
Q50b The law and thelegal system	84	86	87	63	79	57	96	72	90	79
Q50c The press and television	61	66	46	32	44	59	81	32	82	74
Q50d The police	72	77	78	57	80	50	95	83	64	69
Q50e National government bureaucracy	81	85	63	42	45	29	92	46	58	41
Q50f Congress/Diet	82	86	61	25	51	11	90	51	64	32
Q50g NPO/NGO	40	46	64	40	65	31	70	74	69	45
Q50h Social welfare facilities	73	74	81	56	62	59	78	74	83	70
Q50i The United Nations	59	59	65	46	55	58	74	59	75	56
Q50j Science and technology	96	94	88	73	87	75	93	88	93	76

c　東アジア価値観国際比較（EAVS）

調査年	2002	2002	2002	2003	2002	2002	2003	2003	2004
項目	Japan	Beijing	Shanghai	Kunming	Hangzhou	Hong Kong	Taiwan	South Korea	Singapore
Q50a Religious organization	12	20	29	24	24	59	64	49	82
Q50b The law and thelegal system	74	82	92	78	80	86	65	59	93
Q50c The press and television	74	57	71	55	60	41	37	60	82
Q50d The police	64	71	74	64	73	75	50	49	93
Q50e National government bureaucracy	41	84	88	71	81	56	42	30	89
Q50f Congress/Diet	34	85	87	72	82	55	30	14	86
Q50g NPO/NGO	55	36	53	39	48	59	38	41	76
Q50h Social welfare facilities	68	70	80	61	69	77	52	62	84
Q50i The United Nations	62	59	62	45	56	63	50	50	71
Q50j Science and technology	73	97	97	95	90	84	76	78	87

（世界価値観調査の項目に「科学技術」を追加）
表中の数字は、「1.very much confident」と「2.confident somewhat」の正の回答カテゴリーの割合の合計を示す。国・地域ごとの項目間のランキングを、国・地域間で比較する。

示された 10 の組織・制度のうち，肯定的回答の割合は，宗教団体が最も低かった。ほとんどの日本人は信心していなくとも，宗教や宗教心を尊重していることが知られている（Hayashi and Nikaido 2009）。しかし，オウム真理教などのいくつかの宗教団体が 1990 年代に深刻な問題を引き起こしたこともあり，「宗教団体」については慎重であるかもしれない。中国では，中国の長い歴史の中で，宗教団体がしばしば政府を転覆しているため，政府は宗教団体に対して非常に敏感である。国によっては，特定の宗教団体がテロと密接に関連していると見なされるところもある。

「警察」，「政府」，「議会」などの権威に対する信頼を示す回答の割合は，国によって様々なパターンを表しているようである。これらは民主主義や独裁制の程度に関係している可能性が高い。否定的な態度は必ずしも制度や組織の権威の否定を意味するものではなく，国によっては成熟した民主主義を反映しているかもしれない（Dogan 2000：p. 258）。しかし，組織・制度に対する信頼感の正（または負）の回答率が，政治的成熟度に直線的に比例しない場合もあろう。

表 3-6a，b，および c は，例えば，新聞，テレビ，議会における米国人の信頼度の低下を示している。これは成熟した民主主義の批判的態度かもしれないし，現在の民主主義の混乱の反映かもしれない。

科学技術に対する信頼の項目については，すべての国や地域が高い信頼を示している。林（1993）は 7 カ国調査，鄭・吉野・村上（2006）は東アジア調査の科学技術に関するデータを分析している。林（1993）は，日本人は一般的に科学に対して積極的な態度を取っていると結論づけた。しかし，人間の心と精神を理解するための科学的アプローチ，社会経済問題の解決，近い将来宇宙ステーションでの生活の可能性については否定的であった（1988 年調査時点）。1987 年の西ドイツの回答パターンは，他の欧米諸国よりも科学技術に関して否定的であったという意味で，日本人と同様であった。しかし，科学技術の社会問題への貢献や，日本人のような個人の心理的問題に対しては，それほど否定的ではなかった。これは，ヘーゲルやマルクスの理論と，フロイトの科学的

心理学の理論がかつてのドイツ圏に由来していることを思い起こさせるかもしれない。

アジア・太平洋調査のデータに関しては，すべての国・地域は科学技術に対して非常に肯定的であり，肯定的回答率は 10 の組織・制度などの項目中で最高であった。特に，中国本土の肯定的回答率は，東アジア調査，環太平洋調査の両方で 100％に近いが，アジア・太平洋調査ではその率がやや下がっている。これにはいくつかの説明がありえる。一方で，1970 年代後半以降，中国は政治機関，軍事システム，社会システムの科学的改革を社会計画の優先事項として強調してきたという事実を表している可能性が高い。他方，経済発展を重視したため，先進工業諸国が経験してきた科学技術の悪影響について注意を払ってこなかった時期があった。これは過去の過度に肯定的な態度を説明するかもしれない。2008 年の北京オリンピック後，あるいはその少し前頃より，中国政府は急速な経済発展のマイナス面に着目し，大気汚染，土壌汚染，水質汚染などの環境条件の改善を計画し始めた。因みに，都市と農村の社会格差など，政治的な問題にも注目している。しかし，国際関係におけるパワーの増強と比べ，これらの国内問題に対処するのは，完全な解決策は遠いように見える（Reuters　2013, 2015）。

この節の最後のコメントとして，Sasaki and Suzuki（2000 : Ch. 11）は，「科学技術の分野の問題ごとに，人々の態度は異なるために，1 つのスケールで科学技術への信頼の意識を測るのは不十分である」と述べていることに留意しよう。これは，科学技術への信頼・信用のみならず，おそらく一般的な人々の信頼感についての研究の場合もそうなのであろう。

3.4　東西の価値観と普遍的価値観──「大切な価値観」と「儒教の教え」──

次に，少なくとも表面上，東洋的（日本的）価値観と欧米的価値観を代表すると思われる 4 つの美徳の比較データを見てみよう。質問文は，以下のとおりである。

問34　〔カード提示〕次のうち，大切なことを2つあげてくれといわれたら，どれとどれにしますか。

　　（この質問では，2つの項目をあげてもらうこと）

a. 親孝行，親に対する愛情と尊敬

b. 助けてくれた人に感謝し，必要があれば援助する

c. 個人の権利を尊重すること

d. 個人の自由を尊重すること

　通常は，選択項目のaとbはアジア的価値観（儒教道徳などに関連），cとdは欧米的価値観（フランスの人権宣言や米国の独立宣言などに関連）と見られる項目である。4つのうち2つの選択で，6パターンの回答が可能である。これについて，1987–93年の日米欧7カ国比較調査と2002–05年の東アジア国際比

表3-7　「大切なもの4つ」から2つ選択の型の割合（%）

環太平洋								
調査年	2006	2004	2005	2005	2005	2006	2007	2007	2008
調国・地域	米国	日本	北京	上海	香港	台湾	韓国	シンガポール	インド
A&B	26	48	55	58	44	53	51	45	34
A&C	23	12	19	18	14	17	18	30	23
A&D	11	15	13	12	26	12	15	12	11
B&C	12	8	5	4	3	5	7	6	2
B&D	7	12	4	3	7	7	6	3	2
C&D	22	8	5	4	7	6	4	4	1

日米欧7カ国							
調査年	1988	1988	1992	1987	1987	1993	1987
調国・地域	米国	日本	イタリア	フランス	西ドイツ	オランダ	英国
A&B	20	47	24	20	9	12	32
A&C	40	14	30	14	28	30	20
A&D	13	20	26	20	19	26	13
B&C	6	5	4	8	4	3	11
B&D	3	7	3	11	3	1	8
C&D	20	8	14	27	37	28	16

　A（親孝行・親への尊敬と愛情），B（恩返し），C（個人の権利尊重），及びD（個人の自由尊重）

較調査のデータは吉野（2005b：表 3）にあるが，ここでは後者を 2004-09 年の環太平洋国際比較調査データ（問 34）に更新して検討してみよう（表 3-7 参照）（なお，本文中の問番号は，「日本人の国民性」とは限らず，各調査におけるものを明示する）。

　吉野（2005b：表 3）では，日米欧 7 カ国比較調査と東アジア国際比較調査に調査時点に 10 数年の年月の差があり直ちに比較はできない問題について，日本が双方の調査プロジェクトに含まれ，1988 年と 2002 年に調査され，同じ調査機関での同じ調査方法がとられている点に着目した。そして，年月の差にもかかわらず，日本での 2 回の調査では同様の回答分布のパターンを確認した。これだけのデータからは完全に正当化されるわけではないが，この質問に関してはこの 10 数年の時間差はあまり影響のない安定した回答パターンがあると想定し，この 2 時点の日本調査を一種の「接続点 connector」として，日米欧の比較のチャート（地理的なクラスターを局所地図または局所チャート［local chart］と呼ぶ）と東アジアの比較のチャートを接続し，全体としてよりグローバルな東西の比較のチャートとみなす論拠とした。

　これは，東アジア国際比較調査のあとの環太平洋国際比較調査のデータを見ても同様の推定が成り立ちそうである（図 3-10 参照）。日本の 2004 年の調査も，1988 年と 2002 年と同じ調査機関により遂行され，概ね，同様の回答分布を得ている。他方で，環太平洋国際比較調査でも米国が含まれているが，日米欧 7 カ国比較調査における回答分布と個別の項目の選択に関しては大きく変わっている様相である。米国は両調査では調査機関が異なり（Gallup 社と Kanes & Parsons 社），調査方法の詳細な手続きが異なるためであったのか，時代の変化の影響か，にわかには判別し難い。ただし，米国は，さらにその後のアジア・太平洋価値観国際比較として 2010 年にも調査されており，2006 年と 2010 年は同じ調査機関（Kanes & Parson 社）によるもので，比較的同様の回答分布を得ている。この意味では，現時点では，時代の差よりも調査機関の差違

図3-10　時間の局所チャート（地図）の連結：日米欧7カ国調査（1987-1993）と
　　　　環太平洋価値観国際比較調査（2004-2009）

日米欧7カ国調査

環太平洋調査

「大切なもの4つから2つを選択する」項目の日本の回答分布データは，1988年と2004年でほぼ
同様のパターンを示している（表3-7参照）。当該の項目に対する回答は年月を経ても比較的安定
なパターンを示すという仮定のもとで，これらの2つの調査データのセットの共通部分（日本調査）
を連結点として，調査年月の差違を超えた1つの統合データとして国際比較へ持ち込む（米国は2
回の調査で調査機関やサンプリング法の差違のためか，少なくとも単純集計レベルでの回答分布に
は差違が見られる）。

の影響の方が大きいのではないか，つまり，当該の項目に関しては，回答分布
は時代の変化に対して比較的安定しているのではないかと推察している。特
に，ここで問題とする回答分布のパターンの類似性（選択肢のモードやランキ
ングなど定性的な統計量）の比較というレベルでは，米国の3回の調査も，相応に

整合しているといえよう。これは，尺度の厳密性の度合いとデータの安定性の度合いの一種の相補的関係（トレードオフ）であろう。

　さて，各国の回答分布のパターンを俯瞰してみよう。東アジアの各国のそれぞれでは，ほとんどすべての国や地域で過半数がアジア的価値観の2つの項目のペアa＆bを選択している。他方で，欧米の各国では，欧米的価値観と見られるc＆dのペアの選択はフランスとドイツで比較的多数であるものの，過半数となるペアはいずれの国でもない。他方で，洋の東西を問わず，ほとんどの国で4つのうちで個別の選択率が最高のものは「a. 親孝行，親に対する愛情と尊敬（Love and respect for parents）」である。厳密には，2006年と2012年のオーストラリア，1987年の西ドイツとフランスの調査では一番高い選択率ではないものの，いずれの国でも過半数の選択であることには例外はなく，多くの場合は7割から9割の高い率を確認している。この意味では，確かに「個人の権利の尊重」や「個人の自由の尊重」はこの2，3百年ほどの近代社会が獲得してきた重要な価値観ではあるが，他方で，家族の形態は各時代や地域で様々ではあろうが，家族の大切さ，親や子供に対する愛情は，長い人類の歴史の中で時や場所を越えた普遍的な価値観であるのが確認される（注意　選択肢1の翻訳について，「儒教」に関連して注意を後述する。これは文化圏での家族のあり方の違いに関係するが，いずれにせよ，家族の大切さ自体は文化圏を越えたものであることには変わりがない）。

　因みに，われわれの各調査では，家族や子供，職業や仕事，自由になる時間とくつろぎ，友人や知人，両親や兄弟姉妹や親戚，宗教，政治などの生活領域のそれぞれについて，重要度を7ポイント尺度で回答させる質問項目がある。各国は様々な回答パターンを見せるものの，どの時代の調査でも，どの国の調査でも，「家族や子供」「両親や兄弟姉妹や親戚」の重要度は一番高い。日本人の一般的回答傾向として，選択肢や尺度の両極端を避ける中間回答傾向があるが，この「家族」に関しては一番高いポイント示すものが多い（データは，各リポートや統計数理研究所のWEBサイト，吉野編［2010］の総合報告書参照。日米7カ国調査では問9，環太平洋およびアジア・太平洋価値観国際比較では問18）。

さて，次に儒教道徳に関する項目を見よう。各項目は，文字どおりの儒教的な教えである。

問9 〔カード提示〕あなたは次のような価値観についてどう思いますか。

	全くそのとおりだと思う	そう思う	そうは思わない	全くそうは思わない
a. 先祖を尊ぶべき………………………………	1	2	3	4
b. 長男は両親の面倒を見るべき………………	1	2	3	4
c. 妻は夫に従う…………………………………	1	2	3	4
d. 親が反対する結婚はしない…………………	1	2	3	4
e. 年上の人の意見に従う………………………	1	2	3	4
f. 家系を続かせるため息子は必要だ…………	1	2	3	4
g. 男性は外で働き，女性は家庭を守るべき…	1	2	3	4

表3-8 儒教の教え（各項目の「強く賛成」と「賛成」の割合の和）

（アジア・太平洋価値観国際比較より）

	先祖を貴ぶ	長男が親の世話	妻は夫に従う	親の反対する結婚しない	年寄りに従う	長男に家系をつながせる	男は外で働き女は家を守る
日本	92	37	34	27	56	33	24
米国	97	54	41	34	62	51	22
北京	99	77	33	11	61	31	30
上海	97	74	27	16	58	27	28
台湾	99	68	43	14	61	38	31
香港	95	79	44	10	61	31	30
韓国	82	27	49	49	60	36	32
オーストラリア	95	39	26	19	54	29	13
シンガポール	96	55	66	39	82	47	29
インド	99	87	85	85	96	75	67
ベトナム	100	77	77	43	94	73	44

　各国の回答分布は表3-8のとおりであった。国によっては，東アジア，環太平洋，アジア・太平洋の各価値観国際比較で繰り返し調査されているが，概ね，同じような回答パターンを示している。概して，儒教の影響が強いといわれる東アジアの各国も，このような文字どおりの儒教的な教えを各国民の大多数が順守しているわけではなく，そのようなものからはすでに脱却しているの

ではないか。例えば，「一人っ子政策」を進めた中国のみならず，日本を含め「一人っ子政策」がない国々でも少子高齢化は進展しており，そもそも「f. 家系を続かせるため息子は必要だ」や「b. 長男は両親の面倒を見るべき」を守ることは必ずしも現実的ではなくなっている。また，インドが唯一，全項目にわたって過半数の人々が賛成を示していたり，項目によっては米国の方が多くのアジアの国々よりも高い賛成の率を示していたりして，そもそもこれらの項目にはいわゆる儒教文化圏を越えた普遍的な価値と見なせるものがありそうである[5]。

　他方で，詳細に見れば，儒教発祥の地だがこの半世紀以上は共産党政権下にある中国本土，この数百年にわたり中国以上に儒教的価値が浸透しているといわれる韓国，儒教は江戸時代の武士階級だけの教えであった日本など，歴史的な差違が影響しているという考察もありえる（鄭　2005）。Shin（2012）は，アジア各国の儒教の影響を詳細に論じている。これは，かつて Weber の「プロテスタントと資本主義」において「儒教の国である中国では資本主義は発展しない」という主旨の議論に関するが，われわれの意識調査研究の視点からは，現実のアジア各国の政治経済発展の現実からも，おそらく，アジア各国において儒教文化の影響は政治や経済のシステムを縛るほどには決定的ではなく，少なくとも先述のデータに見られるように文字どおりの「儒教の教え」からはすでに脱却しているように思える。各国で少子高齢化が問題になっているのに，各家庭で「長男が家系を継ぐ」ことは困難である。また，「親や家族を大切」にするなど儒教の特徴といわれてきたことも，洋の東西を越えた普遍的な価値観であることに留意すべきであろう（Yoshino　2009）。「父母を敬うこと」はモーゼの十戒の１つでもあった。また「妻は夫に従う」「年上の人の意見に従う」など，項目によっては賛成の率が，米国が日本やアジアの国並みか，それらよりも上回っていることも示唆的である。

　もし，この方面の研究が進展する余地があるとすれば，上述のような歴史的差違のある中国本土，朝鮮半島，日本，さらには仏教の影響の混淆のためか，朝鮮半島とは別の側面でいまだに儒教の影響がかなり残っているかもしれない

ベトナムなどにおいて，過去の影響の程度，それからの脱却の仕方や程度，現在も残る儒教的価値観と欧米的価値観との対照や不変性などについてであろう．しかし，儒教文化圏と欧米キリスト文化圏との対立などと称して国際政治で無用の対立や紛争を促すことは避けねばならない。価値観とは，その程度において一種の階層構造を成すものであり，洋の東西を越えたより普遍的な深層構造と各国や地域の特徴を示す表層構造を相互理解することが，世界の安寧秩序を維持するために肝要である。

3.5　東西の宗教的意識の対照──「信心」と「宗教心」──

社会調査のデータ解析では，宗教や信心の有無は属性項目の1つとして独立変数として扱われ，各宗教の信者の各質問項目に対する回答分布を調べることが多い。しかし，1990年前後の日米欧7カ国国際比較調査のデータ解析では，Hayashi and Suzuki（1995）は，その逆の発想で，各国の宗教（信者）を，宗教のみならず生活一般についての質問項目群に対する回答パターンで特性づけ，例えば，一方で欧州のカトリック教徒と米国のプロテスタント，他方で欧州のプロテスタントと米国のカトリック教徒の意識や態度が類似していることを指摘している。つまり，欧州と米国では，カトリック教徒とプロテスタントの特性は逆に対応しているということである。社会的属性においても，米国のカトリックは高学歴の若者が多く，欧州ではプロテスタントの方が高学歴の若者が多いということであった。その解析から年月が流れ，特に冷戦後，東西ドイツの再編などもあり，各宗教人口の分布がかなり変動し，現在もHayashi and Suzuki（1995）と同様の状況が確認できるか否かは課題であろうが，宗教を表面上の名称から離れて，各国でその宗教に属する信者集団の特性からその宗教を特性づけるという発想は1つの重要な視点であろう。例えば，韓国はカトリック信者が第二次世界大戦以降，急速に増えたが，その深奥は伝統的な儒教的価値観や行動様式が色濃く残っているといわれる。キリスト教，イスラム教，仏教などは各国の状況に適応したからこそ世界中に広まったという経緯を考えると，名称は同じでも，各国固有の様相があり，国や地域・時代で大きな

差違があることに留意しなければならない。人々が平和で豊かに暮らすことを求めるという普遍的な価値観の実現のためには，各国，各時代に応じた柔軟な適応性が重要で，それは各国，各時代の多様性へとつながるのであろう。

　さて，宗教に関するアジアと欧米との比較可能性を拡大する視点を考えるために，ここでは林（2006：16頁）が示唆している，各国・地域での「宗教の有無（信心のある人か否か）」と「宗教心を大切と思うか否か」の2つの質問のクロス集計について言及してみよう。質問項目は以下のとおりである。

問43a　宗教についておききしたいのですが，たとえば，あなたは，何か信仰とか信心とかを持っていますか。

　　b　（問43aで「1　もっている，信じている」と回答した人に）
　　　　それは何という宗教ですか。（1つ選択）
　　　　1　仏教系
　　　　2　神道系
　　　　3　キリスト教
　　　　8　その他の宗教（記入　　　　　　　　　　　　　　　　）
　　　　9　わからない

問44　それでは，いままでの宗教にはかかわりなく，「宗教的な心」というものを，大切だと思いますか，それとも大切だとは思いませんか。

　日本人の国民性調査は半世紀以上にわたり，日本人は信心を持つ人の割合は概ね3割程度で比較的安定していることを示している（世界的な世俗化の影響のためか，わずかに減りつつある傾向を読み取るものもあろう）。他方で，信心があるか否かにかかわらず，日本人の6，7割は「宗教心を大切」と回答する傾向も安定している。

　これは日本人にとっては特に不思議なことには思えないが，欧米の人々，あるいは一神教の人々にとってはこの回答分布は理解に苦しむのである。つまり，彼らにとって，「宗教心が大切と思うならば，なぜ，信心しないのか？」

図 3-11　「信仰の有無（Have vs. Not Have）」と「宗教心大切と思うか否か
（Important vs. Not Important）」の内訳の国際比較

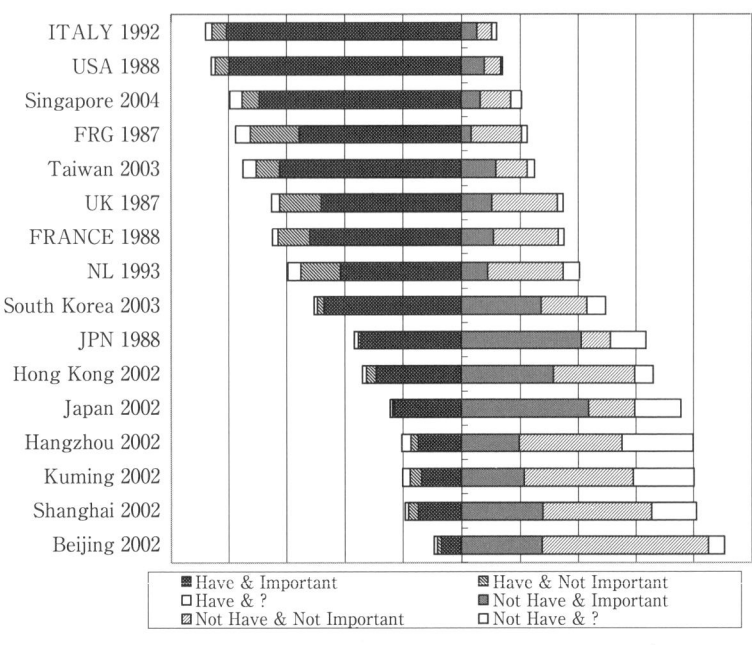

中央から左は「信仰あり」，右は「信仰なし」の人々の割合で，欧米とアジアの国々のパターンの
差違は著しい。
出所：Fumi Hayashi　2007　IMPS 発表資料のグラフに筆者加筆。

という疑問がわく。欧米，あるいは一神教の国の人々にとっては，自分とは異
なる宗教を持つ人への不信よりも，宗教を全く持たぬ人（無神論者）へ不信の
方が強いといわれている。この点をさらに深く追求していくと，欧米の人々に
とって，日本の宗教は果たして「宗教」なのかという疑問点にたどり着く。あ
るいは，仏教のように山川草木すべてに生命を認めたり，「無」を崇めたりす
る宗教の存在を欧米の人々は恐れているという考察もある（ドロワ　2002）。

　吉野（1992）で述べたように，「宗教」は欧米の文化が流入し明治時代に
religion の訳語として「宗」（必ずしも明示できない本質的なもの）と「教」（教え）
とを合わせてできた造語である。キリスト教やイスラム教は聖典があり，それ
を文字どおり順守することが信仰であるが，例えば仏教は「経典」は時代や土

図 3-12　「信仰の有無（Have vs. Not Have）」と「宗教心を大切と思うか否か（Important vs. Not Important）」の内訳の国際比較

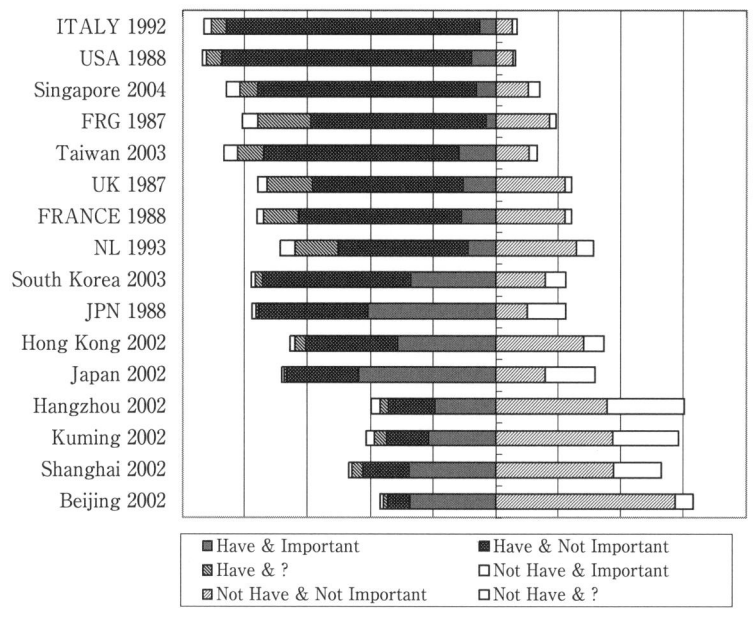

凡例：
■ Have & Important　　　　　■ Have & Not Important
▨ Have & ?　　　　　　　　　□ Not Have & Important
▨ Not Have & Not Important　□ Not Have & ?

図 3-11 のグラフを少しずらし，中央から左は「信仰あり」または「宗教心を大切と思う」人々，右はそれ以外（「信仰なし」かつ「宗教心を大切と思わない」など）の人々の割合を示す。こうすると中国は除き，欧米とアジアの国々のパターンが近づき，表面上の分布の差違ではなく，洋の東西を越え，より比較の意味のある視点が示唆されているのかもしれない。中国は，世界でとりわけ宗教に政治的に敏感な国であることに留意する。
出所：Fumi Hayashi　2007　IMPS 発表資料のグラフに筆者加筆。

地に応じた仮の教えであり，「宗」は文字などでは表せられない本質的，普遍的なものとされる。神道は特定の神を祭る場合でも八百万の神々の存在を前提としているので，絶対的な価値観や教えなどに固執することはない。このように観察してみると，欧米（あるいは一神教）の人々にとっては，「宗教を持つ」ことと「宗教心を大切と思う」ことは大きく重なるが，日本人（さらに，すべてではなくともアジアの人々の多く）にとっては，特定の宗教を持たずとも，心の中に深くある「宗教的な心」こそ宗教の本質なのではないかという推察が可能である（日本人の「素朴な宗教意的意識」については，朴・吉野［2015］を参照）。

　ここでは宗教哲学の深い考察はできないが，上記のような考えをもとに国際比較可能性を広げる視点に簡単に言及してみよう。

　図3-11には，各国・地域の人々の問43aと問44のクロス集計が棒グラフの形で集約され，中央から左側に「信心あり」，右側に「信心なし」の人々の割合が示されている。欧米とアジアとのパターンの差が歴然としているのが分かる。これについて，先ほどの考察を念頭に，このグラフを中央から左に「信心あり」か「宗教心を大切と思う」人々，右側に「信心なしで，かつ宗教心も大切と思わない」人々の割合が示されるように，少しずらしてみると図3-12になる。中国各地を除き，欧米とアジアで分布が相応に近づいて見える（中国は長い歴史の中で，しばしば新興宗教団体に政府が転覆されており，現在の国家体制でも，宗教については極度に敏感である）。このように，欧米とアジアとの宗教心の比較においては，表面上の信仰の有無の割合だけではなく，それに加えて宗教心を大切と思う人々の割合を加えた率の比較することは，より妥当な国際比較可能性を広げるための1つの視点ではないであろうかというのが，林（2006）の示唆である。

　なお，ベトナム2013年調査の実施過程で判明したのであるが，ベトナムでは「宗教」を持つ人々は国家に登録されており，各人が常時携行するIDカードにも宗教区分が示される。ただし，現地調査代理会社の社員によると，自分を含め，宗教を持つ人をほとんど知らないという。しかし，よく実情を聞いてみると，その「無宗教」の人も，1か月に1度，お寺に行き僧侶の話を聞いたり，自宅で仏壇や神棚を拝んだりするような「信仰」は持っているという。つまり，「宗教」と「信仰」が峻別されている。おそらく，「宗教の自由」が特定の宗教団体の勢力伸長に結び付き，国家の体制への脅威をなることを恐れて管理しようとしているのではないかと推察される。他方で，そういう潜在的脅威とはならぬ「個人の信仰」は政府の役人を含め，広く自由にしているのであろうと推察された（因みに，ベトナム2013調査では「宗教や信仰あり」または「宗教心大切と思う」人の率が約82％，「宗教や信仰なし」かつ「宗教心大切と思わない」人の率が約16％であった）。

日本や韓国や台湾などを除く，アジア各国では，政治と宗教に関する調査はかなり制限されるが，ここで述べた所属宗教や宗教心に関する 2 問は許容される範囲内であった。ただし，2011 年の中国本土調査では，当時のアラブのジャスミン革命の影響で所属宗教を「ジャスミン党」（宗教ではないのだが？）という回答者が多く出現する懸念を現地の調査協力者たちが表明していた。実際には，そのような回答者は現れなかった（と報告された）のだが，政治と宗教の関係に極度に敏感な国があることに留意が必要である。

3.6　国際関係における近隣諸国の類似性のクラスター

前節までは，いわば異文化間の「1 次元のゲージ変換」について述べたが，ここでは異文化間（国際間）の類似性の程度の強弱によって多次元のクラスター構造を俯瞰することを考える。国々の人々の意識の類似性の程度を示す関係性において，局所チャート（国々のクラスター）ができ，その類似の程度により，チャート全体で一種の階層構造が多様体（manifold）をなす。この階層構造は，着目する質問項目群の選択に依存する。端的に述べると，扱う質問項目群のカヴァーする範囲がチャートの様相や階層構造の粗さを決める。

Fujita and Yoshino（2009：Fig. 8, Fig. 9, Fig. 10）では，環太平洋価値観国際比較の以下の A，B，C の質問項目群に対して，最適尺度法（数学的には数量化III類と同じ）を適用して各国の関係を示している。

A．問 2（友好の相手国），問 3（生まれたい国），問 28（優れた政治家に任せるか），問 31（個人が優先か，国が優先か），問 52e（政府の信頼），問 52i（国連の信頼）

B．問 28，問 31，問 52e，問 52i

C．問 28，問 31

質問文は以下のようである（Fujita and Yoshino［2009］で用いた環太平洋価値観国際比較とアジア・太平洋価値観国際比較では，各調査票で同じ質問でも質問番号が異なるものがあり，ここでの番号は後者のものである）。

問 2　〔カード提示〕今後，日本のために，一番に友好を深めていくべき国や地域は，次の中ではどこでしょう。1 つだけ選んでください。

　　　　1　アメリカ合衆国　　　　6　シンガポール

　　　　2　EU（ヨーロッパ連合）　　7　オーストラリア

　　　　3　中国（本土）

　　　　4　韓国　　　　　　　　　　8　その他（記入　　　　　　　　）

　　　　5　インド　　　　　　　　　9　わからない

　　　　（筆者注　自国を除くなど，調査国によって選択肢が異なる。）

問3　〔カード3〕もし，もういちど生まれ変われるとしたら，日本以外の国や
　　　地域で，次の中ではどこに生まれたいですか。1つだけ選んでください。

　　　　1　中国（本土）　　　4　香港　　　　　　7　オーストラリア

　　　　2　韓国　　　　　　　5　インド　　　　88　その他　（記入　　）

　　　　3　台湾　　　　　　　6　シンガポール　99　わからない

　　　　（筆者注　自国・地域を除くなど，調査国によって選択肢が異なる。）

問28　こういう意見があります。

　　　「国をよくするためには，すぐれた政治家がでてきたら，国民がたがい
　　　に議論をたたかわせるよりはその人達にまかせる方がよい」というの
　　　ですが，あなたはこれに賛成ですか，それとも反対ですか。

　　　　1　賛成（まかせる）　　　　　　8　その他（記入　　　　　　）

　　　　2　反対（まかせっきりはいけない）　9　わからない

　　　　3　いちがいにはいえない

問31　〔カード提示〕あなたは次の意見の，どちらに賛成ですか。1つだけあ
　　　げてください。

　　　　1　個人が幸福になって，はじめて国全体がよくなる

　　　　2　国がよくなって，はじめて個人が幸福になる

　　　　3　国がよくなることも，個人が幸福になることも同じである

　　　　8　その他（記入　　　　　　　　　　　　　　　　　　）

　　　　9　わからない

問52　〔カード提示〕あなたは，次にあげる組織や制度，事がらをどの程度信
　　　頼しますか。「非常に信頼する」「やや信頼する」「あまり信頼しない」

「全く信頼しない」のいずれかでお答えください（1つずつ聞く）。

	非常に 信頼する	やや信頼 する	あまり信頼 しない	全く信頼 しない	わからない
e. 国の行政…………………	1	2	3	4	9
i. 国連……………………	1	2	3	4	9

（筆者注　問52は，aからjまでの10項目あるが，上記の2項目を取り上げた。）

Fujita and Yoshino（2009）の用いた環太平洋調査データでは，調査国によっては問2と問3の選択肢からシンガポールが外れていていた場合があったためにAの最適尺度法の解析からも除外されたが，アジア・太平洋価値観国際比較ではそれに考慮して，シンガポールも選択肢に入れたので，改めて新しいデータで同様の解析をしてみよう。

　上記の質問項目群の集合は，A⊃B⊃Cという包含関係になっているのに注意する。

　最適尺度法の結果は，質問項目の包含関係で一番小さい（項目数が少ない）Cに対しては，図3-13のようになる。まず大きく，アジア諸国のチャートと米国とオーストラリアのチャートが分かれる。アジア諸国のチャートの中では，インドとそれ以外が分かれる。さらに，インド以外のアジア諸国の中では，日本，香港，台湾，北京，上海のチャートと韓国，シンガポール，ベトナムのチャートが分かれる。

　Bに対しては，図3-14のようになる。大きく右半分が一定程度発展した民主主義国家群，左半分が独裁体制にある国々や地域（あるいは中華圏）が集まる。香港が中間的な位置にあるのが象徴的である。長年，英国の統治下にあり，1998年に中国に返還されて以降，その特異な立場にあり，経済的，政治的変容が注目されている。インドも中間的な位置にあるが，制度上は世界最大の人口を抱える民主主義国家といわれるが，その内実を念頭に，この表示を見ると面白い。

　Aに対しては，図3-15のようになる。大きく右下に米国とオーストラリアと日本と韓国と台湾，シンガポール，香港のチャート，その左上に一部重複し

図3-13　問28「政治家に任せるか」と問31「個人優先か国優先か」への
　　　　最適尺度法の適用（SPSS Ver.19 使用）.

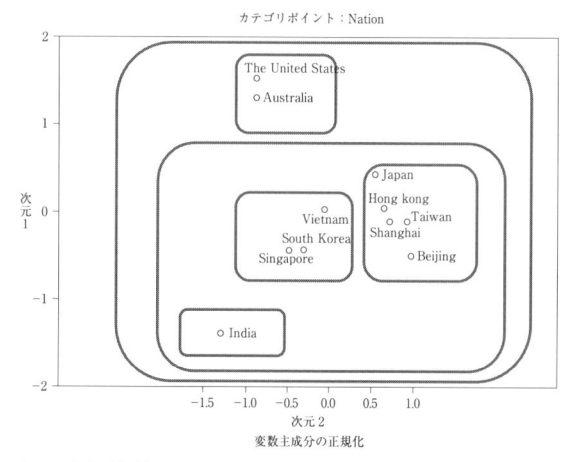

アジア諸国のチャートと米国とオーストラリアのチャートが分かれる。アジア諸国のチャートの中
では，インドとそれ以外が分かれる。さらに，インド以外のアジア諸国の中では，日本，香港，台
湾，北京，上海のチャートと韓国，シンガポール，ベトナムのチャートが分かれる（1軸と2軸の
固有値は 1.4 と 1.3）。

図3-14　問28「政治家に任せるか」と問31「個人優先か国優先か」と問50e「政府を
　　　　信頼」と問50i「国連を信頼」への最適尺度法の適用（SPSS Ver.19 使用）

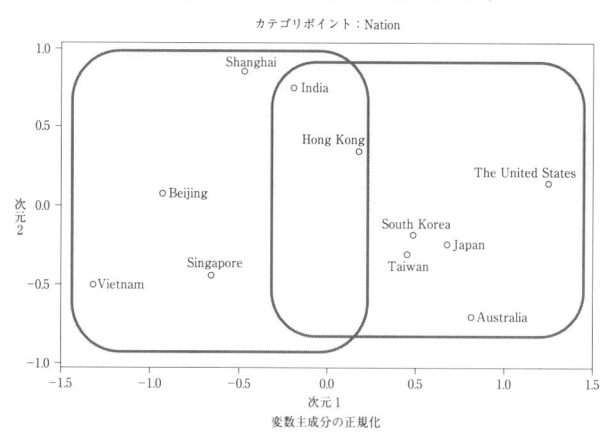

大きく右半分が一定程度発展した民主主義国家群，左半分が独裁体制にある国々や地域（あるいは
中華圏）が集まる。香港が中間的な位置にある。インドも中間的な位置にある（1軸と2軸の固有
値は 1.9 と 1.6）。

図3-15　問2「友好相手国」と問3「生まれ変わりたい国」と問28「政治家に任せるか」
　　　　　　と問31「個人優先か国優先か」と問50e「政府を信頼」と問50i「国連を信頼」
　　　　　　への最適尺度法の適用（SPSS Ver.19 使用）

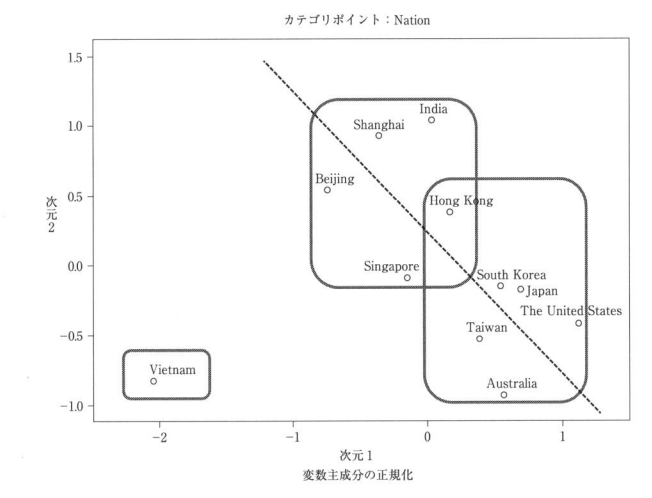

右下から左上へ斜めに沿って，米国とオーストラリアと日本と韓国と台湾，シンガポール，香港，インド，上海，北京と並んでいて軸が形成されているとみることもできる。ベトナムのみ，他国から外れているように見えるが，この軸への射影成分はインドや北京，上海に近い（1軸及び2軸の固有値は 2.3 と 2.0）。

てインドと北京と上海と香港とシンガポールのチャートがあり，ベトナムのみが単独のチャートを形成しているように見える。右下から左上へ斜めに沿って，米国とオーストラリアと日本と韓国と台湾，シンガポール，香港，インド，上海，北京と並んでいて，実質的な政治体制（経済的にも発展した民主主義国家から一党独裁体制）の軸を形成しているのかとも推察される。ベトナムのみ，他国から外れているように見えるが，この斜めの軸への射影成分は相応に説得的である。人口の点で世界最大の民主主義国といわれるインドの位置は，本当に民主主義の理念が実現されているかなど，議論になるところであろう。

　質問項目群の集合としてはA⊃B⊃Cであるが，対応する最適尺度法の結果でチャートの構造については，必ずしも項目集合の包含関係に整合して構造が保存されるわけではなく，例えばBのチャートはCのチャートの構造を保

存しながらより細かいチャート（クラスター）を示すわけではないことに留意する。その意味では，1セットの項目群の効果は，各項目の効果の単なる総和ではなく，一種のゲシタルト性を帯びているということであろう。

この種のクラスタリングは研究者の恣意性を完全には排除できず，その問題を回避するために数量化の座標から対象間の距離を計算し，それに各種のクラスター分析法を適用することも考えられる。しかし，現実の社会的課題を抱えたテーマについては，ソフトウェアの自動的な出力を求めるよりは，蓄積されてきた経験的な知見を熟慮しながら，データ解析を進めることの方が実践的には肝要と筆者には思われる。その意味でも，これらの国々や地域の本質的な関係は，複雑な国際関係や各国の詳細な事情を抜きに論じるのは避けるべきであるが，CULMAN の例として見ると，C は欧米圏と非欧米圏の対照，B では民主主義国家の圏と独裁体制にある国々や地域（あるいは中華）圏の対照，A では民主主義圏で経済的に成功している国々と，まだ民主主義でないか経済発展の途上の国々の対照が示唆されていないであろうか。このように，文化や政治体制など異なるチャート間を結ぶ国や地域が，それぞれのテーマに依存して表れて出てくる姿が浮かぶ。

より本質的な国際関係の考察は，地域研究や国際関係論の専門家たちの将来の研究の発展に期待する（cf. Fujita 2016）。

4．おわりに代えて

本章では，統計数理研究所の長年にわたる国民性調査において蓄積されてきた知見や試行錯誤の一端に触れたに過ぎない。国際比較の課題などについては，すでに多くの議論が展開され，多数の論文もある。しかし，各調査の目的を意識してそれに応じた課題への対処法の考慮がなされていないものも少なくない懸念もある。この状況の背景には，各分野で調査に従事している人々が，戦後，先人たちが築き上げてきた理論と歴史と実践の現場を必ずしも把握できていないことがあるのではと危惧を感じさせる。

　戦後，統計的標本抽出理論に基づく社会調査の手法は，世論調査を含み，人文社会科学の実証的研究の基礎として確立されてきたが，その中で，統計数理研究所による「日本人の国民性」調査は指導的な役割を果たしてきた。しかし，現時点から再考すると，その功も罪も深い。戦後の歴史的経緯（吉野・林・山岡 2010, Part I, 1 章）から，統計数理研究所は「世論調査の方法論」を機関として研究し啓蒙し続ける使命を担ってきたので，同調査では統計的無作為標本抽出法を厳守してきた。しかし，調査の「内容」は世論調査ではなく，「学術調査」や「社会調査」の類である。すべての学術調査や社会調査が同調査の手法に沿うことがベストとは限らない。

　例えば，自殺者 3 万人超，失業者や生活保護者の 100 万人の増加は，社会格差研究として重要なテーマであるが，これらの数字は世論調査のような手法では標本誤差に隠れる範囲になってしまう。また，統計数理研究所の草創期のメンバーが昭和 20 年代から携わってきた国立国語研究所の言語に関する継続調査においては，当時から回収率が高くはなく，それぞれの工夫がなされている（同研究所のホームページ　http://www2.ninjal.ac.jp/keinen/ 参照）。

　一見，同様の質問項目を同様の標本抽出法で収集する調査でも，「世論調査」とその他の社会調査や市場調査とでは目的が異なり，各々の長年の調査研究の蓄積を活用し，各目的に適した標本抽出法やデータ解析の方法を活用していくことが大切である。それぞれの調査の主旨，目的に照らした統計的手法が用いられなければならない。医療や公衆衛生，社会格差研究を含む各種の調査研究でも，特に，調査の基本である「ユニバース，母集団，サンプル」の関係を再考し，調査計画を練ることが重要に思える（吉野　2011a, 2011b）。これについては，林知己夫の「データの科学」（林　2001）や「調査の科学」（林　1984, 2011）の熟読をお薦めする。

　世論調査に基づく米国大統領選挙の結果予測では過去にもしばしば顕著な失敗を見せてきたが，2016 年のクリントン対トランプの選挙の結果は衝撃的であり，いまだに混迷は続いている。英国の総選挙は 2015 年も 2017 年も，EU

離脱国民投票も事前の世論調査は大きな失敗を見せた。米国の GALLUP は 2016 年以前に事前予測をあきらめ，フランスも同様になった。欧米は回収率が著しく低いデータに「バイアス補正」と称して，見かけ上はもっともらしいが本当は根拠のあやしい数値のもてあそびがはびこり，実際には統計誤差を想定外の方向に拡大させてしまって，人々の信頼を失ってきているのが実態であろう。

　対照的に，日本の世論調査は相応の課題はあるものの，選挙結果の予測としての世論調査は大きな失敗には至っていない。戦後，統計数理研究所のメンバーが政府やマスコミ各社の世論調査専門家たちと作り上げてきた厳密な統計的無作為標本抽出法があり，たとえそれから逸脱する昨今の RDD 電話調査なども，それとの比較からバイアスもある程度は推察可能であることも大きいであろう。他方，今日，あまりにもコンピュータやコンピュータネットの急速な進歩の中で，人々の想定を大きく超えて，適正な法律の規制が追いつかぬ中で，広告・宣伝の専門会社が世論調査の倫理を踏みにじるような活動をしていることが報告されている。例えば，Grassegger and Krogerus (2017) はインターネットで人々に意識させないまま世論操作が行なわれている実態を暴いている。テレビでのサブリミナルな広告・宣伝は禁止されているのを思い起こせば，そのようなネット上での行為は許されるべきではない。

　統計的な世論調査は，戦前の米国大統領選挙での事前予測で，数だけ大きい「ビッグデータ」よりも少数だが適正な統計的標本抽出法によるデータの方に信頼がおけるという認識から発展してきた（総務省　2017 参照）。ここへきて，また別の形で，「ビッグデータ」が世論調査に影を投げかけていることに対しては，われわれは敏感に対応しなければならない。

　何よりも肝要なのは，表面的なデータや数字，机上の理論をもてあそぶことなく，調査の実践の過程で得られる知見により，現実を浮かび上がらせていくことである。そのような知見こそが，各調査研究者のそれぞれの分野で「データ収集」と「データ解析」のリテラシーなのである。

1) 本章は吉野（2015），Yoshino（2015），吉野・大﨑（2013），Yoshino, Shibai, Nikaido, and Fujita（2015），及び吉野・角田（2010）をもとに，新たなデータ解析を加え，本書の目的に沿って改稿しまとめたものである。

2) この発展の背景には，1980年代に California 大学 Irvine 校の W. H. Batchelder 教授の研究助手として協力した Cultural Consensus Theory の展開がある。同理論に関する Romney, A.K, Weller, S.C., and Batchelder, W.H（1986）の論文は，American Anthropology 誌における過去 100 年間で引用回数が最多であるとのことである（Batchelder 教授からの私信，2012，3 月）。

3) 1960年代に統計数理研究所の林知己夫や西平重喜は，Guttmann と直接対話をしている。その中で，日本人の国民性のような大規模統計的無作為標本抽出したデータに対して，Guttmann スケールの構成を試みたが，再生率が十分に得られずスケールが構成されないことを示した。結果として，この種の大規模な調査データには林の数量化 III 類のような多次元データ解析の方が適切であろうとの結論を出している。

4) あまりに活動的で自宅にいる時間が限定されて調査に協力し難い中高生がいるかもしれないが，多くの場合，そのような自己開示性の高い中高生は留め置き法では本人が調査票を確認でき，多忙な生活の中でも調査協力する率は低くはないであろうと推察する。WEB 調査など各種の調査法と回収層の偏りについては，林・大隅・吉野（2011）参照。

5) ただし，各項目の翻訳の問題に留意が必要である。環太平洋価値観国際比較では，オーストラリアとインド以外，英語調査票の翻訳・再翻訳の過程で「妻は夫に従う」「年上の人の意見に従う」の「従う」を obey と訳すべきところを follow と訳され，例えば米国の方がアジアの国々よりも賛成が大きく上回ることがあった。「有無をいわせず従える」ということと，「支えながら一緒についていく（暮らしていく）」こととは大きく違い，そもそも前者の発想がない国で翻訳文を校正させたために混入した誤謬と推論した。これは，その後のアジア・太平洋価値観国際比較では修正した（しかし，修正の結果でも，前回ほどではないにしろ，米国の賛成の率が決してアジアの国よりも低くはないことは再確認され，検討の余地がある）。また，先述の問 34a.「親孝行，親に対する愛情と尊敬」については，本来の日本調査では「親孝行」だけであったが，日米欧 7 カ国比較の際の翻訳・再翻訳の確認で，米国において「Filial piety（親孝行）」だけでは通じないので，「Love and respect for parents（親に対する愛情と尊敬）」を補ったという経緯があり，その後の国際比較における日本語調査票では「親孝行，親に対する愛情と尊敬」，英語版調査票では「Filial piety/Love and respect for parents」を用いてきた。しかし，オーストラリア調査では調査担当員から，冒頭に「Filial piety」という難語があると回答者が回答し難いので外せと強く示唆され，それに従った。多方面からこの問題を考察していくにつれ，どうやら，親に対する尊敬の念や愛情は洋の東西を問わずあるが，（感情のみならず，一種の義務感を帯びた行動としての）「親孝行」にぴったりする価値観は，欧米にはないかもしれないということが浮かび上がってきた。

Filial piety の piety はキリスト教の言葉を持ってきたものであるが，これは神へ
の敬虔さであって，それに filial を付けて親への敬虔さを意図しようとしたもので
あったらしい。しかし，そもそもそれは造語であり，米国調査では「Filial piety/
Love and respect for parents」とあれば，先頭の Filial piety が理解できなくとも，
そのあとの Love and respect for parents で了解されるので問題なしとされた。し
かし，オーストラリアの調査機関では，先頭に理解不能の言葉が来ると回答者に
困難さを与えるので外すということになった。このような経緯の全体から，現実
が浮かび上がり貴重な知見となったが，他方で，データ解析において，このよう
な本質的な差違を無視し，上がってきた数字の大小比較に堕することは避けねば
ならない。

　以上のように各質問項目には注意すべき点が多々あり，これはわれわれの各調
査報告書や研究リポートの巻末に「項目の履歴」としてまとめているので，各デー
タを活用する際には，数字の独り歩きにはならぬように，ご参照願いたい。

参 考 文 献

足立浩平・村上隆（2011）．非計量多変量解析法．朝倉書店．

Almond, G. A. & Verba, S. (1963). Civic culture. Boston: Little Brown.

ドロワ，ロジェ＝ポル（2002）．虚無の信仰（島田裕巳・田桐正彦訳）．(株) トラン
　スビュー．

Bezruchka, S., Namekata, T., & Sistrom, M. G. (2008). Improving economic
　equality and health: the core of postwar Japan. American Journal of Public
　Health, 98, 4, 589–594.

電通総研・日本リサーチセンター編（2004）．世界 60 カ国 価値観データブック．同
　友館．

Dogan, M. (2000). Deficit of confidence within European democracies. In M.
　Haller (ed.), The making of the European Union (pp. 243–261). Paris:
　Springer-Verlag.

Fugita, S.S., Miyamoto, F.S., & Kashima, T. (2002). Interpersonal style and
　Japanese American organizational involvement. Behaviormetrika, 29, 2, 185–
　202.

Fujita, T. (2016). Examining people's attitudes and values relating to
　international relations in the Asia-Pacific region. Behaviormetrika, Vol.43,
　No.1, pp.41–63.

Fujita, T. & Yoshino, R. (2009). Social values on international relationships in the
　Asia-Pacific region. Behaviormetrika, Vol.36, No.2, pp.149–166.

古市憲寿（2011）．絶望の国の幸福な若者たち．講談社．

伏木忠義・前田忠彦（2013）．近年の社会調査における調査不能バイアスの調整．
　日本行動計量学会大会発表論文抄録集 41，236–237.

Grassegger, H. & Krogerus, M. (2017). "The data that turned the world upside down." (January 28, 2017) Stanford / Public Policy Program https://publicpolicy.stanford.edu/news/data-turned-world-upside-down (August 6, 2017 accessed)

林知己夫 (1984). 調査の科学　講談社　ブルーバックス．(2011 年筑摩文庫より再刊 [吉野諒三解説付き])

林知己夫 (1993). 日本人の国民性. Phase' 93.

林知己夫 (2001).「データの科学」朝倉書店.

林知己夫, 鈴木達三, 吉野諒三, 三宅一郎, 佐々木正道, 村上征勝, 林文, 釜野さおり. (1998). 国民性七か国比較. 出光書店.

林文 (2006). 宗教と素朴な宗教的感情. 行動計量学, 33, 1, 13-24.

Hayashi, F. & Nikaido, K.(2009). Religious Faith and Religious Feelings in Japan: Analyses of Cross-Cultural and Longitudinal Surverys. Behaviormetrika, Vol.36, No.2, pp.167-180.

林文・大隅昇・吉野諒三 (2010). ウェブ調査から何を読み取るか―基底意識に関する実験調査―. 日本行動計量学会, 第 38 回大会, 2010 年 9 月 23 日 (埼玉大学), 大会抄録集, 30-33.

Hayashi, F. & Suzuki, T. (1995). Data analytic representation of Characteristics of various breakdowns on cross-cultural Survey. In Data Science and its Applications (eds. Y. Escoufier, C. Hayashi, etc.), Academic press, Tokyo.

林文・吉野諒三編 (2011). 伝統的価値観と身近な生活意識に関する意識調査報告書―郵送調査と各調査機関による WEB 調査の比較―. 統計数理研究所. http://www.ism.ac.jp/~yoshino/other/dento/dento.pdf (2017 年 8 月 8 日アクセス)

Hofstead,G., Hofstead, G.J., & Minkov, M. (2010). Culture and organizations – software of the mind, 3rd ed. (多文化世界 [岩井八郎・岩井紀子訳], 2013. 有斐閣)

稲葉陽二 (2013).「『暮らしの安心・信頼・社旗参加に関するアンケート調査』2012 年東京 9 区調査の概要」. 政経研究, 50 号, 1 巻, pp.239-266. 日本大学法学会. 厚生労働科学研究費補助金 (地球規模保健課題推進事業) 分担研究報告書.

稲葉陽二・吉野諒三 (2016). ソーシャル・キャピタルの世界―学術的有効性・政策的含意と統計・解析手法の検証. ミネルヴァ書房.

Kahneman, D.(2011). Nobel Prize lecture and other essays.(「心理と経済を語る」. 友野典男・山内あゆ子訳. 楽工社).

Kawachi, I., Kennedy, B. P., Lochner, K., & Prothrow-Smith, D. (1997). Social capital, income inequality, and mortality. American Journal of Public Health, 87, 9, 1491-149.

川上憲人, 小林廉毅, 橋本英樹 編 (2006) 社会格差と健康―社会疫学からのアプローチ―東京大学出版会

Lincoln, J. R. & Kalleberg, A, L. (1990): Culture, control, and commitment; a study of work organization and work attitudes in the United States and Japan.

Cambridge: Cambridge University Press.

Miller, A.S. & Mitamura, T. (2003). Are surveys on trust trustworthy? Social Psychology Quarterly, 66, 1, 62-70.

Marmot, M. G. & Syme, S. L. (1976). Acculturation and coronary heart disease in Japanese-Americans. American Journal of Epidemiology, 104, 3, 225-47.

Marmot, M. & Winkelstein W., Jr. (1975). Epidemiologic observations on intervention trials for prevention of coronary heart disease. American Journal of Epidemiology, 101, 3, 177-81.

Miyamoto, F.S., Fugita, S.S., & Kashima, T. (2002). A theory of interpersonal relations for cross cultural studies. Behaviormetrika, 29, 2, 149-184.

水野欽司, 鈴木達三, 坂元慶行, 村上征勝, 中村隆, 吉野諒三, 林知己夫, 西平重喜, 林文. (1992). 第5日本人の国民性─戦後昭和期総集─. 出光書店.

Namekata, T., Moore, D., & Knopp, R., Marcovina, S., Perrin, E., Hughes, D., Suzuki, K. Mori, M., Sempos, C., Hatano, S., Hayashi, C., & Hasegawa M.(1996). Cholesterol levels among Japanese Americans and other populations: Seattle Nikkei Health Study. Journal of Atherosclerosis Thrombosis, 3, 105-113.

NHK放送文化研究所編 (2013). 「NHK 中学生・高校生の生活と意識調査2012」. NHK出版.

日経新聞電子版 (2014). 「若い世代『幸福度』低め 女性より男性さらに低く 厚労省が調査」
http://www.nikkei.com/article/DGXNASDG1300O_T10C14A7CR8000/
(2014年7月29日確認)(同調査結果は2014年版厚生労働白書に発表予定とされている)

大﨑裕子・吉野諒三 (2011). 信頼感の測定項目の分析. 日本行動計量学会第39回大会抄録集, 101-104.

朴堯星・吉野諒三 (2015)「お化け調査」が浮き彫りにする人々の意識の基底構造─「アジア・太平洋国際価値観調査（APVS）」の関連データの概説─. 統計数理, 63, 1, 163-195.

Reuters(2013). China struggling to meet 2011-2015 environment goals(December 25, 2013).
http://www.reuters.com/article/2013/12/25/china-environment-idUSL3N0K40YK20131225, retrieved on March 14, 2015.

Reuters (2015). China orders two local governments to punish polluting steel mills. (March 2, 2015).
http://www.reuters.com/article/2015/03/02/us-china-steel-environment-idUSKBN0LY0C120150302, retrieved on March 14, 2015

Robinson, J.P., Shaver, P.R., & Wrightsman, L.S. [eds.](1991). Measures of personality and social psychological attitudes. Vol.1, measures of personality and social psychological attitudes. UK: Academic Press.

Romney, A.K. Weller, S.C., & Batchelder, W.H (1986). Culture as consensus: A theory of culture and informant accuracy. American Anthropology, 88 (2), 313-338.

Rosenberg, M. (1956). Misanthropy and political ideology. American Sociological Review, XXI, 690-695.

Salant, T. & Lauderdale, D. S. (2003). Measuring culture: a critical review of acculturation and health in Asian immigrant populations. Social Science Medicine, 57, 1, 71-90.

Sasaki, M. & Suzuki, T. (2000). Social attitudes in Japan. Boston: Brill.

芝井清久・吉野諒三 (2013). 職業観・労働観に現れる価値観の多様性と普遍性―「環太平洋価値観国際比較」データの多様体解析 CULMAN ―. データ分析の理論と応用, 3　1, pp.17-47.

Shin, D. C. (2012). Confucianism and Democratization in East Asia. Cambridge University Press.

総務省 (2017). 「統計学習の指導のために」補助教材. アメリカ大統領選挙の番狂わせ (前編) 〜 標本調査における偏り①.
http://www.stat.go.jp/teacher/c2epi4a.htm　(2017 年 8 月 12 日 アクセス)。

Sturgis, P. & Smith, P. (2010). Assessing the validity of generalized trust questions: What kind of trust are we measuring? International Journal of Public Opinion Research, 22, 1, 74-92.

Suzuki, T. (1989). Cultural Link Analysis: its application to social attitudes-a study among five nations. Bulletin of the International Statistical Institute, Proceedings of the 47th Session, Paris. 47. 343-379.

土屋隆裕 (2010). 調査への指向性変数を用いた調査不能バイアスの二段補正統計数理第 58 巻 第 1 号 25-38.

Tsunoda, H., Yoshino, R., & Yokoyama. (2008). Components of Social Capital and Socio-Psychological Factors That Worsen the Perceived Health of Japanese Males and Females. The Tohoku Journal of Experimental Medicine, Vol.216, No.2, pp.173-185.

Uslaner, E. M. (2002). The moral foundations of trust. Cambridge University Press

山岸俊男 (1998). 信頼の構造. 東京大学出版会.

Yamagishi, T. & Yamagishi, M. (1994). Trust and commitment in the United States and Japan. Motivation and Emotion, 18, 2, 129-166.

山本勝三, 河合武夫, 脇坂勝則, 宮尾進, 森幸一, 林知己夫, 水野坦, 鈴木達三, 林文,

吉野諒三 (1993). ブラジル日系人の意識調査― 1991 〜 1992 ―. 統計数理研究所研究リポート 74

吉野諒三 (1992). 「第 5 日本人の国民性―戦後昭和期総集―」(水野他) 第 III 章 3.3 節 「宗教」出光書店.

吉野諒三（2001）．心を測る —個と集団の意識の科学—．朝倉書店．

Yoshino, R.（2002）．A time to trust. Behaviormetrika. Vol.29 No.2, pp.231-260.

吉野諒三（2003）．「信頼の時代」．Eco-Forum, Vol.22, No.1, 特集号「ソーシャル・キャピタル Part II」, pp.42-51．統計研究会．

吉野諒三（2005a）．東アジア価値観国際比較調査—文化多様体解析（CULMAN）に基づく計量的文明論構築へ向けて—．行動計量学．32, 2, pp.133-146.

吉野諒三（2005b）．富国信頼の時代へ—東アジア価値観国際比較調査における「信頼感」の統計科学的解析—．行動計量学．第 32 巻 2 号，pp.147-160.

Yoshino, R.（2005）．Trust and National Character— Japanese sense of trust, Cross-national and longitudinal surveys-. Comparative Sociology, Vol.4, No.3-4, pp.417-450.

吉野諒三編（2007）．「東アジア国民性比較　データの科学」．勉誠出版．

吉野諒三（2008a）．第 1 章　信頼の国際比較．「ソーシャル・キャピタルの潜在力」（稲葉陽二編著）．日本評論社．

吉野諒三（2008b）．継続調査の課題と将来．社会と調査，創刊号，pp.29-35.

Yoshino, R.（2009）．Reconstruction of trust on a cultural manifold: sense of trust In longitudinal and cross-national surveys of national character. Behaviormetrika, Vol.36, No.2, pp.115-147.

吉野諒三編（2010）．環太平洋価値観国際比較調査—東アジアと周辺諸国の「信頼感」の統計科学的解析—．総合報告書．統計数理研究所．

吉野諒三（2011a）．世論調査の歴史と理論と実践—データの科学の真髄　データ分析の理論と応用 1 巻 1 号，23-40.

吉野諒三（2011b）．世論調査と学術調査の区別—「ユニバース，母集団，標本」再考—．日本世論調査協会会報　よろん，108，2-12.

吉野諒三（2011c）．文化の多様体解析．社会と調査，7，5-11.

吉野諒三（2011d）．第 1 章　信頼の国際比較．「ソーシャル・キャピタルのフロンティア」（稲葉陽二・大守隆・近藤克則・宮田加久子・矢野聡・吉野諒三編）．ミネルヴァ書房．

Yoshino, R.（2012）．Reconstruction of Trust on a Cultural Manifold. In Trust: Comparative Perspectives（M. Sasaki & R. M. Marsh［eds.］），297-346. Brill Academic Publishers

Yoshino, R.（2013）．On The Trust of Nations —The World as a Hierarchical Cultural Manifold—. In N.I.Dryakhlov et al., "Japan-Russia Conference on Trust in Society, Business and Organization," pp.213-250. National Research University, Moscow.

Yoshino, R.（2014）．Trust of nations on Cultural Manifold Analysis（CULMAN）: Sense of Trust in Our Longitudinal and Cross-National Surveys of National Character. 中央大学社会科学研究所研究叢書 26「信頼感の国際比較研究」佐々木正道編著，第 7 章，pp.143-204.

吉野諒三（2014a）.『幸福度』は政策科学のために測定可能か？ 特集テーマ「我が国における『幸福度』再考」日本計画行政学会誌 計画行政, 37, 2, 35-40.

吉野諒三（2014b）. 東アジア地域の調査の実際. 日本世論調査協会報 よろん, 114, 2-11.

吉野諒三.（2015）. 意識の国際比較可能性の追求のための「文化多様体解析」. 特集号「日本人の国民性第13回調査」. 統計数理, 63, 2, 203-228.

Yoshino, R.（2015）. Trust of Nations —Looking for More Universal Values for Interpersonal and International Relationships—. Behaviormetrika, Vol.42. No.2, 131-166.

吉野諒三・千野直仁・山岸候彦.（2007）. 数理心理学. 培風館.

Yoshino, R. & Hayashi, C.（2002）. An overview of cultural link analysis of national character. Behaviormetrika. Vol.29 No.2, pp.125-141.

吉野諒三・林文・山岡和枝（2010）.「国際比較データの解析」朝倉書店.

吉野諒三・二階堂晃祐編（2011a）. アジア・太平洋価値観国際比較調査―文化多様体の統計科学的解析―日本2010調査報告書. 統計数理研究所・調査研究リポート.

吉野諒三・二階堂晃祐編（2011b）. アジア・太平洋価値観国際比較調査―文化多様体の統計科学的解析―USA2010調査報告書. 統計数理研究所・調査研究リポート.

Yoshino, R., Nikaido, K., & Fujita, T.（2009）. Cultural manifold analysis（CULMAN）of national character: paradigm of cross-national survey. Behaviormetrika, Vol.36, No.2, pp.89-113.

吉野諒三・二階堂晃祐・芝井清久編（2014）. アジア・太平洋価値観国際比較調査―文化多様体の統計科学的解析―インド2013調査報告書. 統計数理研究所・調査科学研究リポート No.113.

吉野諒三・大﨑裕子（2013）.「主観的階層帰属意識」,「満足感」と「信頼感」―社会調査における質問項目の尺度についての留意点―. 行動計量学, 40, 2, 97-114.

Yoshino,R., Shibai, K., Nikaido, K., & Fujita, T.（2015）. The Asia-Pacific Values Survey 2010-2014 —Cultural Manifold Analysis（CULMAN）of National Character —. Behaviormetrika, Vol.42. No.2, 99-130.

吉野諒三・芝井清久・二階堂晃祐（2015）. アジア・太平洋価値観国際比較調査―文化多様体の統計科学的解析―総合報告書. 統計数理研究所・調査研究リポート No.117.

吉野諒三・角田弘子（2010）. 人々の関係の広がりについて―国際比較方法論研究の幾つかの知見から―. 行動計量学 37-1, pp.3-17.

吉野諒三・角田弘子（2012）.「人のつながりと広がり―国際比較の視点から」.「ソーシャル・キャピタルで解く社会的孤立」（稲葉・藤原編）第1部第1章, pp.18-36. ミネルヴァ書房.

鄭躍軍（2005）. 東アジア諸国の伝統的価値観の変遷に関する計量分析. 行動計量学, 32, 2, 161-172.

鄭躍軍・吉野諒三・村上征勝（2006）．東アジア諸国の人々の自然観・環境観の解析―環境意識経営に影響を与える要因の抽出―．行動計量学 33，1，55-68.
（統計数理研究所の国際比較調査は http://www.ism.ac.jp/~yoshino 参照。調査報告書や研究リポートがダウンロード可能です）。

第 4 章
信頼とその関連価値群

石 川 晃 弘

1. 課題と方法

　信頼に関する経験的調査研究は，これまで主として，たとえば「たいていの人は信頼できる」と「用心するにこしたことはない」という2項対立的な回答選択肢によってその回答分布を分析して，前者の回答比によって当該社会ないし当該集団の信頼水準を測定してきた。筆者自身もこの方法によってロシア社会やチェコ社会の信頼水準を論じてきた（石川　2012）。しかしこの方法に対して，「信頼」と「用心」は機械的に対置されうるのではなく，相互に浸透しあい葛藤しあう弁証法的関係として把握すべきだという主張（Kupreychenko 2013），信頼水準の高低からはたとえば汚職現象の実体は捉えられず，当該社会の現実的状況の文脈の中で信頼の意味も変わってくることを指摘する意見（Simonova and Rudenko　2013）など，日露共同・社会的信頼研究ワークショップ（中央大学社会科学研究所　2013年）で提起されている。本章ではこれらの批判的論点に直接答えることを目的にしてはいないが，従来の2項対立的な信頼測定法から離れて，別な視点からのもう1つの研究方針を提起してみたい。それは信頼を他者に対する態度という関係性からではなく，個人がその内面的世界において信頼を価値化している度合いと，価値としての信頼の，他のさまざまな価値項目との絡み合いからのアプローチである。

　個人の内面世界を構成している価値は，さまざまな価値要素が絡まりあって

織りなしている複合体として成り立っているといえる。このことを前提として，その内部で信頼という価値要素は他の諸価値要素とどのような関連を成しているか，そしてその関連の在り方が，個人の社会的諸属性の違いによってどんな異同を示しているか，ということがテーマ化されてくる。本章はこの点の追究を通して信頼研究への方法論的一視点を提起してみるための，いわば研究ノートである。

ここで検討の素材として用いる資料は，2013 年にスロヴァキアの地方都市で行われた住民意識調査の結果である（石川・佐々木・ファルチャン編著　2016）。調査対象都市はプレショウ（人口約 9 万），ブレズノ（人口約 2 万），バンスカー・シチアヴニッツァ（人口約 1 万）で，サンプルとした住民からの有効回答数はそれぞれ 509，316，303 であった。分析素材は調査票の中の次の設問に対する回答分布である。

「あなたはご自分の人生（生活）の中で次にあげる価値項目をどの程度重要だとお考えですか。それぞれについて，あなたのお考えを次のどれかから選んでください。―　5．非常に重要だ，4．かなり重要だ，3．ある程度重要だ，2．あまり重要でない，1．まったく重要でない」。列挙された価値項目は，自立，自負，誉れ，金銭，自信，平等，伝統，遵法，仕事，謙虚，集団性，地位，家族，連帯，畏怖，富裕，寛容，愛情，道徳，民族，誠実，自由，公正，宗教，企業精神，心性，権力，教育，信頼，の 29 項目である。分析の焦点は，（1）これらの価値項目の中で信頼はどの程度の重要度を与えられているか，つまり，価値序列の中で信頼はどの辺りに順位づけられているのか，（2）信頼は他の価値項目の中のどれと関連し，どれと関連していないか，の 2 つに置かれる。そしてこの 2 点を学歴水準別，職業階層別に分析することにより，信頼関連の価値パターンの諸相を浮かび上がらせてみる。

ここで扱うデータはさきに述べたようにスロヴァキアの地方都市における住民意識調査から得たものであるが，本章の目的はスロヴァキア社会の分析そのものにあるのではなく，そこで得たデータを素材として信頼研究の方法に関して 1 つの視点を提示することに置かれる。

2. 一般的観察

はじめに全サンプルにおける各価値項目の重要度の水準（「非常に重要だ」に5点，「かなり重要だ」に4点，「ある程度重要だ」に3点，「あまり重要でない」に2点，「まったく重要でない」に1点を与えて回答の加重平均値を算出）とその高低の順位を示すと，表4-1のようになる。これによると重要度が最も高いのは家族（4.73），次いで仕事（4.56），愛情（4.54），自由（4.33），誉れ（4.29）であり，信頼（4.20）はこれらに次いで6番目に位置する。なお29項目のうち最低に位置するのは権力であり，中間値3.00を下回る2.87の水準にある。

次に同じく全サンプルについて，信頼とその他の価値項目との関連をピアソンの相関係数（両側検定）で探ってみると，表4-2にみるような結果が得られる。これによれば信頼は金銭および権力とは相関しておらず，富裕とは5％水準で有意に相関し，その他の価値項目とはすべて1％水準（有意確率　.000）で相関している。ちなみに先の表で示されているように，価値序列の中で権力は最下位，富裕は準最下位のランクにあり，これらの価値と信頼とはまったく関連していないか，弱い関連しかしていない。金銭は価値ランクの中では12位で高位に位置するが，これも信頼との相関関係はみられない。信頼という価値は一般に金銭，富裕，権力といった物質主義的な価値からは独立したものとみなすことができる。

なお，佐々木は別な方法によって，本章の資料と同一のものを使って信頼と他の価値項目との関連を分析している（佐々木　2016）。彼は29の価値項目の因子分析によって4つの価値因子を析出し，信頼を含む因子に含まれているのは特に伝統，謙虚，連帯，誠実，宗教，次いで誉れ，平等，畏敬，連帯，道徳，民族，心性であり，逆にマイナス値をなしているのは金銭と富裕，低数値に留まっているのは自立，自負，権力，企業精神，そして自由，地位，自負である

表 4-1　諸価値の重視度とその序列

	重視度	順位
信頼	4.2025	6
自立	3.7460	19
自負	3.6185	20
誉れ	4.2889	5
金銭	4.1003	12
自信	4.1932	8
平等	3.9440	14
伝統	3.5009	22
遵法	3.7714	18
仕事	4.5575	2
謙虚	3.8128	16
集団性	3.7989	17
地位	3.4880	24
家族	4.7322	1
連帯	3.8582	15
畏敬	3.3016	26
富裕	3.2500	28
寛容	4.0000	13
愛情	4.5435	3
道徳	4.1895	9
民族	3.6109	21
誠実	4.1416	11
自由	4.3324	4
公正	4.1959	7
宗教	3.2413	27
企業精神	3.4827	25
心性	3.4938	23
権力	2.8691	29
教育	4.1717	10

重視度は5点尺度で表示。

表4-2　全サンプルにおける信頼と他の価値項目との相関

信頼	－
自立	＊＊＊
自負	＊＊＊
誉れ	＊＊＊
金銭	
自信	＊＊＊
平等	＊＊＊
伝統	＊＊＊
遵法	＊＊＊
仕事	＊＊＊
謙虚	＊＊＊
集団性	＊＊＊
地位	＊＊＊
家族	＊＊＊
連帯	＊＊＊
畏敬	＊＊＊
富裕	＊
寛容	＊＊＊
愛情	＊＊＊
道徳	＊＊＊
民族	＊＊＊
誠実	＊＊＊
自由	＊＊＊
公正	＊＊＊
宗教	＊＊＊
企業精神	＊＊＊
心性	＊＊＊
権力	
教育	＊＊＊

＊＊＊相関係数は1％水準で有意（両側）：有意確率（両側）.000
＊＊　同上　　　　　　　　　　　：有意確率（両側）.001〜
＊　　相関係数は5％水準で有意（両側）

ことを示している。いいかえると、一般的には信頼という価値は物質主義的あるいは自己表出的な価値項目とあまり関連していないとみることができる。

しかしその関連の在り方は、社会階層の違いによって異なっているかもしれない。以下においてその差異の特徴を析出していく。

3. 学歴水準別にみた特徴

信頼という価値項目の重視度は、（ここでは紙枚の制約から表示しないが）サンプルの年齢の上下や所得の大小とは有意な相関を示しておらず、その一方で学歴水準や職業階層の違いでは特徴的な差異をみせている。

まずここで学歴差による特徴を探ってみる。

学歴階層別の有効回答サンプル数と信頼価値の水準を示しておくと、表4-3のようになる。

表4-3　学歴別サンプル数と信頼価値の重視度

	サンプル数	信頼重視度
初等教育修了者＋中等教育未修者	261	4.1126
中等教育修了者（高卒）	423	4.2080
高等教育修了者（大卒）	261	4.3410

この表をみると学歴水準の高低に関わりなくどの学歴層においても信頼の水準は高く、いずれも4.00を上回っているが、あえて比較すると高等教育修了層（大卒）では4.34、中等教育修了層（高卒）では4.20、初等教育修了層（中卒）と中等教育未修層（高校未卒）の平均では4.11と、学歴水準が高い層ほど信頼価値の水準は高く、学歴水準と信頼水準は正比例関係にあることが窺われる。

しかし価値序列の中での信頼の位置は、学歴水準の違いで差が見出せる。表4-4にみるように、29の価値項目の中での信頼の位置は、中卒では6位だが、大卒では7位だが、高卒では7位だが目信位より下位にあり、金銭より下位にあり、

信頼は教育や誉れよりも低位にある。特に信頼のランクづけが低いのは高校未修者の場合で，それは11位であって，信頼の価値序列は金銭よりも低い。

表4-4　学歴水準別にみた価値序列

	全サンプル平均	初等修了者	中等未修者	中等修了者	高等修了者
信頼	6	6	11	7	7
自立	19	18	21	17	16
自負	20	21	22	20	21
誉れ	5	8	4	5	6
金銭	12	5	7	12	13
自信	8	10	10	6	8
平等	14	13	13	14	14
伝統	22	22	19	24	25
遵法	18	20	16	19	17
仕事	2	3	2	2	2
謙虚	16	16	17	18	15
集団性	17	17	18	16	19
地位	24	23	23	22	24
家族	1	1	1	1	1
連帯	15	15	15	15	18
畏敬	26	24	26	26	28
富裕	28	27	28	27	27
寛容	13	14	14	13	12
愛情	3	2	3	3	3
道徳	9	7	9	9	9
民族	21	19	20	21	23
誠実	11	12	8	10	11
自由	4	4	5	4	5
公正	7	8	6	8	10
宗教	27	28	27	28	26
企業精神	25	25	24	23	22
心性	23	26	25	25	20
権力	29	29	29	29	29
教育	10	11	12	11	4

　学歴による差は信頼価値の水準や価値序列の中の順位における違いだけにあるのではない。信頼価値と他の価値項目との結びつきにも学歴差による違いが見出せる。確かに，金銭と富裕に関してはどの学歴層にも共通して信頼との結

びつきがみとめられないが，他の幾つかの点では明確な学歴層間の差異が見て
とれる。表4-5がそれを示している。

表4-5　学歴水準別にみた信頼と他の価値項目との相関

	初等修了者	中等未修者	中等修了者	高等修了者
自立		＊＊	＊＊＊	＊＊
自負		＊＊＊	＊＊＊	
誉れ	＊＊＊	＊＊＊	＊＊＊	＊＊＊
金銭				
自信	＊	＊＊＊	＊＊＊	＊＊＊
平等	＊＊＊	＊＊＊	＊＊＊	＊＊＊
伝統	＊	＊＊＊	＊＊＊	＊＊
遵法		＊＊＊	＊＊＊	＊＊
仕事	＊	＊＊＊	＊＊＊	＊＊
謙虚	＊＊＊	＊＊＊	＊＊＊	＊＊＊
集団性	＊＊＊	＊＊＊	＊＊＊	＊＊＊
地位		＊＊＊	＊	
家族	＊＊＊	＊＊＊	＊＊＊	＊＊＊
連帯	＊＊＊	＊＊＊	＊＊＊	＊＊＊
畏敬	＊＊	＊＊＊	＊＊	＊＊
富裕	＊＊			
寛容	＊＊＊	＊＊＊	＊＊＊	＊＊＊
愛情	＊＊＊	＊＊＊	＊＊＊	＊＊＊
道徳	＊＊＊	＊＊＊	＊＊＊	＊＊＊
民族	＊＊＊	＊＊＊	＊＊＊	＊＊＊
誠実	＊＊＊	＊＊＊	＊＊＊	＊＊＊
自由	＊＊＊	＊＊＊	＊＊＊	＊＊＊
公正	＊＊＊	＊＊＊	＊＊＊	＊＊＊
宗教	＊＊	＊＊＊	＊＊＊	＊＊
企業精神		＊＊＊	＊	＊
心性	＊＊	＊＊＊	＊＊＊	＊＊
権力		＊＊		
教育	＊	＊＊＊	＊＊＊	＊＊＊

＊＊＊相関係数は1％水準で有意（両側）：有意確率（両側）.000
＊＊　同上　　　　　　　　　：有意確率（両側）.001〜
＊　　相関係数は5％水準で有意（両側）

　まず初等教育修了層においてはより上級の学歴層と次の点での違いがみられ
る。すなわち，この層における信頼は，自立，自負，遵法，地位，企業精神と

いう，自己の精神的・社会的積極性を示す価値との結びつきを欠いている。いいかえれば，この層の信頼重視は，そのような個人主義的価値とは別の，主として他者との人格的関わりに関する価値（謙虚，寛容，誠実，等々，さらに家族，愛情，集団，連帯，平等，等々）の重視との絡まりで成り立っているとみられる。

　これに対してより上級の学歴層における信頼は，個人主義的価値をも人格的，関係的価値をも包摂して成り立っている。ただし高学歴層（大卒）においては，信頼は自負や地位といった価値項目との関連が切れており，その点では低学歴層（中卒）と共通するところがある。つまり高学歴層では信頼を重視するかどうかに関わりなく地位や自負が価値とされている。これに対して中等学歴層（高卒や高校未修）ではこれら2つの価値項目は信頼と有意に結びついている。

4．職業階層別にみた特徴

　次に職業階層別にみた諸特徴を追究する。

　調査票の中の職業に関する設問では，①従業員30人以上の企業主，②従業員5人以上30人未満の企業主，③従業員5人未満の企業主，④自営業主，⑤独立専門職・芸術家等，⑥企業上級経営者，⑦企業中間管理者・監督者，⑧一般従業員，⑨年金生活者，⑩主婦・家事従事者，⑪失業者，⑫学生，⑬その他，という回答選択肢が挙げられているが，このうち①，②，⑤，⑨，⑩，⑬はサンプル数が希少のため，また⑫は未就業者なので，ここでの分析から外す。したがって，ここで当面対象とするのは③従業員5人未満の企業主（零細企業主），④自営業主，⑥⑦企業経営者・管理者・監督者（マネジャー），⑧一般従業員，⑪失業者である。その有効サンプル数と信頼価値の水準を示すと，表4-6のようになる。

　この表をみると，信頼の水準が最も低いのは失業者（4.07），次いで小企業主（4.09）である。厳しい経済状況の中に身を置いて小規模経営を行う事業主

表4-6　職業階層別サンプル数と信頼価値の重視水準

	サンプル数	信頼重視度
企業主	46	4.0869
自営業主	101	4.3333
経営者・管理者	45	4.5111
一般従業員	435	4.2253
失業者	142	4.0704

や経済活動の枠外にはみ出している失業者の場合，自営で生活する層（4.33）や組織内で職業生活を営む雇用者，とりわけ役付従業員（4.51）よりも，信頼への価値付けが低いのである。

　しかし他の28の価値項目と比較して信頼価値の大きさの順位は，表4-7にみられるように，自営業主の場合，小企業主と並んで低く（12位と13位），失業者（7位）よりも低い。自営業主においては金銭価値の方が信頼価値より上位にある。他の職業階層に比べて小企業主において上位に置かれている価値項目は，自立，自負，自信，企業精神であり，これらの価値は小企業主にとって信頼と同等あるいはそれ以上に重要なものとされている。

　ここで取り上げている職業階層の中で信頼価値が最も高いランクにあるのは，企業の中間管理者・現場監督者層で，価値序列の3位に挙げられている。この層にとって最も重要な価値は仕事，次いで道徳である。仕事と道徳と信頼は家族以上に重要な価値付けを与えられている。

　経営者，一般従業員，失業者においては信頼価値のランクは小企業主や自営業主より高いが，管理者・監督者よりは低く，7位である。経営者において信頼より重要な価値は教育，自由，誉れ，自信，そして家族と仕事である。他方，一般従業員において信頼より重要な価値は，まずは家族と仕事，次いで愛情，自由，誉れ，公正である。

　失業者が信頼よりも高いランク付けを与えているのは第一に仕事，そして家族であり，それに次いで一般従業員と等しく愛情と自由が続くが，その後に金

表4-7　職業階層別にみた価値序列

	全サンプル平均	小企業主	自営業主	経営者	管理者監督者	一般従業員	失業者
信頼	6	13	12	7	3	7	7
自立	19	7	14	13	18	19	17
自負	20	6	20	22	16	20	20
誉れ	5	9	5	5	5	5	9
金銭	12	16	9	16	14	12	5
自信	8	3	6	5	5	8	6
平等	14	22	16	14	21	13	14
伝統	22	26	23	24	22	24	26
遵法	18	20	22	20	16	17	19
仕事	2	2	2	3	1	2	1
謙虚	16	23	18	15	15	18	15
集団性	17	15	19	16	12	15	18
地位	24	19	24	22	19	22	23
家族	1	1	1	4	4	1	2
連帯	15	16	15	18	19	16	16
畏敬	26	25	27	24	27	26	27
富裕	28	28	25	26	27	27	21
寛容	13	11	11	11	12	14	13
愛情	3	4	3	8	8	3	3
道徳	9	10	8	11	2	10	11
民族	21	24	21	22	25	21	25
誠実	11	11	10	9	9	11	12
自由	4	5	4	2	7	4	4
公正	7	18	7	9	11	6	8
宗教	27	27	29	26	29	28	28
企業精神	25	14	17	18	23	23	22
心性	23	21	26	20	23	25	24
権力	29	29	28	26	28	29	29
教育	10	8	13	1	10	9	10

銭と自信がある。

　次に，信頼価値と他の価値項目との絡み合いの，職業階層別の特徴をみてみる。その際に用いる方法は，先に説明したようにピアソンの相関係数によるものであり，そのため有効サンプル数が100以上の職業階層に対象を限定する。つまりここでは経営者と管理者・監督者を省くこととし，小企業主，自営業主，一般従業員，失業者に関して信頼価値との相関係数が5％水準および1％

水準の価値項目に＊印を付けて示すと，表4-8のようになる。

　ここで取り上げる職業階層のどれにおいても共通している点は，信頼価値は金銭，富裕，権力という物質主義的価値からは独立しているということであ

表4-8　職業階層別にみた信頼と他の価値項目との相関

	自営業主	一般従業員	失業者
自立	＊＊	＊＊＊	
自負		＊＊＊	＊
誉れ	＊＊＊	＊＊＊	＊＊＊
金銭			
自信	＊	＊＊＊	＊＊＊
平等	＊＊＊	＊＊＊	＊＊＊
伝統		＊＊＊	＊＊
遵法		＊＊＊	＊
仕事	＊＊	＊＊＊	＊＊
謙虚	＊	＊＊＊	＊＊＊
集団性	＊	＊＊＊	＊＊＊
地位		＊＊	
家族	＊＊	＊＊＊	＊＊＊
連帯	＊＊＊	＊＊＊	＊＊＊
畏敬		＊＊＊	＊＊
富裕			
寛容	＊＊＊	＊＊＊	＊＊＊
愛情	＊＊＊	＊＊＊	＊＊＊
道徳	＊＊＊	＊＊＊	＊＊＊
民族	＊＊＊	＊＊＊	＊＊＊
誠実	＊＊＊	＊＊＊	＊＊＊
自由	＊＊＊	＊＊＊	＊＊＊
公正	＊＊＊	＊＊＊	＊＊＊
宗教	＊	＊＊＊	＊＊＊
企業精神		＊＊	＊＊＊
心性	＊＊	＊＊＊	＊＊＊
権力			
教育	＊＊	＊＊＊	＊＊＊

＊＊＊相関係数は1％水準で有意（両側）：有意確率（両側）.000
＊＊　　同上　　　　　　　　　　　：有意確率（両側）.001~
＊　　　相関係数は5％水準で有意（両側）

注：小企業主（有効サンプル数20），経営者（同16），管理者・監督者（同29）は有効サンプル数
　　が少ないのでこの表に載せない（ここに載せた職業階層は有効サンプル数100以上）。

る。その他の点に関しては職業階層間に相違がある。一般従業員に関しては，信頼価値は金銭，富裕，権力の３つを除くどの価値項目とも相関している。つまりここでの信頼価値は多様な諸価値と不可分の関係にあり，複合的な価値体系の一部に組み込まれているといえる。失業者においてはその複合的な価値体系から自立や地位が切り離されていて，この２つは信頼を含む価値複合体とは別な価値領域となっている。自営業主の場合は，自負，伝統，遵法などが，信頼を含む価値複合体に内包されていない。表示してないが小企業主における信頼関連の価値複合体には，自負，誉れ，集団性，企業精神などが含まれているが，自立，教育，仕事，家族，寛容，連帯，自由，遵法，道徳，公正，宗教などは信頼とは別な価値領域をなしている。一般従業員の価値群は信頼価値をも含めて統合体を成しているのに対して小企業主のそれは分化しており，その信頼価値は価値群の中の一部とだけ関連付けられている。

5．総括──方法論的含意──

以上の観察と分析から次の点が浮かび上がった。

まずサンプル全体の一般的特徴点として，ここで取り上げられている 29 の価値項目のうち，信頼の重要度は家族，仕事，愛情，自由，誉れに次いで，6 番目に位置する。他の価値項目との関連を探ると，信頼は金銭，富裕，権力という価値項目との繋がりがない。信頼という価値はこれら物質主義的な価値群とは別な価値群に属する。

しかし個々の社会階層ごとに分析してみると，信頼の価値順位もその属する価値群も多かれ少なかれ異なった様相を呈していることがわかる。

たとえば学歴水準別にみると，価値として信頼を重視する傾向は高学歴層ほど顕著である。また，29 の価値項目の中での信頼の順位は高卒と大卒では 7 位だが，高校未修了者においては 11 位で，他の学歴層よりも顕著に低い。中卒と高校未修了者の場合には信頼の順位が金銭の順位よりも低い。そこでは金銭の方が信頼よりも価値として重視されている。

　同じように職業階層別にみると，信頼重視の水準は失業者や小企業主で相対的に低く，企業等の中で働く従業員，とりわけ管理職において高い。また，29の価値項目の中での信頼の順位は小企業主（13位）や自営業主（12位）で低く，企業等の管理・監督職において高い（3位）。

　このように信頼の重視度と価値群の中でのその順位は階層ごとに異なった特徴を示している。また，価値としての信頼が他のどんな価値と絡まりあっているか，どんな価値とは関係していないかという点からみても，階層によって異なる特徴がみとめられる。

　学歴層別にみると，中卒者における信頼価値は自己の精神的・社会的積極性を示す価値群とは相関しておらず，他者との人格的関わりを示す価値群と結びついているが，高卒者や大卒者における信頼価値はこの両方の価値群と絡まりあっている。

　職業階層別にみると，たとえば一般従業員における信頼価値は他のさまざまな価値項目と絡まりあって統合的な価値体系に繰り込まれているが，小企業主における信頼価値は自立，教育，仕事，家族，連帯，自由，遵法，道徳，公正，宗教などの諸価値との繋がりがない。小企業主や自営業主においては概して価値群が分化していて，信頼はそれらの中の一部の価値とだけ関連付けられている。

　このようにみてくると，ひとくちに信頼といっても，社会層の違いによってその価値付けと意味が異なっていることが示唆されてくる。クプレイチェンコとメルシヤノヴァは学歴別による信頼の意味の違いについて触れ，「低学歴者が持つ信頼感は一種の自然的なものに根差しており，他方，最高学歴者の信頼感は彼らの社会的能力に対する確信から来ているとみられる」（Kupreychenko and Mersiyanova　2013：邦訳81）と述べ，社会階層の違いによる信頼の意味付けを追究する必要性を示唆している。このような指摘を踏まえたうえで，価値としての信頼を所与の階層における価値構造の総体と関わらせて分析し解釈するという方法が一定の意義を持つものと考えられる。本章ではスロヴァキア地方都市の住民意識調査結果を素材として，その方法の可能性を示唆することを

試みた。

参 考 文 献

Kupreychenko, A., 2013, "Dialectics of social trust and distrust", Paper for the Japan-Russian Joint Workshop of Trust Studies, Institute of Social Sciences at Chuo University.

Kupreychenko, A. & I. Mersiyanova, 2013, "Problem of measuring of social trust: Can you trust most people?" Paper for the Japan-Russian Joint Workshop of Trust Studies, Institute of Social Sciences at Chuo University.（邦訳「信頼感の持ち主と不信感の持ち主―その社会的・心理的特徴の比較分析」石川・佐々木・ドリャフロフ編著『ロシア社会の信頼感』ハーベスト社，2017 年，所収）

Simonova, L. & D. Rudenko, 2013, "Corruption and Trust: Russia and Post-communist countries", Paper for the Japan-Russian Joint Workshop of Trust Studies, Institute of Social Sciences at Chuo University.（邦訳「腐敗と信頼―ロシアと脱共産主義諸国の事例」石川・佐々木・ドリャフロフ編著『ロシア社会の信頼感』ハーベスト社，2017 年，所収）

石川晃弘，N. ドリャフロフ & V. ダヴィデンコ，2014，「ロシア人の信頼感―旧体制の遺物か新体制の産物か」佐々木正道編著『信頼感の国際比較研究』所収。

石川晃弘，2014，「チェコにおける社会的信頼感とその関連要因」佐々木正道編著『信頼感の国際比較研究』所収。

石川晃弘，佐々木正道，リュボミール・ファルチャン編著，2016，『グローバル化と地域社会の変容―スロヴァキア地方都市定点追跡調査 II』中央大学社会科学研究所研究叢書 33，中央大学出版部。

佐々木正道編著，2014，『信頼感の国際比較研究』中央大学社会科学研究所研究叢書 26，中央大学出版部。

佐々木正道，2016，「地域住民の意識構造」石川・佐々木・ファルチャン編著『グローバル化と地域社会の変容―スロヴァキア地方都市定点追跡調査 II』所収。

第 5 章
信頼の合理化の行方
──ジンメルとヴェーバーの古典的パラダイムからの投射──

矢 野 善 郎

今日の私たちが置かれている 21 世紀序盤の社会状況を論じる上で，20 世紀末以降の冷戦終結後の世界で生じつつあるグローバル化・情報化という現象を無視することはできない。自然的な境界や相対的に安定した社会的な境界を越えた，人間の流動，そして人間についての情報の流動。その裏返しともいえる，未知の人間との接触，未知の人間への不安をもたらす情報の激増。「信頼」が社会科学を論ずる上で大きな問題として浮上したこと自体は不思議ではない。

社会学が本格的に独自の科学として展開を始めた 19 世紀末から 20 世紀初頭にも，その後の社会学の諸パラダイムの源流を築いたデュルケム，ジンメル，ヴェーバーの 3 者は，それぞれが独自の「信頼」と呼ぶべき論稿を残している。20 世紀末，突如として「信頼」は，社会学にとどまらず，社会科学を横断する流行テーマとなる。この社会学の「ビッグ 3」は，先駆的業績として，現代の「信頼」論でも参照されるが，枕詞的で形式的な参照にとどまるケースがほとんどといっていいだろう[1]。

この小エッセイは，とりわけ信頼をめぐる規範が，私たちの社会においてどのようなメカニズムで規範として通用するようになるのかについて考察するために，社会学史からヒントをえようとする試みである。社会学史的な研究を解釈学的・理解社会学的に行うことに意味を見いだす立場からすれば，古典的パラダイムを，同じ問題についての「先行研究」として取り扱うことにそもそも

懐疑的である。100年もたっているのであれば，同じパラダイム，同じ問題設定で連続的に研究が展開していると想定する前提を取るべき積極的な理由も存在しないし，古典的パラダイムをいわば今日の「前座」とみなすこともできない。むしろ今日とは異なったパラダイムとして古典的パラダイムを眺め返し，彼我の差異を見いだすことに研究上の価値があると考える。

この短いエッセイでは，あえて19世紀末から20世紀初頭の状況ではぐくまれたジンメルとヴェーバーによる信頼論の古典的パラダイムを取り上げることにする。が，これはこの両者が20世紀の社会学において連続して影響を与えているという視座からではなく，むしろ，本来の19世紀末的なコンテクストからの問題設定こそが，21世紀の社会的文脈を考える上でのインスピレーションをもたらすという着想に導かれてのことである。19世紀末のドイツ社会は，ドイツ帝国成立後，欧米列強による帝国主義を主動因としたグローバル化の波と，ドイツ帝国による上からの工業化の結果，都市化という急速な社会変動をとげつつあった。この急変するドイツ社会というコンテクストではぐくまれたパラダイムは，今日の流動的な状況にむしろ新鮮な問題設定をもたらしうるのではないか，こうした着想に基づき，ジンメルとヴェーバーの信頼論を振り返ることにしたい。

このエッセイは，それ故，一方では，ジンメルとヴェーバーが立てた，信頼が規範化されるメカニズムについての立論を解釈的・分析的に検討しようとする。他方では，21世紀における信頼の規範の行方について考える半ば記述的，半ば規範的な考察に寄与しようとするため，古典からの飛躍を試みることになる。この二人は，それぞれ別のコンテクストで「信頼」を問題化し，信頼についての規範が社会に広がるメカニズムも異なった想定を置いていた。この後観るように，ジンメルは信頼の進化を語り，そしてヴェーバーは信頼規範の比較と，それが広がるメカニズムとして淘汰・合理化を想定していた。

結論では，この古典的な信頼論を参照しつつ，再びジンメルをインスピレーションとして，将来に現れうる信頼規範のモデルとして，「橋的信頼」と「扉的信頼」という2つの類型を提唱することになる。断るまでもなく，これは，

信頼についての経験的な記述ではない。これは，信頼の規範が広がるメカニズムについての古典的なパラダイムを掘り起こすことで，信頼規範の社会学的な探求が進むべき方向性を投射する試みである。

1．信頼と近代社会──ジンメルの「秘密」論──

ジンメルは，社会にとって信頼 Vertrauen の存在が不可欠だということを先駆的に論じた社会学者である。彼の信頼論は，彼の社会学的な主著といえる，1908 年に出版された大著，『社会学』の第5章に登場する（Simmel 1992：392-394）。数ページの短い議論ではあるが，信頼についてののちの諸論争で問題になる幾つもの争点がカバーされている見事な一節となっている。

> それ［文化の客観化］とともに人間をめぐる知識の事前形式あるいは事後形式，すなわち彼にたいする信頼──明らかに社会のなかのもっとも重要な結合的な力のひとつ──もまた特別な進化をとげる。信頼は，実際の行動の基礎となるほどに十分に確実な将来の行動の仮説と，まさに仮説として人間についての知識と無知とのあいだの中間状態なのである（ibid. 393；訳：359）。

ジンメルは，このように社会の結合にとって信頼の不可欠性を論じるとともに，それが進化するという視点を取る。その進化を促す力としては，文化の客観化をあげている。「客観化」というのは，貨幣社会化・都市社会化の進展とあいまって，人間の生活にもたらされる変化を表すジンメル社会学全体のキーワードである。

> 文化のかの客観化は，信頼に必要とされる知識の量と無知の量とを決定的に分化させた。現代の商人が他者とともに事業を企てるとき，学者が他者と一緒に研究に着手するとき，政党の指導者が選挙問題や法案提出の取り

扱いについて他の政党の指導者と協定するとき，［中略］彼らのすべては，例外もあるし完全ではないにせよ，彼らの相手について，結ばれるべき関係にとって知るのを必要とされることを正確に知っている（ibid. 392；訳：360）。

ここで実例としてあげられているように，文化の客観化は，彼の考える近代社会がもたらす相互作用が織りなす全体的な方向性であり，経済・科学・政治などの近代社会的な相互作用の背景にある形式である。彼は，これこそが個人と他者についての知識のあり方を変化させると論じる。

　伝統と制度，世論の力，さらに個人をまぬがれがたくあらかじめ決定する地位の限定，これらはきわめて強固になり，しかも確実となっているため，共通の行動に必要とされる信頼をいだくためには，人びとは他者についてたんに一定の外面のみを知りさえすればよい。人的な性質における基礎は，関係のなかの行動の変形が原理的にはそれに由来するかもしれないが，もはや考慮されなくなり，この行動の動機づけと規制がきわめて客観化されているため，信頼はもはや本来的に個人的な知識を必要とはしない（ibid.）。

ジンメルにいわせれば，文化の客観化の作用により，そもそもの個人の行動についての限定がおき，知識は確実性をおびるだけでなく，そこに生きるそれぞれの人間の知識の領域も移行する。そしてそれこそが，現代の社会（化）と，それ以外の社会（化）とを区別するとされる。

　より原始的でよりわずかしか分化していない状況においては，人びとは相手についてはるかに多くを——個人的な点においては——知ってはいたが，純粋に客観的な信頼性にかんしては，はるかに少ししか知らなかった。両者はともに全体をなす。すなわち後者［個人についての知識］の点

での欠如に直面して，必要とされる信頼をつくりだすには，前者［信頼を
いだくために必要な外面］にかんする高度な知識を必要とする（ibid.
360）。

　未分化の社会において人間は，お互いのことの知識を持っている。しかしこ
れは信頼とは異なる。最初の引用で述べられているように，彼によれば，信頼
が力を発揮するのは，知識を全面的に持っているからではなく，むしろ互いに
互いのことは一面しか知らない，それでも必要な限りでは知っていると人間相
互が考えていることによる。信頼が作用するためには，それぞれの人間が信頼
性を有しているかを判別するための，より一般的な知識が必要である，とされ
る。逆にいえば，文化の客観化の進行したのちの相互作用では，個人に関わる
全面的な知識は不要となる[2]。
　これらの断片だけでジンメルの信頼論を語るならば，知識の有無と人間行動
を問題にした，方法論的個人主義をとる近代の社会学の信頼論（例えばコール
マン流の合理的選択理論（Coleman　1990：91ff.））との近似を読み取る可能性があ
る。しかし，ジンメルの信頼論は，実際には信頼そのものを主題にした独立し
たものではなく，彼の『社会学』のなかでも「秘密と秘密結社」と題された章
のなかで登場する。その章全体をみるならば，ジンメル形式社会学とその信頼
論の探究の方向性が，方法論的個人主義のそれとは相当に異質であることを理
解できる。
　彼はこの章の中で，近代社会の相互作用において，人間が互いに関する知識
の一部を隠匿する「秘密」が持つ重要性を論じる。「秘密」が相互作用の上で，
戦略的・打算的な意味で重要性を持っていると指摘するだけでなく，ジンメル
は次のような，驚くべき言明を行う。

　　この意味における秘密，つまり消極的あるいは積極的な手段によって支え
　られた現実の隠蔽は，人類の最も偉大な達成のひとつである。幼稚な状態
　においては，あらゆる考えがたちまち言いあらわされ，あらゆる企てがす

　　べての人の目につきやすいが，この状態にたいして生活の途方もない拡大
　　が秘密によって達成される。なぜなら生活の多種多様な内容は，完全に公
　　開されたばあいにはけっして現れることができないからである。秘密は，
　　公然たる世界とならぶ第二の世界のいわば可能性をあたえ，そしてその公
　　然たる世界は，この第二の世界の可能性によってきわめて強く影響される
　　(Simmel　1992：405-406；訳：371)。

　この「第二の世界」は，より今日的な表現であれば，「プライバシーの領域」
ということになろう。プライバシーという，隠された「第二の世界」の出現
は，ジンメルにいわせれば「人類の最も偉大な達成」の１つということであ
り，それにより現代の社会は，より多種多様な内容を持つことを許される，と
される。
　ジンメルの形式社会学は，そもそも，「個人」の存在が，相互作用の網の目
である「社会化」のなかであらわれる流動的な存在だと考える (Simmel　1992
(主に第1，2章など))。現代の個人にとって，プライバシーは最も個人の個人的
な側面ということになろうが，ジンメルは，秘密＝プライバシー的なものを尊
重することを人間の古来の普遍的な属性と考えるのではなく，それを文化の客
観化という相互作用の複合した進化の結果あらわれた「最も偉大な達成」であ
ると見る。
　そもそも個人のプライバシーを尊重し，ある程度までは知識を隠匿すること
を許容するだけでなく，あえて他者の情報をえないことに配慮しようとし，あ
るいは配慮しないといけないような相互作用が広がるのは，どのようにして可
能になったのか。その可能性に関わるものとして前段に論じられていたのが，
実は，彼の信頼論だったのである。
　ジンメルの論では，「秘密」を許容する人間の出現は，そもそも他の人間に
ついての知識が全面的に必要でないと互いに考えあうような相互作用の網の目
(社会化) の出現を意味する。プライバシー尊重の出現は，信頼を可能にするよ
うな信頼性判別のための知識を互いに持ち，それにより互いの全てを知る必要

がないという文化の客観化による信頼の進化を前提にしている。文化の客観化により，人間同士が相互に一部の知識を隠匿することを許容する相互作用がはぐくまれるのである。

　ジンメルの形式社会学は，個人と社会のどちらが先という因果関係についての断定をこばむ。プライバシーの重視，信頼の進化，そして貨幣社会化・都市社会化に代表される文化の客観化は，同時進行的に進んだ相互作用の網の目の変化のそれぞれの側面として描かれる。彼は，互いが信頼できる人間か否かを見抜くことにたけ，しかも他者にとっても自らの信頼性が相対的に容易に判別可能であるような人間の出現を論じた。その信頼論は，互いのなかに隠された情報があることを許容する，つまりプライバシーを尊重する人間の出現という，より大きなコンテクストの枠内の議論なのである[3]。

　もっともジンメルは，信頼を可能にした文化の客観化のなかで起きる相互作用が，プライバシーの尊重を促進しつつも，反作用も持っていることについても見逃さない。

　　他者を共同経営者として採用しようとするやいなや，彼はたんにこの他者の財産状態と一定のまったく一般的な性質とを知らなければならないばかりか，人格としての彼を広く洞察し，彼の品性と協調性を知り，彼の気性が勇敢か臆病かを知らなければならない。［中略］そして関係の開始のみではなく，関係の総体的な継続，日々の共同の活動，共同経営者のあいだの職能の配分もまた，そのような──相互の──知識にもとづいている。人格の秘密はいまや社会学的によりかぎられたものとなり，共同の利益が広く個人的な性質によって担われているばあいには，秘密は人格にとってもはやそれほど広範な独立存在を許されなくなる（Simmel　1992：394；訳：360　訳文を変更）。

　プライバシーの尊重と個人情報の保護など，より今日的なテーマにも関わるこの一節において，ジンメルは，文化の客観化の一つの逆作用も語る。つま

り，とりわけ高度なリスクを伴う（ハイ・ステークな）人間関係上の決断にあたっては，許容されるプライバシーは限定的なものになり，むしろ人間の将来の行動を予想するために必要な注意点に関しての一般的な知識が駆使される。信頼を重視することをもたらした近代の相互作用は，一方でプライバシーの存在を許しつつ，それを限定する反作用も持ちうる，とするのである。

2．信頼の合理化——ヴェーバーの「クウェーカー」論——

ジンメルの信頼論は，信頼を進化の文脈で論じ，そもそも「個人」そのものが重視され自律して出現してくるような時間軸上の巨大な変化を論じた点に力点があった。信頼は，大都市に代表される近代的な相互作用の網の目が，その前の時代のそれとどのように異なるかを描き出すための鍵となる概念の1つとなっていた。それに対し，同時代のヴェーバーの信頼論の力点は，時間軸としての変化のみならず，空間的・地理的・文化的な比較の軸にもある。

ヴェーバーは1915年以降に順に公開した「世界宗教の経済倫理」，とりわけ「儒教と道教」の終章で，儒教的な文化圏とプロテスタントのそれを比較する問題提起を行う。彼は，中国文化圏においては全ての信頼が氏族的・家族的な範囲にとどまり，純粋にパーソナルな関係に押しとどめられた，と論じる。中国文化圏では，氏族・家族の境界の外に対しては，むしろ万人の万人に対する不信という生活態度を持つ人間類型がもたらされた。それに対し，プロテスタントの諸セクトが画期的であったのは，血縁的な共同体，とりわけ家族よりも，信仰による倫理的な生活態度の共同体が優越するという原理を確立したことであり，それとともに「事務的な職業労働を通した，個々人の倫理的な資質をともなった商業的な信頼を正当化したこと」にある，と分析する（Weber 1988a：523；木全訳：392-394）[4]。

このヴェーバーによる中国／西洋の信頼比較は，彼の最も有名な著作ともいえる「プロテスタンティズムの倫理と資本主義の精神」で展開された議論を承けたものである（1904/5年初出，1920年改訂。以下，改訂版に基づく。「倫理論文」

と略記）。「儒教と道教」の結論章での記述は，一見するときわめて図式的な東洋／西洋比較に見える。また，宗教等の文化的理念が，信頼行動を決定するかのように捉えるタイプの（いわゆるパーソンズ的なヴェーバー解釈に基づく）文化決定論に見えなくもない。

　しかし倫理論文で描かれる信頼論は，西洋・東洋というような意味で二元的な比較は行わず，むしろ同じプロテスタントと総称される教派の間にも甚だしい違いを見いだす。しかも，それぞれの教派も，固定されて変化しない理念を有しているかのように静的に理解はされない。信頼を重視するセクトが登場し，それが独特の商業的信頼に関わる倫理を獲得する過程は，きわめて動的でしかも「逆説」的なものとして描かれているのである[5]。

　ヴェーバーは，プロテスタンティズムの諸セクト，とりわけ 16 〜 17 世紀のピューリタニズムやそれに影響を受けた禁欲的で改革的なセクトが，むしろ権威や対人関係へのきわめて強い不信観から出発した，と分析する。ヴェーバーは，イギリスのピューリタニズムの諸著者がしばしば，人間の援助や人間の友情に一切信頼を置かないように訓戒している，ということを強調する（Weber 1988a：96；大塚訳：158）。

　倫理論文の後半では，プロテスタントと呼ばれるなかにも，ルター派・英国教会と，カルヴァンの影響を受けた流れがいかに異質であるか，そしてさらには，そこからメソディスト・敬虔派，またクウェーカー等の洗礼派がいかに独特な展開をたどったかを解釈的に理解する。とりわけヴェーバーの信頼論を考える上で重要なのは，彼がカルヴィニズム的な諸派と，クウェーカー的な諸派とを対照的に理解していることであろう。

　　カルヴィニズムの生活合理化とクウェーカーの生活合理化との間には，色調の違いが存在しつづけることになった（ibid. 158；訳：282　訳文は変更）。

　この一節は，見落としうるような脚注のなかにあるが，ヴェーバーを論じる際に以前より重視されてきた「合理化」の概念を考える上でも重要な視点を提

供するものである。彼は，西洋近代社会を動かす巨大な理念の体系として「合理化」や「文化」を解釈するというよりは，近代社会を動かす「合理化」にも，複数の方向があり，それらを分節する理解社会学を企てていたのである[6]。最終的に資本主義的な経済の秩序を回転させることになる複数の「合理化」のなかでも，信頼に関わるのは，クウェーカーのたどった生活態度の合理化であると述べる。

> 洗礼派，とりわけクウェーカーにみられるような世俗内的禁欲のとった独自の形式では，今日 "honesty is the best policy" と定式化される，あの資本主義「倫理」の重要原則を，17世紀に既に［宗教］決議などに基づいて実践的に確証していたことが，見て取れる。さきに引用したフランクリンの論文の中にも，その古典的な記録が見つかる，あの原則をである。［中略］これに対して，カルヴァン派の影響は，むしろ私経済的な営利のエネルギーを解放するという方向にあったと，われわれは推論することになるだろう（Weber 1988a：160；訳：281 訳文は変更した）。

　ヴェーバーは，カルヴィニズムと異なり，予定説的な神学的前提を共有せず，より内面的な信仰的対話を重視する，クウェーカーやメノナイト，バプティスト等を「洗礼派」と呼ぶ。そして洗礼派，とりわけクウェーカー等の生活態度こそが，むしろ近代資本主義の商道徳，とりわけ契約を遵守し取引で「正直」することを求める理念の普及に大きな影響を持つことになったと論じているのである。しかし，こうした普及の過程も，きわめてパラドキシカルなものとして描かれる。

　17世紀中頃にフォックス等によって始められ，（のちに Religious Society of Friends などと自称することになる）クウェーカー等の禁欲的な宗教運動は，当初イギリス北部を中心に急拡大し，国教徒やピューリタン双方からの弾圧の対象となる。英国の内戦的な社会的状況下で，クウェーカーは，信仰上の良心的な理由で兵器の使用を拒否した結果，ますます弾圧の対象となる。そして公職に

就く可能性がたたれ，自ら非政治的に，経済的な職業生活に追いやられていく。ヴェーバーは，当初クウェーカーにとって商業が，宗教倫理上の命令と言うよりは，自然的な必要性，つまり生き延びるための方策であった，と論じる。ただし，クウェーカーは商業に携わるにせよ，むき出しの営利や浪費を内面的な信仰上の良心から拒否し，Honesty is the best policy というまじめで良心的な生活態度を商行為で一貫させようとした，とする（Weber　1988a：150-157；大塚訳：256-278）。

　ヴェーバーが描き出すのは，政治的・社会的な排除に適応する途上で，パラドキシカルにも経済行為に打ち込み，正直な取引という生活態度を一貫させていくというダイナミズムである。当初は，政治的・信仰的な理由で嫌悪されたクウェーカーは，しかし誰に対しても「同じ物に同じ値段しか要求しない」という正直さから，結果として経済取引で信頼され，やがては経済的に成功していくという過程をたどる，と分析する（1988a：219（ゼクテ論の注））。ヴェーバーも着目しているが，クウェーカーはとりわけ英国では絶対的な少数派セクトにとどまったが，驚くべき多数の経済的・科学的成功者を産み出す。ヴェーバーは，こうしたクウェーカーの商業的な生活態度が，資本主義の初期的な展開に必要不可欠な要素である信頼についての規範モデルをもたらし，その後，まずは他のプロテスタントたちへと伝播し，より広範囲に影響を与えることになった，と結論づける（Weber　1988a：156；大塚訳：256）[7]。

　このように，ヴェーバーは，西洋社会を席巻することになる経済的資本主義の展開とともに，信頼を重視して一貫（合理化）させようとする生活態度が広がっていく過程を描き出した。そしてそれ以前の西洋，あるいは，その他の文化圏では，先にみた中国文化圏と類似し，とりわけ商業に対しては不信こそが一般的な生活態度であった，と捉える。とりわけ「ヒンドゥー教と仏教」に見られる以下の日本論での一節にあるように，ヴェーバーは，そもそも封建的な社会的状況では，商業的な取引に対し「不信」こそが普遍的な原理であったと論じる[8]。

　明治維新後の時代に，ヨーロッパの商人が，中国の大商人に比べて，日本の商人の「低い商業道徳」をしばしば嘆いたとしても，この事実は，――それが仮に事実であったとした場合でも――，ビスマルクが「誰が誰を欺くか」と繰り返して述べているように，商業を相互欺瞞の一形態とする一般的，封建的な評価によって簡単に説明されるであろう。(1988c：300；訳：381　訳文は変更)

　ヴェーバーは，封建的な社会状況では，そもそも商業が概して低く見られ，むしろ他者への不信こそが社会的な規範であった，と論じる。日本論の一節で，保護主義を擁護したビスマルクの口癖を参照していることに表れているように，封建社会の残滓やその名残としての対外通商への不信は，ヴェーバーにとっては，同時代のドイツ社会を論じる際の視点でもあった。倫理論文の背景にあったのは，祖国ドイツの封建的な残滓がこびりつく社会的状況と違い，同時代のとりわけアメリカでは，商業的・経済的取引にむけての不信がかなりの程度克服されているという状況判断であろう。

　ヴェーバーは，倫理論文の続編とでもいうべき「ゼクテ Sekte」論にて，宗教的なゼクテに所属することが同時代のアメリカ人にとって持つ意味を考えるためのエピソードを紹介する。彼がアメリカ旅行中（1904 年）に，行商人と会話した際，その行商人は，教会に属していない人間とは取引しないといい，「何も信じていない人間が，どうして自分に支払ってくれるのか？」と述べたという（Weber　1988a：209）。

　彼が驚きを持って強調したかったのは，20 世紀初頭のアメリカでは，資本主義が世界のどこよりもまして純粋培養的に急速に全土に拡大しつつあったが，その時点でもなお，プロテスタントであるか否かが，信頼性を判定する上での重要な情報であったという点である。もはや教派ごとの違いは捨象されているが，ゼクテに所属しているかという宗教的な指標は，その時点でも信頼の重要なマーカーであったという証拠としてヴェーバーはこのエピソードを述べているのである。

3．ヴェーバーの社会的淘汰論

　以上のように，ヴェーバーの立論では，信頼は比較文化の視点で語られ，信頼を氏族・家族内にとどめる生活態度を生み出す文化と，より広範囲な商取引を可能にするような信頼を可能にする生活態度を生み出す文化とが対比して語られてきた。ではヴェーバーは，「信頼」に関わる生活態度を創出する文化のメカニズムを，どのように捉えていたのであろうか。

　そもそも社会における信頼の規範についての問題設定の方向性は，大きく整理するならば，還元主義―創発主義の軸と，記述主義―規範主義の軸の2次元を設定することができる。還元主義的な問い方は，信頼の問題を個人の行動へと還元しようとする方法論的な立場をとるが，これは「文化」・「理念」などのブラックボックスを用いずに信頼についての問いを立てる[9]。逆に，創発主義は，信頼の問題を，個人・個人の行動や精神には還元しようとせず，何らかの創発された存在（システム，制度，文化など）を前提して議論を立てる。ヴェーバーの社会学の方法論的立場は，ともすれば還元主義的，方法論的個人主義と理解されがちだが，上記で見たとおりジンメルもヴェーバーも，文化の客観化，文化による生活の合理化などの創発概念を用いており，後者に属するとみるべきであろう。基本的に社会学での信頼の取り扱いは，パレートや合理的選択論者などの例外を除けば，デュルケムの連帯論しかり，ルーマンのパーソナル信頼／システム信頼しかり（Luhmann 1984, 1989），信頼をめぐる創発的なメカニズムを，ルール・規範・コードなどの創発的な概念を用いて説明するのが主流であろう[10]。

　信頼への問い方としては，記述主義―規範主義という整理軸もありうる。社会科学の主流といえる問い方は前者であろう。つまり，信頼を道徳・倫理的な問題として考える立場（倫理学など）から距離を取り，評価・当為判断を避けて，事象についての記述主義的 descriptive な問いに集中するという立場である。確かにジンメルもヴェーバーも，信頼を重視する相互作用や生活態度が歴

史的に形成され，それが動的な過程で広がっていったことを問題にしていた。そこでは，信頼をある種の美徳として捉えたり，不信の広がりを道徳的に非難したりする課題設定は取らない。

　では社会科学は，規範主義的な問いを忌避すべきなのだろうか。「信頼」という，そもそもきわめて価値負荷がかかった概念を用いている時点で，信頼への問は規範主義的 prescriptive な含意を免れえないという批判もあり得る。それだけではなく，逆に規範主義的な含意を考察することについて逃げるべきでないという，より積極的な批判もありうる。ジンメルも，「人類の偉大な達成」などとなかば道徳的なかば美的な評価を企てるし，デュルケムも社会の正常・異常を持ち出し，有機的連帯なども単に記述と言うよりは，正常な社会の分業でもたらされるべき規範についての概念として論じている。信頼をめぐる規範についての社会学的問いかけについて，何らかの倫理的・規範的な関心をおいていないのは，むしろ希であると論じることもできる。

　話をヴェーバーに戻すならば，ヴェーバーの社会学の方法論的立場は，「価値自由」が語られていたことを捉えて，素朴な記述主義的な問題設定が可能と考えていた立場だと理解されるかもしれない。しかし，近年のヴェーバー解釈では違った見方もでている。その際，とりわけ重視されるのは，以下の一節である[11]。

　　どんな種類の社会関係の秩序であったとしても，それらを評価しようとするのならば，例外なしに次の点を検討しなければならない。つまり，それらの社会関係の秩序が，外的淘汰または内的（動機）の淘汰によって，どのような人間類型に支配的類型となる最適のチャンスを与えるかという点である（Weber　1988c：517；中村訳：331　訳文は変更した）。

　この一節に限らず，素朴な記述主義とは異なり，ヴェーバーが社会関係を評価するという規範主義的な問題設定の寄与も企てていたと論じることは十分できる。むしろここでは一歩踏み込み，ヴェーバーの比較社会学のパラダイム

は，社会的淘汰・競争・闘争（ギリシャ語でいうアゴン ἀγών）を中核的なメカニズムとして規範主義的に重視していた「アゴノロジー agonology」として整理するべきであると提唱したい [12]。

アゴノロジーとして再構成する立場では，宗教的な理念が伝播し，人間の行為を動かすという素朴な理念決定論をヴェーバーが取っていたとも，彼の立場を理念が次第に合理化していくという素朴な合理化流出論として解釈することもしない。むしろ規範主義と記述主義とを架橋し，かつ規範や文化圏という創発的な場から，個人の生活の場へと架橋するメカニズムとなっているのが，社会的淘汰というメカニズムであったと主張することになる。

このアゴノロジーとしての再構成では，ヴェーバーのいう「文化」とは，以下のような社会的淘汰のメカニズムであったとモデル化することができる。どの文化圏においても社会的淘汰がおきており，支配的な人間類型（エリート）が結果として選別（外的淘汰）される。その途上で，その文化圏のなかでは，行為者が生き残りをかけて，一方で生活上のあらゆる行為を特定の方向の生活態度に一貫させようと実践的に合理化させようとし，他方で，個々の行為の動機から，より首尾一貫した理念的な生活態度へと理論的に合理化しようとする。そして長期的には，生活に関する特定の支配的な規範・理念が，淘汰自体の選別基準として育っていく。そうした淘汰の過程で，選ばれていくエリートたちを導いていた理念と実践は，他の社会階層や人間類型の生活態度にも参照され，場合によっては歪曲されながら伝播していく。

例えば，こうした社会的淘汰・合理化論からすれば，中国文化圏が儒教によって形作られたと単線的な理解は行わない。そこでは科挙官僚層たちが，最終的には支配類型となっていき，その際に選別の指標となっていた生活態度の実践的合理化に最も寄与したのが，他のライバル的思想から淘汰され次第に合理化されていった正統儒学である，と考える。

既に見たように，ヴェーバーは，中国的文化圏の淘汰原理が，氏族重視や，他者・商業への不信という規範を付随的に定着にさせる帰結をもたらしていくと描いた。一方で，西洋近代社会の支配類型は，たえまぬ競争に身を置いたカ

ルヴィニズムや，クウェーカーの理念に一貫して行為しようとした生活態度の持ち主たちとして描かれていた。後者は，初期に政治的に迫害されたがゆえに，経済的な方向に生活をおいやられつつも，それぞれの宗派で独自に合理化された宗教理念が結果としてもたらした生活態度は，資本主義的な淘汰過程に，パラドキシカルに最も適応することになった。一度そうした資本主義的な淘汰過程ができあがったのちは，宗教的な理念は必要なく，一物一価をつらぬき，契約を裏切らないという「信頼」の規範にそった経済的行為者が勝ち残るようになっていく。

　アゴノロジー的に解釈するならば，ヴェーバーが，信頼の規範の伝播プロセスとして想定したのも，こうした社会的淘汰のメカニズムであると説明することになる。元々はクウェーカーを中心として商業的な信頼を獲得するように生活態度の合理化がなされていった。こうした宗教的な信頼の規範は，やがては近代資本主義の下で淘汰されるべき人間像に組み込まれることになった。そしてそうした淘汰について論じることは，単に文化圏の違いを記述する記述主義的な側面を持つにとどまらず，どのようにそこで淘汰される人間類型を評価すれば良いのかという，規範主義的な含意もあった，と解釈することになる。

4．信頼の合理化の行方——扉的信頼 gated trust・橋的信頼 bridging trust——

　この小エッセイでは，ジンメルとヴェーバーの信頼論を，その本来のコンテクストに遡りつつ再構成してきた。ジンメルにせよヴェーバーにせよ，その問題の根底にあったのは，19世紀から20世紀にかけてドイツで進行しつつあった，巨大な変化であった。

　ジンメルの場合も，その信頼論は，本来は「秘密」との関係で問題にされ，信頼についての相互作用の広がりが，文化的な客観化という形で総括される貨幣社会化・都市社会化への応答として捉えられていた。他方のヴェーバーの信頼論では，封建的な社会的秩序から，とりわけ資本主義的な淘汰の浸透によ

る，近代的な社会秩序への移行が問題となっていた。ヴェーバーの信頼論は，近代的な社会的淘汰の原理の 1 つに組み込まれることになった「信頼する／される人間類型」を淘汰する原理を，クウェーカーの理念に遡ることで理解しようとする半ば規範論的な試みであった。

　こうしたドイツ社会の 20 世紀初頭の問題状況ではぐくまれた古典的パラダイムは，今日の私たちの社会状況を考える上で何を投射しうるだろうか。ジンメル風に言えば，信頼の進化の行方はどう向かっていくのか。ヴェーバー風に問うならば，世界各地を襲う，その巨大な社会的変化がもたらす社会的淘汰は，いかなる支配的類型を生み出すのか。そして今後の生活態度の合理化の下では，「信頼」はどのように規範化されるのか。これはもとより明確な見通しのつく問題とはいえない。とはいえこの小エッセイを結ぶにあたって，信頼規範の社会学的な探求が進むべき道について，あえてジンメル風に寓喩（アレゴリー）を語ることにしたい。

　21 世紀初頭の社会的状況を語る上で欠かすことのできないものは，冒頭でも述べたが，やはりグローバル化であろう。グローバル化や情報化は，多文化の接触や共生という側面と，全く逆に，格差と隔離の進行という 2 つの顔を持っている。こうした両側面のうち後者の側面は，ヨーロッパやアメリカなどでとりわけ顕著となってきている。

　社会学者ホークシルドは，アメリカを分断することになった 2016 年の大統領選の前に，アメリカの民主党有利の Blue States から，南部・中西部の共和党支持層の Red States 地域へと移り住み，その住民を理解しようとした（Hochschild　2016）。そこで彼女が語ったのは，"empathy wall" という表現である。赤と青の，もはや容易に相互に同感し合えないほどに進行した分断を描くために比喩的に用いられた「壁」という言葉は，奇しくも大統領選挙で勝利するトランプ氏のスローガンとなっていた。

　世界の地理的境界が消失・変容し，様々な情報メディアにより世界が結合することが語られる一方で，同年の英国でおきた EU からの離脱を決める国民投票，いわゆる Brexit に象徴されるように，「壁」による隔離や分断が語られ

るのが 21 世紀的状況と仮定するならば，信頼をめぐる相互作用や社会的淘汰
は，どのような方向に進化・合理化されうるのか。

　ここで想起されるのは，ジンメルの「橋と扉」というアレゴリーである。

　　　人間は，事物を結合する存在であり，同時にまた，つねに分離しないでは
　　　いられない存在であり，かつまた分離することなしに結合することのでき
　　　ない存在である。だからこそ私たちは，二つの岸という相互に無関係なた
　　　んなる存在を，精神的にいったん分離されたものとして把握した上で，そ
　　　れをふたたび橋で結ぼうとする。そして同じように人間は境界を知らない
　　　境界的存在である。扉を閉ざして家に引きこもるということは，たしかに
　　　自然的存在のとぎれることのない一体性の中から，ある部分を切り取るこ
　　　とを意味している（Simmel　2001：60-61；訳：100）。

　人間は分離を把握しながら結合する一方，人間は自然には境界がないところ
を分離し，隔離された一体性のある存在を作り出す。そして扉でだけ，境界の
内と外とが結合しうる可能性を残す。この含蓄に満ちたアレゴリーは，信頼を
めぐる規範が進化・合理化する行方についての，2つの未来を想起させるもの
になっている。一方は，分離を結合する「橋的信頼 bridging trust」であり，
他方は結合を分離する「扉的信頼 gated trust」である。

　大胆に語るならば 20 世紀末までの「信頼」の理想的イメージは，およそ
「橋的信頼」であったのではないか。近年の信頼研究の大流行に影響を与えた
1 人であるパットナムは，そのベストセラー *Bowling Alone* のなかで，トック
ヴィルの描き出した古きアメリカにそなわっていた人間関係のネットワークの
蓄積である社会（関係）資本 social capital が失われてきた結果，経済や政治
が機能しなくなっていると告発する。パットナムは，社会資本を，接着結合的
な社会資本 bonding social capital と橋渡し的な社会資本 bridging social
capital に類型化する（Putnam　2000：22-23）。前者の接着結合的な社会資本
は，より均質な集団のなかで見られる人間関係の成果であり，特定の互酬的関

係や連帯の強化に役立つ。後者の橋渡し的資本は，異質な集団間をつなぐような人間関係の成果であり，より広範囲な社会資本の蓄積には欠かせない。パットナムは，この両者は，相互排他的なものではなく両立しうると述べ，かつ接着結合的な社会資本の重要性も否定しない。だが，やはり橋渡し的な社会資本が現代社会にとって重要であると述べる。

橋的信頼は，分離された他者との社会的関係を把握した上で，なおも結合に賭けようとする信頼である。これはパットナムのいう，橋渡し的社会資本と全く同じというわけではないかもしれない。橋渡し的な社会資本は，薄い関係であろうとも，むしろ既知の人間関係を前提とする。橋的信頼は，そもそも分断された境界の外への架橋を企てる信頼である。

こうした架橋的な信頼の理想は，ますます現実味を失いつつある。ウスラーナーが述べるように，隔離はさらに新たな不信を生み出す（Uslaner 2012）。現実にアメリカなどで進行するのは，空間的・地理的な隔離である。パットナム等が *American Grace* で指摘するのは，アメリカでは，宗教的な信仰，支持政党，学歴などによる分断線が地理的な境界と一致しつつあるという現象である（Putnam, Campbell 2010）。つまり，住民が自分と同質な住民を求めて自主的に移住するという，かつて人種の分断の際に起きた事態が，信仰・支持政党などを指標に各地で進行しているというのである。

同時に20世紀末頃より，経済的・教育的格差の激しい社会，とりわけアメリカ合衆国や南米などで観られる都市現象に，ゲーティッド・コミュニティ gated communities の出現というものがある（Blakely, Snyder 1997）。コミュニティ全体を壁で囲み，経済的・文化的に違う階層を排除して，住人だけのための快適で安全な空間を作り出す。格差の拡大にともない，「壁」と「扉」こそが時代のシンボルになっていくことは，十分に考えうる。

そうした世の中で進化していくのは，扉的信頼であろうか。扉的信頼は，人間全般への不信ではなく，境界の外への不信である。氏族的・封建的にみられた氏族外への普遍的な不信の復活ではなく，あくまで人間関係に境界を設定し，境界のなかに存在する他者との間にだけ交わし合う新たな信頼，それが

21世紀的な信頼の進化形なのかもしれない。

> 扉はまさに開かれうるものであるがゆえに，それがいったん閉じられる
> と，この空間の彼方にあるもの全てに対して，たんなるのっぺりとした壁
> よりもいっそう強い遮断観を与える（Simmel　2001：58；訳：95）。

ジンメルの語る扉は，ある意味で，壁よりも遮断の意図を示す。ただ扉的信頼に私たちは絶望しないといけないかというと，そこは必ずしもそうではない。

> たしかに扉によって形のない境界は一つの形態となったが，しかし同時に
> この境界は，扉の可動性が象徴しているもの，すなわちこの境界を越え
> て，いつでも好きなときに自由な世界へとはばたいていけるという可能性
> によってはじめてその意味と尊厳を得るのだ（Simmel　2001：58；訳：95）。

近代資本主義社会の社会的淘汰が作られていく過程で重要な影響を持ったとしてヴェーバーが特筆した存在に，さきほど述べたクウェーカーがあった。しかし彼が，他の文化圏にはみられない信頼のモデルを提供したと考えるクウェーカーの出発点は，まさに扉的信頼であった。彼らは，ヴェーバーの立論にもあったように，当初は信者以外に対し強い不信を抱いた。他のプロテスタント諸派も信頼せず，信徒の子供だけのための学校を作って教育しようとした。

そしてクウェーカー同士の信頼のネットワークを重視するあまり，相互監視し，違反者に破門を繰り返していった。しかし当初は，外部への極度の不信という意味で，むしろ扉すらない壁のなかだけのような信頼規範を持っていたクウェーカーも，信者の経済的な成長とは裏腹に，信者が減少していくという事態に直面した。そして結局は「扉」を開ける方向になる。当初は，信者の子供のために開いた学校なども外部に開放し，積極的にフィランソロピーにはげむ

ことになる（Walvin　1998：29-41）。

　扉的信頼である限りは，信頼であって不信を選択することではない[13]。そこには扉があり，扉が開かれる可能性は常にある。

1）言うまでもなく，過度の一般化はできない。デュルケム的な機能論を踏襲して「信頼」の全体像を構築しようとした試みとしてはシュトムプカのものもあるし（Sztompka　2006），そもそもの信頼についての研究ブームを起こしたきっかけともいえる，フクヤマの信頼論（Fukuyama　1995）も，彼独自の解釈とは言え，ヴェーバーの方法論や宗教社会学に寄り添おうとして論が展開されている。

2）ジンメルの信頼は，他にも，信頼が純粋に知識に基づくとは言えない類型もあることに適切に目配りする。「信頼にはなおいまひとつ別の類型がある。それは知識と無知の彼方にあるため，現在の関連にはたんに間接的にのみ関係するにすぎない。すなわちそれは，他者への人間の信用 Glauben と呼ばれ，宗教的な信仰のカテゴリーに入る」（Simmel　1992：393-394；訳：360）。

　　信頼の基底にあるのが，純粋に意識的（合理的）なものか，それとも意識や思考によっては制御し得ない，いわば情動や記憶のメカニズムによるものなのか。そうした根本的な精神メカニズムにまで問題を深化させる思考の先進性には脱帽せざるをえない。

3）ジンメルの相互作用論と，表面的には似ているゴッフマンの以下のような視点との違いもここにあろう。ゴッフマンは，「事件とよぶべきものが何も起きていなくても，どちらにしろ目の前にいる人々同士は，お互い同士を目で追跡 trace しており，しかも自分自身が［他者にとって］追跡可能 traceable となるように行為している」（Goffman　1981：103）。

　　こうした人間モデルは，ジンメルが想定した他者の信頼性を観察し，他者からも自らの信頼性を観察されている近代的人間像とほぼ重なる。だがゴッフマンの時点では，そうした追跡がもはや内面化していることが前提となっているが，ジンメルが問題にしたのは，まさしくこうした人間の出現（と変化）をもたらしうる巨大な相互作用の網である。

4）この議論は，1995年に発表されたフクヤマの信頼論のベースになっていると言って良い議論である。フクヤマは，儒教的な残滓の残る中国にくらべ，日本やドイツは，（彼の言う）ヴェーバーの議論で描かれたプロテスタント的な高信頼社会となり，それが資本主義の高度成長の展開を可能にしたと論じる（逆に，アメリカなどはそうした高信頼を失いつつある危機にあると論じる）（Fukuyama　1995）。この議論は，後の信頼の比較社会学のブームを引き起こす一つの重要な契機になった作品ではあるが，フクヤマの日本論が，この低成長・高齢化の進行する日本の今日的状況を考えるための経験的な記述の上で，いまだ重要性を有しているかは，この小エッセイでは問題にしない。

5) ヴェーバーの多用する動的・パラドキシカルな社会変動について入門的に記した
ものとしては，（矢野 2017）を参照されたい。

6) この点についての簡単でまとまった記述としては,（矢野 2008）を参照されたい。

7) クウェーカーの経済的・科学的にいかに驚くべき足跡を残したかついて，近年の
歴史的研究でまとまったものとしては,（Raistrick 1993, Walvin 1998）が詳
しい。

8) 社会学史的には興味深いことに，明治初期の日本の商人の信頼性の低さについて
は，ヴェーバーと同時代の米国の初期の社会学者であるサムナーも，その最も有
名な著作*Folkways*にて取り上げている。サムナーは，「日本と商業的または金融
的な取引があるものは，そうした取引において日本人は不正直で，ずるいと報告
する。そうした傾向を「改革」できなければ，近い将来の発展に重要な帰結もも
たらされるであろう」と述べている（Sumner 1906：73）。もちろんサムナーの
場合は，ヴェーバーのように留保をつけてではなく，伝聞を事実であるかのよう
に述べている。それだけでなく，同じ 19 世紀末から 20 世紀初頭の社会学であり
ながら，スペンサー的な単線的な社会進化の固定観念を逃れることができていな
い。サムナーは，スペンサー主義同様，国家による社会的改革の可能性を否定し
ようとし，明治維新による日本社会の変容が，彼の立論への反例となるかという
ことだけで問題設定を閉ざしてしまい，信頼についての一般的な考察には向かう
ことができなかった。

9) その筆頭といえるのは，ハーディン等であろうか。ハーディンは，信頼を，「内
包された利害関心 encapsulated interest」ととらえ，個人の対人的な相互作用に
限って問題にする。そこでは，信頼は個人の対人関係についてのみ問題にされる。
「私たちが，あなたたちを信頼するのは，あなたたちが私たちの利害関心を真剣に
受け止め，あなたたちの利害関心の中に，私たちの利害関心を内包している，と
私たちが考えるからだ」。（Cook, Hardin, and Levi 2009：5；Hardin 2006）彼
のグループは，不信を社会的な問題とみるよりは，むしろ期待を裏切る他者に対
しての判断能力が向上したからだと考え，対人的な信頼の必要とする範囲が，現
代社会では後退していること自体は全く問題でないと考えようとする。不信より
も信頼を規範的により望ましいものと鵜呑みにする視点への解毒剤とはなるが，
比較社会の可能性がきわめて乏しい枠組みとなってしまう点もいなめない。

10) ウィンチによる社会科学の哲学の古典的な批判がこの点で参照されるべきであろ
う（Winch 1990）。例えば（サッカーなどの）ゲームを，ルールなどの概念を用
いることなく，行動の素朴な記述を積み重ねることだけで意味のある説明をもた
らしうるであろうか。こうした批判を，還元主義は克服できるか。
　社会心理学者の山岸も，個人の選択行動に信頼問題を還元しようとするアプロー
チを取る。彼は，信頼を相手の意図に対する期待と限定し（山岸 1998：37），主
に日米の大学生を対象にした社会心理学的な実験を通して，日本の大学生には，
他者への信頼と，他者を信頼する際に必要な社会的知性がはぐくまれていないと
いう分析をする。そこから山岸は，日本が安心社会から信頼社会へ移行する必要

性を説く。ただ，そうした移行の鍵として，教育機関などの制度的存在や学歴などの淘汰過程を結論で述べる点は（山岸　1999：236-237），本人の意図はともかく，結論はすこぶるデュルケム，ヴェーバーに近づいている。

　社会学の伝統的な流れを引き継ごうとする視点からは，あいかわらず信頼がいかに創発的に構成されているかを問題にせざるをえない。例えば（Seligman　2000）など参照。

11）とりわけ（Hennis　1987）以降。ヘニスのヴェーバー論は，ヴェーバーとニーチェの思想的近似性を描き出すことに偏りがちだが，この一節を含め，ヴェーバーの淘汰論の重要性を再認識させた点は重要な功績である。

12）アゴノロジーとしてヴェーバーを解釈する立場の詳細については，別稿に譲りたい。こうした視点は，部分的には，前注でのヘニスと，あるいは晩年のランシマンによる社会的・文化的淘汰論からするヴェーバー解釈とも共通する（例えば（Runciman　2005）参照）。

13）「信頼は，不信の可能性あることを知っていて不信を拒絶した際にのみ，機能的な価値を持つ」（Luhmann　1984：179-182）。

参 考 文 献

Blakely, Edward J., Mary Gail Snyder. 1997. *Fortress America: Gated Communities in the United States*. Washington, D.C.: Brookings Institution Press.

Coleman, James Samuel. 1990. *Foundations of Social Theory*. Cambridge, Mass.: Belknap Press of Harvard Univ. Press.

Cook, Karen S., Russell Hardin, and Margaret Levi. 2009. *Cooperation without Trust?* New York: Russell Sage Foundation.

Fukuyama, Francis. 1995. *Trust: The Social Virtues and the Creation of Prosperity*. London: Hamish Hamilton.

Goffman, Erving. 1981. *Forms of Talk*. Philadelphia: University of Pennsylvania Press.

Hardin, Russell. 2006. *Trust*. Cambridge, U.K.: Polity.

Hennis, Wilhelm. 1987. *Max Webers Fragestellung: Studien zur Biographie des Werks*. Tübingen: J. C. B. Mohr（Paul Siebeck）.（雀部, 嘉目, 豊田, 勝又訳『マックス・ヴェーバーの問題設定』, 恒星社厚生閣. 1991.）

Hochschild, Arlie Russell. 2016. *Strangers in Their Own Land: Anger and Mourning on the American Right*. N.Y.: New Press.

Luhmann, Niklas. 1984. *Soziale Systeme: Grundriss einer Allgemeinen Theorie*. Frankfurt am Main: Suhrkamp.

──. 1989. *Vertrauen: Ein Mechanismus der Reduktion sozialer Komplexität*. (3., durchgesehene Aufl. 1. in 1968 als "Soziologischen Gegenwartsfragen", Nr. 28.), Stuttgart: F. Enke.（大庭健, 正村俊之訳『信頼：社会的な複雑性の縮減メカニズム』, 勁草書房, 1990.）

Putnam, Robert D. 2000. *Bowling Alone: The Collapse and Revival of American Community*. New York: Simon & Schuster.

Putnam, Robert D., and David E. Campbell. 2010. *American Grace: How Religion Divides and Unites Us*. New York: Simon & Schuster.

Raistrick, Arthur. 1993. *Quakers in Science and Industry: Being an Account of the Quaker Contributions to Science and Industry during the 17th and 18th Centuries*.（First published in 1950）York: Sessions Book Trust.

Runciman, W. G. 2005. "Puritan American Capitalists and Evolutionary Game Theory." *Max Weber Studies*, 5.2, pp. 281-296.

Seligman, Adam B. 2000. *The Problem of Trust*. Princeton, NJ: Princeton University Press.

Simmel, Georg. 1992. *Soziologie: Untersuchungen über die Formen der Vergesellschaftung. Georg Simmel – Gesamtausgabe. Bd. 11*（Hg. Otthein Rammstedt. 1. Auflage in 1908）Frankfurt am Main: Suhrkamp.（居安正訳『社会学：社会化の諸形式についての研究』, 白水社, 1994.）

――. 2001. *Aufsätze und Abhandlungen, 1909-1918(Bd. 1). Georg Simmel – Gesamtausgabe Bd. 12*(Hg. Rüdiger Kramme, Angela Rammstedt). Frankfurt am Main: Suhrkamp.（「橋と扉」, 北川東子, 鈴木直訳『ジンメル・コレクション』所収（ちくま学芸文庫）, 筑摩書房. pp.89-100. 1999.）

Sztompka, Piotr. 2006. *Trust: A Sociological Theory*. Cambridge: Cambridge Univ. Press.

Sumner, William Graham. 1906. *Folkways: A Study of the Sociological Importance of Usages, Manners, Customs, Mores, and Morals*. Boston: Ginn and Co.

Uslaner, Eric M. 2012. "Trust, Diversity, and Segregation in the United States and the United Kingdom." In Masamichi Sasaki and Robert Mortimer Marsh. *Trust: Comparative Perspectives*. Leiden: Brill. p.69-97.

Walvin, James. 1998. *The Quakers: Money and Morals*. London: J. Murray.

Weber, Max. 1988a. *Gesammelte Aufsätze zur Religionssoziologie Bd. 1*.（7. Auflage. Ein photomechanischer Nachdruck der 1. Auflage von 1920）. Tübingen: J. C. B. Mohr（Paul Siebeck）.（大塚久雄訳『プロテスタンティズムの倫理と資本主義の精神』（改訳版）岩波文庫, 岩波書店, 1989. 木全徳雄訳『儒教と道教』, 創文社, 1971.）

――. 1988b. *Gesammelte Aufsätze zur Religionssoziologie Bd. 2*.（7. Auflage. Hg. Marianne Weber. Ein photomechanischer Nachdruck der 1. Auflage, 1921）. Tübingen: J. C. B. Mohr（Paul Siebeck）.（深沢宏訳『ヒンドゥー教と仏教』, 東洋経済新報社, 2002.）

――. 1988c. *Gesammelte Aufsätze zur Wissenschaftslehre*（7. Auflage. Hg. Johannes Winckelmann. Ein photomechanischer Nachdruck der 6. Auflage von 1985. 1. Auflage, 1922）. Tübingen: J. C. B. Mohr（Paul Siebeck）.（中村貞二訳「社

会学・経済学における「価値自由」の意味」，出口，松井，中村訳『ウェーバー社会科学論集』所収，完訳・世界の大思想 1，河出書房新社，1982.)

Winch, Peter (1990). *The Idea of a Social Science and its Relations to Philosophy*. (Second Edition. First Edition 1958). London: Routledge.

矢野善郎．2008.「あとがき――ヴェーバーをめぐるさらなる論争への誘い」，橋本努，矢野善郎編『日本マックス・ウェーバー論争：「プロ倫」読解の現在』所収，ナカニシヤ出版．pp.320-340.

――. 2017.「合理化のパラドクス」，友枝敏雄，浜日出夫，山田真茂留編『社会学の力：最重要概念・命題集』，有斐閣．pp. 221-224.

山岸俊男．1998.『信頼の構造：こころと社会の進化ゲーム』，東京大学出版会.

――. 1999.『安心社会から信頼社会へ：日本型システムの行方』（中公新書），中央公論新社.

第 6 章
信頼の構成要素
——人間性への信頼と遵法行動への信頼——

安 野 智 子

　「信頼（trust）」は，取引や協力行動など，私たちの社会的な活動を支えるものとして，社会科学の諸領域において重要な概念として扱われてきた。しかしその概念は複雑であり，定義も研究者によってまちまちである。

　信頼は，基本的には他者の善意，あるいは良き行いに関する期待という意味で用いられるが（Barber 1983, Granville and Paxton 2007），一般的な定義をすることは難しい。対人的な信頼，組織や集団の内部の信頼，政治や制度への信頼など，信頼にはさまざまな側面があり，研究分野や研究者によって論点も異なる。

　ただし社会関係資本（social capital）の議論においては，他者との協力を促進する要素として，不特定多数の他者に対する「一般的信頼（generalized trust）」が重視されてきた。総合的社会調査（General Social Survey）や世界価値観調査（World Values Survey）など，多くの大規模社会調査で用いられているのも，一般的信頼の項目である。

　GSS や WVS などでは，一般的信頼の項目として，「一般的に言って，あなたは，たいていの人は信頼できると思いますか，それとも，用心するにこしたことはないと思いますか」という質問が用いられてきた。選択肢は「ほとんどの人は信頼できる」「用心するにこしたことはない」「どちらともいえない（わからない）」である。この項目で一般的信頼を測定することの妥当性については，選択肢の数（幅）が適切かどうか（e. g. Alwin and Krosnick 1991, Lundmark,

Gilljam, and Dahlberg 2016, Uslaner 2012)，信頼に関連する行動との対応（Glaeser, Laibson, Scheinkman, and Soutter 2000）などの観点から分析されてきた。この項目は広く用いられてきた一方で，一般的信頼が他者のどの側面に対する信頼を測定しているのかは，あまり深く問われてこなかったように思われる。

　本章では，8ヶ国を対象とした国際比較調査により，一般的信頼の3項目とそれ以外の信頼関連項目との関連を分析することによって，一般的信頼の項目が持つ意味を検討する。具体的には，他者の法律遵守に対する期待と人間性に対する期待の2つの側面が，GSSやWVSなどで用いられてきた項目とどのように関連しているかを検討する。

1．信頼の概念とその測定

　Sato（1999）は，信頼研究の流れを，①機能的分析（functional analysis），②心理学的分析（psychological analysis），③合理的分析（rational analysis）の3つに分類している。機能的分析とは，社会における信頼の機能を扱うもので，例としてLuhmann, Barber, Giddens, Putnam, Fukuyamaらの研究があげられる。心理学的分析では，信頼を個人の傾向（特性）ととらえ，協力／非協力の選択を左右するものという観点から研究する。後述する山岸らの研究はその一例である。合理的分析は，他者の行動を合理的に予測する基礎としての信頼に着目するもので，HardinやColemanらの研究が例としてあげられている。2000年代以降は，Putnam的な社会関係資本の議論に，個人特性としての信頼を適用するような研究も増えているが，こうした多様な背景が「信頼」概念の複雑さをもたらしていると考えられる。

　このうち，個人の特性として信頼をとらえるアプローチにおいては，不特定他者全般の人間性に対する「一般的信頼」が注目されてきた。これは，一般的信頼が，信頼される側の特性よりも信頼する側の特性を反映していることによるだろう。高信頼社会とは，一般的信頼が高い個人が多い社会だと考えられ

る。

　ただし（一般的）信頼をどう測定するかは，方法論によっても異なる。実験的研究では，ゲーム上での協力行動などの行動指標として測定されることも多いが，社会調査では質問紙で測定できることを前提としている。

　本プロジェクトの国際比較調査では，一般的信頼に関連する項目が複数含まれているので，本章ではそれらの項目間の関連について検討するとともに，それらの項目が信頼のどの要素に対応しているかを検討する。分析の前に，信頼の概念の多様性について概観しておきたい。

経済的取引および協力行動と信頼

　経済学を中心とする研究においては，経済的取引において取引コスト（transaction cost）を下げる信頼の役割が重視される（例として Bromiley and Cummings　1995）[1]。「私たちが相手を信頼する，あるいは相手が信頼できるというときには，その相手が私にとって利益をもたらす（少なくとも害のない）行動をとる可能性が十分に高く，協力相手として検討できるという含意がある」という Gambetta（1988, 217）の定義がその一例であろう。

　しかし一方で，「（この）相手と協力できる」という単なる予測と信頼は区別するべきという議論もある。たとえば Williamson（1993）によれば，取引において重要だと考えられてきた「信頼」は，コスト・ベネフィットのリスク評価というべきもので，損得評価と無関係な「信頼」とは異なるという。Williamson は，そもそもビジネスにおいては損得評価と無関係な（狭義の）信頼は成り立たないと指摘している（Williamson の議論とそれに対する批判については Bromiley and Harris　2006：131-132 を参照のこと）。経済学者ではないが，Cook, Hardin and Levi（2004）もまた，協力行動に必要なものはインセンティブであって（相互作用で培われる）信頼ではないと論じている。

　Williamson や Cook らの議論は，そもそも信頼をどう定義するかということでもあるが，協力行動の生起には必ずしも人格的な信頼は要しないという指摘は重要と考えられる。相手の善意までは期待しなくとも，規範を共有しているだろうと思えれば，その予想の範囲内での協力は可能だからである。

能力に対する期待と意図に対する期待

　ビジネス上の協力においてはリスク評価やインセンティブが重要であろうが，現実には必ずしも利害に結びつかない協力行動が存在し，我々もまたそれを期待することがある。慣れない場所で道に迷ったとき，見知らぬ人に行き方を尋ねるのは，その人が（知っていれば）正しい答えを返してくれるだろうと善意に期待するからである。相手に関する知識はなく，親切にすることで相手が得られる利益はない状況でも，相手の善意という「意図」を信頼しているということになる。

　山岸らは，信頼の議論において，相手の能力に対する期待と意図に対する期待を区別することが重要であると指摘している（Barber　1983，山岸・山岸・高橋・林・渡部　1995，山岸・小宮山　1995）。このうち，実験ゲームや経済学で用いられてきた信頼の概念に近いのは意図に対する期待であるという。

　たとえば私たちが「あの人は信頼できる」というとき，専門性や作業の遂行能力を意味することもあれば，相手の善意や人格への信頼を意味することもある。山岸らは，能力への期待と相手の意図への期待との違いとして「我々が飛行機に乗る時にはパイロットが十分な能力を持っているであろうと期待している」のに対し，「政治不信の場合には，政治家の能力に不安を抱いているというよりは，政治家が公共の利益ではなく自分の個人的な利益を追求しているのではないかと疑われている」という例をあげている（山岸・高橋・林・渡部　1995：35）。

　実際には，相手の能力に対する信頼／不信が重要になる場面も多いであろう。たとえば経済取引において，相手に十分な資金があるかどうか，良い製品を納品してくれるかどうか，といった能力評価は協力行動を左右するだろう。政治不信においても，政権担当能力の評価は重要なファクターの１つである。ただし能力に対する信頼は，信頼する側の特性というよりも信頼される側の特性に依存する部分が大きいと考えられる。

個別的信頼と一般的信頼

　相手の意図に対する期待はさらに，特定の相手に対する個別的信頼（personalized/

particularized trust) と，不特定他者に対する一般的信頼（generalized trust）とに区別される（e.g.Stolle 2002, Uslaner 2002, 山岸 1998, 山岸・小宮山 1995, Yamagishi and Yamagishi 1994）。

　個別的信頼とは，安定した親密な関係などの個人的な経験に基づいて形成される信頼であり，コミットメント関係を前提としている。これに対して，一般的信頼とは，不特定の他者（あるいは「人間全般」）に対する信頼である。人間一般の善意への期待であり，社会的不確実性の高い状況で，見知らぬ相手との協力を促進する機能を持つとされる。

　そのため，社会関係資本の議論では，一般的信頼のほうがより重視されてきた[2]。たとえば Robert Putnam は，信頼を，互恵性規範やボランタリーなネットワークと並ぶ社会関係資本（social capital）の重要な一要素と位置づけた（Putnam 2000）。Putnam によれば，政治参加や隣人との交際，信頼などから構成される社会関係資本指数（social capital index）が高い地域ほど，教育程度が高く，犯罪率も低い。個別的信頼と一般的信頼の概念は，「結束型（bonding）」および「橋渡し型（bridging）」の社会関係資本に対応させることができる（see Gittell and Vidal 1998, Narayan 1999, Putnam 2000）。

　個別的信頼，一般的信頼の区別に「カテゴリ／アイデンティティに基づく信頼（category-based/identity-based trust）」を加える議論もある（Freitag and Bauer 2013, Kramer, Brewer, and Hannna 1996, Stolle 2002）。カテゴリに基づく信頼とは，「同じ学校の卒業生だから信頼する」「同じ日本人だから信頼する」というような共通の集団アイデンティティによる信頼である。カテゴリに基づく信頼は，たとえ直接の知り合いではなくとも特定の他者に対する信念という点で，個別的信頼に類似した概念と考えられる（山岸 1998）。

　なお，個別的信頼は，信頼する側・される側の関係性とともに，（能力に対する信頼と同様に）信頼される側の特性にも依存する部分が大きい。信頼のこうした側面は，信頼性（trustworthiness）として，信頼（trust）とは区別する必要がある。たとえば Hardin は，信頼（trust）と信頼性（trustworthiness）がしばしば混同されてきたことが信頼概念の複雑さをもたらした一因であると指摘し

ている。

信頼と安心

「信頼」とは「相手は自分を搾取しないだろう」という相手の人格に対する期待であり，社会的不確実性の高い状況では，これが協力行動の基盤の１つとなる。しかし社会的不確実性が低い状況においては，相手の善意を前提としなくとも，コミットメント関係が協力を保証する（山岸　1998，1999）。たとえば人口流動性の低い社会において，コミュニティの中の他者を裏切れば，社会的に行き場を失ってしまう。こうした社会的な拘束力（監視システム）が存在する場合には，相手の善意を期待する必要はない。山岸は，「裏切ることは相手にとって損だから裏切らないだろう」というような，相手の自己利益（に関する情報）に基づく期待を「安心（assurance）」と呼んで，相手の人格に基づく期待である「信頼」と区別した（山岸　1998）。

山岸によれば，「安心」は，社会的な不確実性を低減させるために，特定の相手と長期的なコミットメントを築くような社会の行動原理である。コミットメント関係による安心があれば，相手の人間性への信頼がなくとも協力は可能であるが，コミットメント関係にない相手との協力は起きにくい。山岸は，安心社会の例として日本，信頼社会の例としてアメリカをあげ，日本の大学生は，監視がない状況ではアメリカの学生より協力行動が少なかったことを報告している。

以上，一般的信頼を中心とする信頼の概念について概観した。少々大まかなまとめにはなるが，より狭義でとらえた場合の「信頼」は，相手の人間性への信頼であって，「取引や協力の相手として必要な規範や利害を共有できている」あるいは「こちらの期待に応えられる能力がある」というような期待とは区別される。一方で，狭義の信頼がなくとも，「規則は守ってくれるだろう」「内心はともかく行動としては自分を裏切らないだろう」という期待さえあれば，協力行動は可能だともいえる。

一般的信頼の測定

GSS や WVS などで用いられている一般的信頼の項目として，「一般的に

言って，あなたは，たいていの人は信頼できると思いますか，それとも，用心するにこしたことはないと思いますか」という質問が用いられてきた。選択肢は「ほとんどの人は信頼できる」「用心するにこしたことはない」「どちらともいえない（わからない）」である。

　二択よりも選択肢の幅を持たせたほうが良いという観点（例として Alwin and Krosnick, 1991；Krosnick and Fabriger, 1997）から，7件法や11件法などの幅で回答を求める調査票も出てきている一方，従来型の二件法（あるいは三件法）の選択肢のほうがよいという知見もある（Lundmark et al., 2016；Uslaner, 2012）。

一般的信頼の規定要因

　それでは，一般的信頼はどのような要因によって規定されるのであろうか。

　大﨑・坂野（2016）は，一般的信頼の規定要因に関する過去の研究は，「アソシエーション参加説」「制度信頼説」の2つに分類できるとしている。アソシエーション参加説とは，Putnam（2000）のソーシャル・キャピタル論にみられるような，ボランタリーな集団への参加が信頼を醸成するという議論である。一方，制度信頼説には，国によって監視と制裁が公正に行われているという制度信頼が一般的信頼を高めるという議論（Levi 1988），あるいは国による包括的なサービスの存在が，不公平感による非協力的行為を抑制することが一般的信頼を高めるという議論（Freitag and Bühlmann 2009, Rothstein and Stolle 2008）の2つがあるという（大﨑・坂野 2016：21）。

　大﨑らによれば，アソシエーション参加説と制度信頼説のどちらの説明力が高いかは，Inglehart and Welzel（2005）による価値体系の変化に依存する。大﨑・坂野（2016）は World Values Survey および Eurobarometer のデータに基づき，①前工業社会に分類される国では，一般的信頼に対する2要因の規定力はほぼ同等であること，②工業社会およびポスト工業社会に分類される国ではアソシエーション参加よりも制度信頼の影響が大きいことを示している。

本研究の関心

　本章では，以上の議論に基づき，一般的信頼の項目が測定している「信頼」

の意味を検討する。

　前述のとおり，広義の信頼相手の人間性に対する信頼と，相手の協力行動（あるいは規範意識）への期待とは，概念的に区別される。以降の分析では，国際比較調査で広く用いられている一般的信頼の項目と，本プロジェクトの調査に追加されている信頼関連の項目（他者の人間性や規範意識に関する4件法の5つの質問）との関連，および信頼の規定要因を対象国別に検討することで，信頼概念の意味と項目の妥当性を検討したい。

2．デ　ー　タ

　本研究で用いるデータは，「信頼感の国際比較」プロジェクト（代表：佐々木正道）による8ヶ国の国際比較調査である。調査対象国としては，世界価値観調査（World Values Survey）を参考に，信頼感が比較的高い国としてアメリカ，ドイツ，日本，台湾，フィンランド，信頼感が中程度の国としてロシア，チェコ，信頼感が比較的低い国としてトルコが選ばれた。調査時期や標本抽出法，サンプルサイズなどの概要は表6-1に示すとおりである。なお，これらの調査の調査票および単純集計は，佐々木正道編著（2014）の付録を参照されたい。

表6-1　8ヶ国国際比較調査の概要

調査国	調査時期	標本抽出法	N
アメリカ（US）	2008年11-12月	クオータサンプリング（100地点）	1008
日本	2008年10月	層化二段無作為抽出（130地点）	924
台湾	2009年10-11月	クオータサンプリング（138地点）	981
ドイツ	2009年4-5月	ADM Master sampleによる層化多段無作為抽出（153地点）	1007
ロシア	2009年2月	クオータサンプリング（140地点）	1600
トルコ	2010年1-2月	クオータサンプリング（86地点）	1007
チェコ	2009年9月	クオータサンプリング（184地点）	981
フィンランド	2012年5月	クオータサンプリング（87地点）	881

　出所：Sasaki　2014b：258-259を基に筆者が作成。

3．分　析　結　果

3.1　一般的信頼に関する項目

　本研究のデータでは，一般的信頼に関連する項目として，次の3項目が含まれている。これらの項目は，General Social Survey や World Values Survey など，社会調査で広く用いられているものである。

問6　たいていの人は，他人の役に立とうとしていると思いますか，それとも自分のことだけを考えていると思いますか。（Would you say that most of the time people try to be helpful, or that they are mostly just looking out for themselves?）
　　　1　他人の役にたとうとしている
　　　2　自分のことだけを考えている
　　　8　その他
　　　9　わからない

問7　他人は，機会があれば，あなたを利用しようとしていると思いますか，それともそんなことはないと思いますか。（Do you think that most people would try to take advantage of you if they got the chance, or would they try to be fair?）
　　　1　他人は機会があれば自分を利用しようとしていると思う
　　　2　そんなことはないと思う
　　　8　その他
　　　9　わからない

問8　あなたは，たいていの人は信頼できると思いますか，それとも，用心す

るにこしたことはないと思いますか。（Generally speaking, would you say that most people can be trusted or that you can't be too careful in dealing with people?）

　　1　信頼できる
　　2　用心するにこしたことはない
　　8　その他
　　9　わからない

以上３項目の回答分布は表6-2に示すとおりである[3]。

　まず問６について見ると，「他人の役に立とうとしている」という回答は，調査対象８ヶ国の中ではアメリカで最も高く（57.9%），次いで台湾（47.4%），ドイツ（44.4%），日本（29.4%），フィンランド（25.5%），ロシア（23.1%），チェコ（19.3%）と続く。最低はトルコの13.3%である。

　次に問７で「他人は機会があれば自分を利用しようとしていると思う」という回答は，トルコ（82.5%），ロシア（55.9%），チェコ（51.9%），ドイツ（41.7%），アメリカ（40.4%）と続き，日本（30.7%），フィンランド（29.7%），台湾（29.1%）では３割前後である。

　問８「たいていの人は信頼できると思いますか，それとも，用心するにこしたことはないと思いますか」は，一般的信頼の測定にもっとも広く用いられている項目である。「信頼できる」という回答は，フィンランドが53.5%でもっとも多く，次いでアメリカ（44.9%），ドイツ（35.3%），ロシア（28.1%），日本（26.9%），チェコ（22.3%），台湾（20.9%），トルコ（9.9%）の順となっている。

　興味深いことに，これらの３項目は，必ずしも強い関連がみられるとは限らないようである。たとえばアメリカでは，問６で「たいていの人は，他人の役にたとうとしている」という回答が57.9%と８ヶ国中最大であるが，問７で「他人は機会があれば自分を利用しようとしている」という回答も40.4%に達している。アメリカでは問８で「一般に人は信頼できる」という回答も多く，

「他人の悪意も認識しているが信頼もしている」という状態であるようだ。

　これに対して日本では，問 6 で「たいていの人は，自分のことだけを考えている」という回答が 61.3％に達する一方で，問 7「他人は機会があれば自分を利用しようとしている」と感じる人は 30.7％と，8 ヶ国の中では低い水準である。この結果をみる限り，「日本人は他者を信頼しない」というよりも「他人の善意は期待しないが，悪意もそれほど予想しない」という傾向にあるとみられる。

　フィンランドも，「たいていの人は自分のことだけを考えている」が69.9％，「他人は機会があれば自分を利用としている」は 29.7％と，問 6・問 7 の 2 間については日本と同様の傾向がある。しかし問 8 を見ると，日本では「たいていの人は信頼できる」という回答が 26.9％であるのに対し，フィンランドでは 53.5％が「信頼できる」と答えており，これは 8 ヶ国中最多である。

　台湾では，問 6 で「他人の役に立とうとしている」が 47.4％，問 7 で「他人は機会があれば自分を利用としている」が 29.1％でありながら，問 8 で「たいていの人は信頼できる」という回答は 20.9％しかなかった。

　他方，トルコのように，この 3 問で一貫して低信頼傾向を示す国もある。

　佐々木 (2014a) は，これら 3 項目の関連性について，国ごとにコレスポンデンス分析を行い，この 3 つの質問を，各国共通の信頼感尺度として用いることは難しいと結論づけている。

表6-2　一般的信頼に関する項目（表中の数字は％）

問6　たいていの人は，他人の役に立とうとしていると思いますか，それとも自分のことだけを考えていると思いますか。

	アメリカ (N=1008)	日本 (N=924)	台湾 (N=1005)	ドイツ (N=1007)	ロシア (N=1600)	トルコ (N=1007)	チェコ (N=981)	フィンランド (N=881)
他人の役に立とうとしている	57.9	29.4	47.4	44.4	23.1	13.3	19.3	25.5
自分のことだけを考えている	38.6	61.3	47.3	49.6	71.4	83.0	74.0	69.9
その他	1.6	2.1	0.0	1.7	0.5	0.9	4.3	0.0
わからない	1.9	7.3	5.4	4.4	5.0	2.8	2.4	4.5

問7　他人は，機会があれば，自分を利用しようとしていると思いますか，それともそんなことはないと思いますか。

	アメリカ (N=1008)	日本 (N=924)	台湾 (N=1005)	ドイツ (N=1007)	ロシア (N=1600)	トルコ (N=1007)	チェコ (N=981)	フィンランド (N=881)
他人は機会があれば自分を利用しようとしている	40.4	30.7	29.1	41.7	55.9	82.5	51.9	29.7
そんなことはないと思う	55.7	59.4	50.9	47.7	31.0	11.4	28.0	65.0
その他	1.0	1.8	0.0	0.5	0.6	0.8	4.5	0.1
わからない	3.0	8.0	20.0	10.1	12.5	5.3	15.6	5.1

問8　あなたは，たいていの人は信頼できると思いますか，それとも，用心するにこしたことはないと思いますか。

	アメリカ (N=1008)	日本 (N=924)	台湾 (N=1005)	ドイツ (N=1007)	ロシア (N=1600)	トルコ (N=1007)	チェコ (N=981)	フィンランド (N=881)
信頼できる	44.9	26.9	20.9	35.3	28.1	9.9	22.3	53.5
用心するにこしたことはない	52.3	68.2	76.2	57.6	66.8	87.4	71.6	44.3
その他	0.6	0.9	0	1.1	0.8	0.3	2.3	0.3
わからない	2.2	4	2.9	6.1	4.4	2.4	3.8	1.9

3.2　人間性への信頼と規範の内面化への信頼

「信頼感の国際比較」プロジェクトでは，一般的信頼の3項目に加え，他者の人間性や法律の遵守への信頼に関する項目が含まれている。

問9　これから読み上げる5つの考え方について，あなたはどう思いますか。この中からお答えください。

　　（1）まず，「たいていの人は他人から信頼された場合，同じようにそ

の相手を信頼する」という考え方についてあなたはどう思いますか。

(2) では，「たいていの人は見つからなければ，料金を支払わないで映画館などに入る」という考え方についてあなたはどう思いますか。

(3) では，「たいていの人は，良心に照らしてというよりも，罰せられることを恐れて法律を犯すことをしない」という考え方についてあなたはどう思いますか。

(4) では，「自分が信頼されていると感じている人は，それを裏切るようなことはしない」という考え方についてあなたはどう思いますか。

(5) では，「たいていの人は，生まれつき善人だと思う」という考え方についてあなたはどう思いますか。

　(1)〜(5) の5項目の回答分布は図6-1-1〜図6-1-5に示すとおりである。

　まず，(1)「たいていの人は他人から信頼された場合，同じようにその相手を信頼する」について，「強く賛成」という回答は，トルコ (41.7%)，ロシア (39.4%)，アメリカ (38.2%)，フィンランド (38%) で多い。「強く賛成」「賛成」を合わせると，チェコを除く7ヶ国で8割から9割が肯定的な回答を示しており，信頼の互酬性はほとんどの文化でみられる傾向と言えそうである。同じく互酬性に関する (4)「では，自分が信頼されていると感じている人は，それを裏切るようなことはしない，という考え方についてあなたはどう思いますか」について見ると，「強く賛成」という回答は，フィンランド (61.1%)，ロシア (55.8%)，トルコ (55.4%)，アメリカ (54.6%)，チェコ (52.2%) で5割を超えているが，日本 (25.0%) と台湾 (17.8%) では少ない。ただし「賛成」まで含めると，肯定的な回答は日本や台湾でも7割を超える。

　次に，(2)「たいていの人は見つからなければ，料金を支払わないで映画館などに入る」を見ると，「強く賛成」という回答は，トルコ (51.9%)，チェコ

（36.2％），アメリカ（33.2％），ロシア（33.1％）で３割を超えている。この設問で特徴的なのは日本で，回答者の８割が否定的である。これは日本の治安の良さを反映していると思われる。同様に（3）「たいていの人は良心に照らしてというよりも罰せられることを恐れて法律を犯すことをしない」では，「強く賛成」がトルコ（49.7％），チェコ（33.5％），ロシア（32.5％）の順で多い。興味深いことに，この設問でも，日本は「強く賛成」が13％，「賛成」まで含めても８ヶ国中最低である。あくまでも８ヶ国内の相対比較ではあるが，日本人は法律や規範を内面化している傾向が相対的に強いことが推測できる。

（5）「たいていの人は，生まれつき善人だと思う」に「強く賛成」する人の割合は，フィンランド（47.7％），トルコ（47.4％），ロシア（40.5％），アメリカ（39.5％）の順で高く，チェコ（8.9％）で低い。

これらの５項目を用いて因子分析（最尤法，プロマックス回転）を行ったところ，８ヶ国すべてで２因子構造が見いだされた（表6-3）。第１因子は，項目（1）（4）（5）の負荷量が大きく，「人間性への信頼」を示す因子と考えられる。第２因子は，項目（2）（3）の負荷量が大きく，「相手が法律を守ることへの期待」を示す因子と考えられる。これは，規範を共有しているという期待に近い可能性がある。なお，これら２因子の相関はどの国でも高くない。

3.3　人間性への信頼因子および規範の内面化因子の規定要因

次に，２つの因子得点（「人間性への信頼」および「規範の内面化」）を従属変数とするOLS回帰分析を行った（表6-4-1～表6-4-8）。調査対象国が８ヶ国しかなく，含まれている変数も微妙に異なるため，本章ではマルチレベルの分析ではなく，まず国別の分析を行うこととする。なお，表中の「規範の内面化」因子得点については，因子得点をそのまま用いているため，点が高くなるほど，監視がなければ他者が法を守らないと考えていることを意味している。

説明変数は以下のとおりである。

① 性別：男性＝1，女性＝2

② 年代：20歳から５歳刻み，最大値は70歳以上

③　学歴：大学卒業＝ 1，その他＝ 0

④　生活水準：「お宅の現在の生活程度は，世間一般からみて，この中のどれに属すると思いますか」上〜下の 5 件法

⑤　配偶者の有無：配偶者あり＝ 1，なし＝ 0

⑥　職業：職業カテゴリから，自営・家族従業ダミー変数，被雇用者ダミー変数を作成。参照カテゴリは無職。

　　なお，フィンランドでは調査項目に職種の変数が含まれていなかったため，かわりに「フルタイム勤務」「パートタイム勤務」を用いた。

⑦　家族以外で親しい人数 [4]（同居の家族以外の人で，個人的に親しい人）。個人的な人間関係が信頼を醸成すると考えられるためである。

⑧　信頼している人言及数：「誰を信頼していますか（MA）」という設問で，次のカテゴリのうち，言及のあった者を単純加算。「親・祖父母」「配偶者・パートナー」「子ども」「兄弟姉妹」「友人」「恋人」「仕事仲間」「親戚」「隣近所の人」。「その他」「誰もいない」「わからない」については除外した。「誰から信頼されていますか」についても同様に尋ねているが，信頼されている人数（正確にはカテゴリ数）と信頼している人数との相関が 0.8 を超えたため，分析では「信頼している人数」だけを投入した。

⑨　信仰の有無：「信仰・信心を持っている」を 1，「持っていない」を 0 とした。

⑩　参加団体数：ボランタリーな組織への参加が信頼を醸成するという社会関係資本の議論に基づき，参加団体数を独立変数として加えた。「あなたは，現在，何らかの組織やクラブに所属していますか」という設問で，所属団体として言及されたものを単純加算した [5]。正確には，参加団体数というよりも参加団体のジャンルの言及数である。

⑪　政治信頼：制度信頼モデルに基づき政治信頼の変数を投入した。政治信頼は，「政府への信頼」「地方行政への信頼」「議会への信頼」（それぞれ 4 件法）を単純加算したものを用いた。トルコとチェコについては「地方行政への信頼」「議会への信頼」が含まれていないため，「政府への信頼」1 項目で代用

した。

結　　果

　国別の OLS 回帰分析の結果は表 6-4-1 から表 6-4-8 のとおりである。なお，VIF の値はすべて 2 未満であり，多重共線性の問題は生じていなかったと考えられる。

　アメリカでは，年齢が高いほど，所属団体数（カテゴリ数）が多いほど，家族以外の親しい人の人数と，信頼している人が多いほど，対人信頼が高い。また，集団参加と政治信頼もともに対人信頼にプラスの効果を持っていた。一方，規範の内面化の期待については，年齢，信頼している人の数，集団参加が有意であった。したがって，アメリカサンプルでは，対人信頼において，アソシエーション参加説と制度信頼説がともにあてはまる一方，規範の内面化の期待については，アソシエーション参加説だけが支持された。これらの結果は，集団の参加と制度への信頼が「一般的信頼」にもたらす効果は，対人的な信頼の側面と規範の内面化の側面とで異なることを示唆している。

　日本では，年齢と信頼している人の数が対人信頼に有意な効果を示している。また弱い効果ながら，信仰がある人，参加集団数，政治信頼も対人信頼に影響していた。規範の内面化の期待については，信頼している人の数のみが有意であった。

　台湾では，大学卒業者，（無職に対して）被雇用・自営業，信頼している人の数が多い人，信仰がある人が，対人信頼が高い傾向にあった。また，参加集団数は有意ではなかったが，政治信頼が有意な効果を示していた。規範の内面化の期待については，男性のほうが，また生活水準が高い人のほうが，「他の人は見つからなければ規則を守らない」と考えているようである。

　ドイツでは，性別（女性），年齢，親しい人および信頼している人の数の多さが対人的信頼に有意な関連を示していた。また政治信頼参加団体数の効果も有意であったが，参加団体数については弱い効果がみられるのみであった。一方，法律の遵守については，男性および若い人のほうが，また政治を信頼しな

い人のほうが，規範の内面化を期待しない傾向にあった。

　ロシアでは，年齢が高いほど，親しい人と信頼している人が多いほど，また政治を信頼しているほど対人的信頼が高い。信仰も弱い効果を示していた。また，生活水準が高いほど，信頼している人が少ないほど，他者の規範の内面化を期待していない。解釈は難しいが，親しい人の数も弱い効果を示していた。

　トルコでは，（無職に対する）職業の効果が対人的信頼に対して正の効果，信仰が負の効果を見せていた。信仰の効果が他国と逆に出ているのは，イスラム教との関係によるのかもしれない。トルコとチェコでは「参加団体数」のデータがないため，アソシエーション参加説については直接の検証ができないが，政治信頼と対人的信頼には正の相関が見られる。他方，規範の内面化の期待については，配偶者を持たない人のほうが，また自営業者がそれ以外に比べて，他者は見つからなければ法を守らないと考えているようである。

　チェコの対人的信頼については，親しい人の数，信頼している人の言及数および政治信頼のみが有意であった。規範の内面化については，信仰を持つ人ほど規範の内面化を期待しているほか，今回のモデルでは有意な変数が見つからなかった。

　フィンランドについては，親しい人の数，信頼している人の言及数のほか，集団参加と政治信頼のみが有意であった。

　以上の結果は，対人的信頼および法律の遵守（規範の内面化）への期待という2つの因子の規定要因は，国によってまちまちであり，文化を超えた包括的なモデルは難しい可能性を示唆している。一方で，比較的多くの国に見られた傾向は，次のようにまとめられる。

・年齢が高くなるほど対人信頼が高い（アメリカ，日本，ドイツ，ロシア）
・親しい人の数が多いほど対人信頼が高い（アメリカ，ドイツ，ロシア，トルコ，チェコ，フィンランド）
・信頼している人を多く挙げるほど対人信頼が高い（アメリカ，日本，台湾，ドイツ，ロシア，チェコ，フィンランド）
・信頼している人として挙げた数が少ないほど他人の法遵守（規範の内面化）

への疑いが強くなる（アメリカ，日本，ロシア，フィンランド）

あまり目新しい結果とはいえないが，信頼感は，（アソシエーション参加や制度信頼以上に）人生経験や対人関係によって育まれる側面があるということはいえるだろう。

3.4 一般的信頼の3項目と，対人信頼の2因子との関連

最後に，一般的信頼の3項目（「たいていの人は他人の役に立とうとしている」，「たいていの人は他人を利用しようとしている」を逆転して使用），「一般的に人は信頼できる」）と，前節で検討した信頼の2つの因子（相手の人間性に関する対人信頼と，他者が法律を守ることへの期待）を従属変数とするロジスティック回帰分析を行った（表6-5〜表6-7）。

独立変数は，①性別，②年代，③学歴，④生活水準，⑤配偶者の有無，⑥職業，（以上3-3とt同様）に加え，⑦対人信頼の因子得点，⑧法律遵守（規範の内面化）への期待の因子得点，を用いた。

3.4.1 「たいていの人は他人の役に立とうとしている」（表6-5）

まず，「たいていの人は他人の役に立とうとしている」を1，それ以外を0として，ロジスティック回帰分析を行った。信頼の2因子の効果を見てみると，8か国すべてにおいて，対人信頼因子得点の効果が有意であった。これは他人の人間性を信頼するほど「たいていの人は他人の役に立とうとしている」という回答の確率が高くなることを意味している。規範の内面化因子については，日本を除く7か国で有意であった。日本は比較的犯罪率も低く，他人の規範意識への期待も相対的に高いため，1つの国の中では大きな差が出なかったのかもしれない。

それ以外の独立変数の効果について，国別にみると，アメリカでは，女性，大学卒業者，非自営であるほど「たいていの人は他人の役に立とうとしている」と答える傾向にあった。日本およびチェコでも，女性・大学卒業（チェコでは弱い効果）が有意であった。ドイツでは大卒者が，またフィンランドでは

非自営で配偶者がいる回答者のほうが，他人の善意を期待する傾向にあった。台湾・ロシア・トルコでは，信頼の２因子以外に，今回のモデルでは有意な変数が見られなかった。

3.4.2「たいていの人は公正にふるまう」（表6-6）

「たいていの人は他人を利用しようとしている」を０，それ以外を１と再コード化してロジスティック分析を行った結果は表6-6のとおりである。

まず，信頼の２因子の効果を見ると，表6-5と同様に，８か国すべてにおいて，対人信頼因子得点の効果が有意であった。規範の内面化因子については，日本と台湾を除く７か国で有意であった。

そのほかの独立変数の効果について，国別にみると，アメリカでは大学卒業の効果が有意，日本では性別（女性）と年齢の効果が有意であった。台湾では年齢，ドイツでは生活水準，フィンランドでは大学卒業がそれぞれ有意であった。ロシア，トルコ，チェコでは，信頼の２因子以外に，有意な変数は見られなかった。

3.4.3 「一般的に人は信頼できる」（表6-6）

「一般的に人は信頼できる」を１，それ以外を０と再コード化してロジスティック分析を行った結果は表6-7のとおりである。

まず信頼の２因子の効果については，日本を含め８か国すべてで有意であった。つまり，他人の人間性を信頼するほど，また他人の規範の内面化を期待するほど，「一般的に人は信頼できる」という回答の確率が上がることを意味している。

それ以外の変数の効果を見ると，アメリカでは大学卒業・生活水準の高さ，日本では年齢の高さと大学卒業，ドイツでは生活水準と自営業従業，トルコでは生活水準，チェコでは大学卒業が有意であった。生活水準の効果は，ドイツやトルコでは正，すなわち生活水準が高いほど「人は信頼できる」と回答する傾向にあるが，フィンランドでは逆に生活水準が低いほど信頼するという回答

が多くなる。台湾とロシアでは，2つの信頼因子以外に有意な変数は見られな
かった。

図6-1-1　たいていの人は他人から信頼された場合，同じようにその相手を信頼する

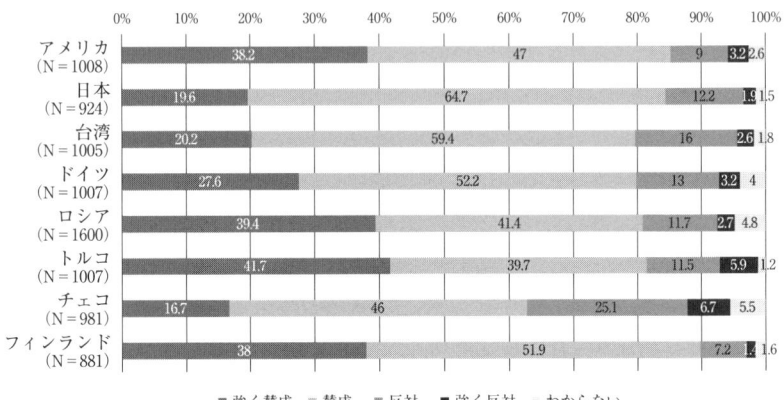

図6-1-2　たいていの人は見つからなければ，料金を支払わないで映画館などに入る

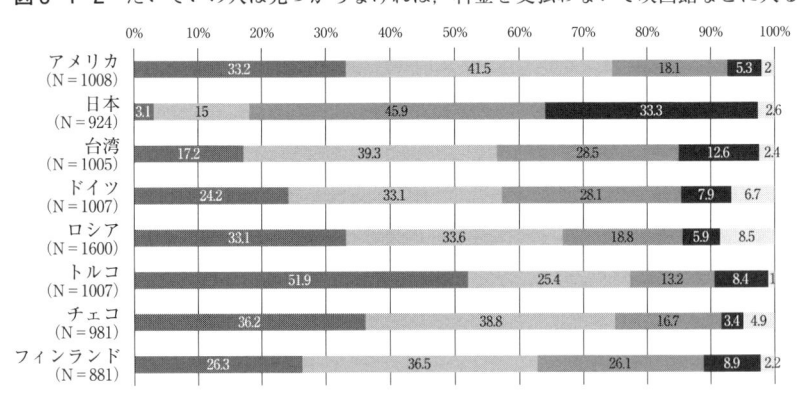

図 6-1-3 たいていの人は良心に照らしてというよりも罰せられることを恐れて法律を犯すことをしない

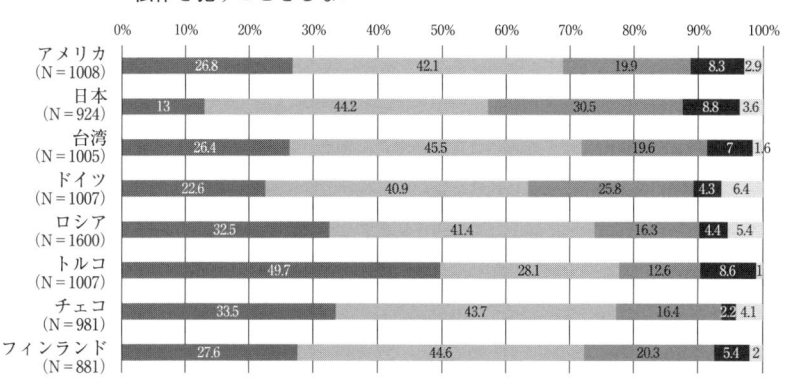

図 6-1-4 自分が信頼されていると感じる人は，それを裏切るようなことはしない

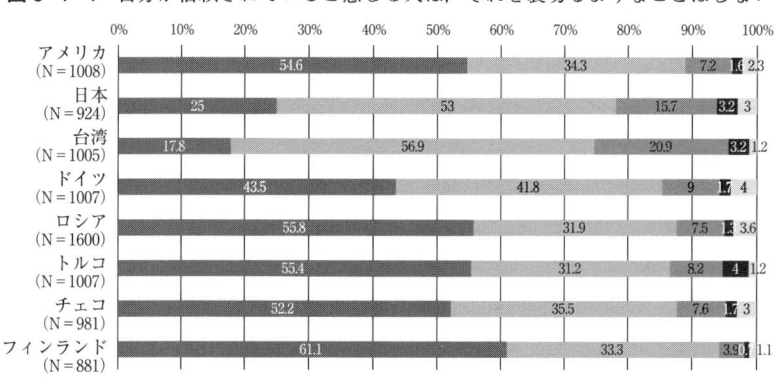

図6-1-5　たいていの人は，生まれつき善人だと思う

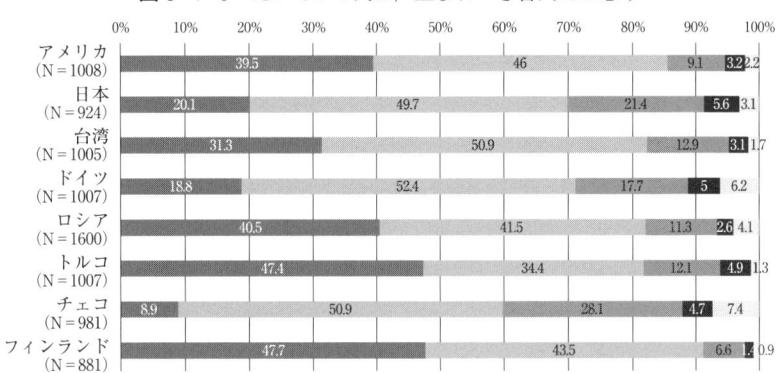

■強く賛成　■賛成　■反対　■強く反対　わからない

表6-3　信頼に関する5項目の因子分析（最尤法，プロマックス回転）

	アメリカ		日本		台湾		ドイツ	
	因子1	因子2	因子1	因子2	因子1	因子2	因子1	因子2
たいていの人は他人から信頼された場合、同じようにその相手を信頼する	0.689	0.023	0.483	-0.013	0.593	0.058	0.676	-0.013
たいていの人は見つからなければ、料金を支払わないで映画館などに入る	-0.090	0.519	-0.095	0.328	-0.018	0.846	-0.157	0.599
たいていの人は、良心に照らしてというよりも、罰せられることを恐れて法律を犯すことをしない	0.089	0.644	0.044	0.683	0.030	0.545	0.138	0.642
自分が信頼されていると感じている人は、それを裏切るようなことはしない	0.616	0.146	0.613	0.046	0.687	-0.032	0.661	0.140
たいていの人は、生まれつき善人だと思う	0.607	-0.197	0.594	-0.081	0.538	-0.010	0.560	-0.136
因子間相関　因子1	1.000	0.002	1.000	0.078	1.000	0.158	1.000	-0.165
因子2	0.002	1.000	0.078	1.000	0.158	1.000	-0.165	1.000

	ロシア		トルコ		チェコ		フィンランド	
	因子1	因子2	因子1	因子2	因子1	因子2	因子1	因子2
たいていの人は他人から信頼された場合、同じようにその相手を信頼する	0.523	-0.016	0.408	0.073	0.505	-0.027	0.432	-0.112
たいていの人は見つからなければ、料金を支払わないで映画館などに入る	0.033	0.425	-0.032	0.576	-0.097	0.614	-0.080	0.605
たいていの人は、良心に照らしてというよりも、罰せられることを恐れて法律を犯すことをしない	-0.019	0.891	0.027	0.697	0.117	0.606	0.045	0.609
自分が信頼されていると感じている人は、それを裏切るようなことはしない	0.652	0.063	0.701	0.032	0.503	0.125	0.690	0.121
たいていの人は、生まれつき善人だと思う	0.693	-0.028	0.574	-0.095	0.685	-0.066	0.533	-0.066
因子間相関　因子1	1.000	0.166	1.000	0.281	1.000	-0.089	1.000	-0.191
因子2	0.166	1.000	0.281	1.000	-0.089	1.000	-0.191	1.000

表 6-4-1　因子 1（対人的信頼）および因子 2（規範の内面化）を従属変数とする
　　　　　 OLS 回帰分析（アメリカ）

	因子 1：対人的信頼		因子 2：規範の内面化 *	
	β	p	β	p
性別	0.010	0.771	-0.017	0.620
年代	0.121	0.001	-0.082	0.028
大学卒業ダミー	0.002	0.947	-0.032	0.385
生活水準	0.036	0.304	-0.003	0.931
配偶者あり	-0.013	0.695	0.023	0.500
自営・家族従業	0.034	0.343	-0.017	0.643
雇用者	0.034	0.373	-0.037	0.338
家族以外で親しい人の数	0.075	0.025	0.056	0.103
信頼している人言及数	0.158	0.000	-0.170	0.000
信仰の有無ダミー	-0.026	0.433	-0.002	0.949
参加団体数	0.080	0.025	-0.100	0.007
政治信頼	0.186	0.000	-0.016	0.637
N	902		872	
R-sq	0.089		0.061	
Adj. R-sq	0.077		0.047	

＊注：得点が高いほど，たいていの人は見つからなければ法を守らないと考えているこ
　　　とを示す

表 6-4-2　因子 1（対人的信頼）および因子 2（規範の内面化）を従属変数とする
　　　　　 OLS 回帰分析（日本）

	因子 1：対人的信頼		因子 2：規範の内面化 *	
	β	p	β	p
性別	0.053	0.163	-0.018	0.642
年代	0.098	0.015	0.017	0.675
大学卒業ダミー	-0.018	0.634	0.005	0.902
生活水準	0.002	0.949	0.047	0.203
配偶者あり	-0.012	0.749	-0.011	0.774
自営・家族従業	0.049	0.216	0.011	0.796
雇用者	0.027	0.532	0.032	0.463
家族以外で親しい人の数	0.003	0.928	0.023	0.541
信頼している人言及数	0.169	0.000	-0.113	0.003
信仰の有無ダミー	0.066	0.067	0.036	0.332
参加団体数	0.072	0.062	-0.025	0.531
政治信頼	0.065	0.068	-0.021	0.565
N	796		796	
R-sq	0.076		0.019	
Adj. R-sq	0.062		0.004	

表6-4-3 因子1（対人的信頼）および因子2（規範の内面化）を従属変数とする
OLS回帰分析（台湾）

	因子1：対人的信頼		因子2：規範の内面化 *	
	β	p	β	p
性別	0.023	0.490	-0.086	0.013
年代	-0.021	0.598	0.031	0.454
大学卒業ダミー	0.086	0.028	0.037	0.349
生活水準	0.027	0.436	0.074	0.037
配偶者あり	-0.034	0.360	0.029	0.451
自営・家族従業	0.163	0.000	0.005	0.915
雇用者	0.091	0.038	0.066	0.140
家族以外で親しい人の数	0.007	0.845	-0.055	0.115
信頼している人言及数	0.131	0.000	-0.038	0.268
信仰の有無ダミー	0.108	0.001	-0.062	0.077
参加団体数	-0.057	0.103	0.030	0.403
政治信頼	0.131	0.000	-0.005	0.891
N	861		861	
R-sq	0.076		0.027	
Adj. R-sq	0.063		0.013	

表6-4-4 因子1（対人的信頼）および因子2（規範の内面化）を従属変数とする
OLS回帰分析（ドイツ）

	因子1：対人的信頼		因子2：規範の内面化 *	
	β	p	β	p
性別	0.081	0.023	-0.085	0.021
年代	0.094	0.019	-0.115	0.006
大学卒業ダミー	0.046	0.190	0.008	0.834
生活水準	0.035	0.367	-0.060	0.137
配偶者あり	0.011	0.766	0.009	0.816
自営・家族従業	-0.015	0.681	0.055	0.150
雇用者	0.077	0.059	0.022	0.606
家族以外で親しい人の数	0.082	0.026	-0.037	0.334
信頼している人言及数	0.170	0.000	0.001	0.970
信仰の有無ダミー	-0.004	0.922	0.051	0.176
参加団体数	0.064	0.083	-0.004	0.907
政治信頼	0.160	0.000	-0.142	0.000
N	777		777	
R-sq	0.123		0.054	
Adj. R-sq	0.109		0.039	

表6-4-5　因子1（対人的信頼）および因子2（規範の内面化）を従属変数とする
　　　　　OLS回帰分析（ロシア）

	因子1：対人的信頼		因子2：規範の内面化*	
	β	p	β	p
性別	-0.002	0.939	-0.012	0.709
年代	**0.076**	**0.017**	-0.048	0.143
大学卒業ダミー	0.000	0.998	0.035	0.254
生活水準	-0.039	0.205	**0.064**	**0.043**
配偶者あり	0.013	0.674	-0.005	0.880
自営・家族従業	0.004	0.907	0.006	0.860
雇用者	0.005	0.884	0.053	0.119
家族以外で親しい人の数	**0.178**	**0.000**	0.057	0.063
信頼している人言及数	**0.105**	**0.001**	**-0.069**	**0.030**
信仰の有無ダミー	0.053	0.075	0.018	0.565
参加団体数	-0.043	0.145	-0.021	0.484
政治信頼	**0.158**	**0.000**	0.024	0.430
N	1110		1110	
R-sq	0.082		0.021	
Adj. R-sq	0.072		0.01	

表6-4-6　因子1（対人的信頼）および因子2（規範の内面化）を従属変数とする
　　　　　OLS回帰分析（トルコ）

	因子1：対人的信頼		因子2：規範の内面化*	
	β	p	β	p
性別	0.072	0.076	0.024	0.560
年代	-0.021	0.583	-0.009	0.822
大学卒業ダミー	-0.024	0.487	-0.039	0.259
生活水準	-0.032	0.336	-0.037	0.268
配偶者あり	0.035	0.350	**-0.076**	**0.045**
自営・家族従業	0.071	0.052	0.068	0.070
雇用者	**0.096**	**0.013**	0.062	0.114
家族以外で親しい人の数	**0.092**	**0.006**	0.006	0.863
信頼している人言及数	0.053	0.106	0.027	0.424
信仰の有無ダミー	**-0.079**	**0.015**	0.044	0.185
参加団体数	-	-	-	-
政治信頼	0.116	0.000	-0.036	0.277
N	937		937	
R-sq	0.044		0.015	
Adj. R-sq	0.032		0.003	

表6-4-7 因子1（対人的信頼）および因子2（規範の内面化）を従属変数とする OLS 回帰分析（チェコ）

	因子1：対人的信頼		因子2：規範の内面化*	
	β	p	β	p
性別	-0.014	0.684	-0.013	0.726
年代	0.003	0.935	-0.039	0.329
大学卒業ダミー	-0.020	0.579	-0.035	0.359
生活水準	0.049	0.197	0.027	0.502
配偶者あり	-0.005	0.899	-0.037	0.329
自営・家族従業	0.019	0.626	-0.062	0.128
雇用者	-0.019	0.640	-0.028	0.512
家族以外で親しい人の数	**0.109**	**0.002**	0.047	0.199
信頼している人言及数	**0.142**	**0.000**	-0.024	0.526
信仰の有無ダミー	0.005	0.890	**-0.106**	**0.005**
参加団体数				
政治信頼	0.221	0.000	0.001	0.975
N	784		784	
R-sq	0.100		0.021	
Adj. R-sq	0.087		0.007	

表6-4-8 因子1（対人的信頼）および因子2（規範の内面化）を従属変数とする OLS 回帰分析（フィンランド）

	因子1：対人的信頼		因子2：規範の内面化*	
	β	p	β	p
性別	-0.015	0.664	0.007	0.837
年代	0.053	0.174	-0.067	0.094
大学卒業ダミー	-0.035	0.329	-0.041	0.273
生活水準	0.011	0.768	0.002	0.949
配偶者あり	0.004	0.909	-0.043	0.229
フルタイム勤務	0.043	0.293	0.077	0.072
パートタイム勤務	0.024	0.509	0.009	0.810
家族以外で親しい人の数	**0.086**	**0.014**	0.030	0.410
信頼している人言及数	**0.160**	**0.000**	**-0.141**	**0.000**
信仰の有無ダミー	-0.012	0.737	-0.057	0.109
参加団体数	0.068	0.067	-0.044	0.246
政治信頼	**0.214**	**0.000**	**-0.074**	**0.037**
N	819		819	
R-sq	0.118		0.056	
Adj. R-sq	0.105		0.042	

表6-5　「たいていの人は他人の役に立とうとしている」を従属変数とする
　　　　ロジスティック回帰分析結果

	アメリカ			日本			台湾			ドイツ		
	B	SE	p	B	SE	p	B	SE	p	B	SE	p
性別（男性1，女性2）	0.293	0.149	0.050	0.346	0.171	0.043	0.208	0.138	0.131	0.125	0.158	0.429
年代	-0.017	0.026	0.503	0.025	0.030	0.406	-0.010	0.029	0.738	0.004	0.028	0.883
大学卒業ダミー	0.589	0.165	0.000	0.427	0.191	0.025	0.075	0.163	0.643	-0.667	0.333	0.045
生活水準	0.026	0.153	0.864	-0.118	0.196	0.547	0.027	0.157	0.866	0.000	0.162	1.000
配偶者あり	-0.24	0.268	0.369	0.131	0.228	0.567	-0.044	0.199	0.824	0.487	0.324	0.133
自営・家族従業	-0.427	0.177	0.016	-0.076	0.191	0.690	0.229	0.176	0.193	0.059	0.189	0.756
被雇用	-0.024	0.103	0.815	-0.060	0.108	0.581	0.174	0.102	0.089	0.267	0.107	0.013
信頼因子1（対人的信頼）	0.809	0.101	0.000	0.420	0.108	0.000	0.449	0.092	0.000	0.819	0.111	0.000
信頼因子2（規範の内面化）	-0.854	0.113	0.000	-0.162	0.109	0.138	-0.250	0.082	0.002	-0.773	0.111	0.000
定数	0.189	0.425	0.656	-1.394	0.549	0.011	-0.974	0.424	0.022	-1.111	0.443	0.012
分析 N	913			827			915			817		
「他人の役に立とうとしている」N	535			250			442			375		
PseudoR-sq												
Cox-Snell	0.164			0.033			0.044			0.175		
Nagelkerke	0.22			0.046			0.059			0.234		

	ロシア			トルコ			チェコ			フィンランド		
	B	SE	p	B	SE	p	B	SE	p	B	SE	p
性別（男性1，女性2）	0.017	0.136	0.901	-0.367	0.248	0.139	0.445	0.201	0.027	0.278	0.168	0.098
年代	-0.013	0.022	0.568	-0.018	0.051	0.719	-0.041	0.035	0.237	0.012	0.025	0.638
大学卒業ダミー	0.014	0.143	0.924	0.076	0.290	0.794	0.495	0.282	0.080	0.286	0.209	0.172
生活水準	-0.202	0.140	0.149	-0.095	0.257	0.712	0.113	0.130	0.385	0.249	0.132	0.059
配偶者あり	0.264	0.284	0.353	-0.109	0.310	0.724	0.051	0.209	0.809	-0.393	0.171	0.021
自営・家族従業	-0.113	0.147	0.442	-0.238	0.259	0.358	-0.802	0.388	0.039	-	-	-
被雇用	0.055	0.079	0.487	0.134	0.118	0.256	-0.177	0.229	0.440	-	-	-
信頼因子1（対人的信頼）	0.261	0.087	0.003	0.723	0.152	0.000	1.201	0.152	0.000	0.607	0.127	0.000
信頼因子2（規範の内面化）	-0.162	0.075	0.030	-0.816	0.126	0.000	-0.948	0.141	0.000	-0.486	0.117	0.000
定数	-1.058	0.357	0.003	-1.614	0.601	0.000	-2.416	0.543	0.000	-2.180	0.472	0.000
分析 N	1256			960			804			830		
「他人の役に立とうとしている」N	308			130			163			216		
PseudoR-sq												
Cox-Snell	0.013			0.054			0.176			0.088		
Nagelkerke	0.02			0.099			0.278			0.129		

表6-6 「たいていの人は公正にふるまう（他人を利用しようとしているわけではない）」を従属変数とするロジスティック回帰分析結果

	アメリカ			日本			台湾			ドイツ		
	B	SE	p	B	SE	p	B	SE	p	B	SE	p
性別（男性1，女性2）	0.042	0.149	0.778	0.427	0.159	0.007	0.115	0.138	0.407	0.071	0.159	0.657
年代	0.030	0.026	0.241	0.076	0.028	0.007	0.089	0.030	0.003	-0.006	0.028	0.841
大学卒業ダミー	0.457	0.164	0.005	0.138	0.181	0.447	-0.209	0.162	0.197	-0.344	0.333	0.301
生活水準	0.074	0.103	0.471	-0.016	0.101	0.875	-0.175	0.102	0.085	0.399	0.108	0.000
配偶者あり	0.248	0.153	0.105	-0.246	0.188	0.190	0.177	0.156	0.255	0.027	0.164	0.868
自営・家族従業	0.061	0.269	0.821	-0.111	0.219	0.611	-0.245	0.200	0.220	-0.473	0.330	0.151
被雇用	-0.227	0.175	0.194	0.162	0.179	0.365	-0.122	0.178	0.492	0.133	0.191	0.486
信頼因子1（対人的信頼）	0.850	0.102	0.000	0.387	0.098	0.000	0.335	0.090	0.000	0.813	0.112	0.000
信頼因子2（規範の内面化）	-0.875	0.114	0.000	-0.173	0.104	0.095	0.001	0.082	0.994	-0.867	0.114	0.000
定数	-0.336	0.424	0.428	-0.643	0.506	0.204	0.112	0.422	0.791	-1.111	0.447	0.013
分析N	913			827			915			817		
「公正にふるまう」」N	513			489			501			405		
PseudoR-sq												
Cox-Snell	0.175			0.042			0.046			0.197		
Nagelkerke	0.235			0.057			0.061			0.263		

	ロシア			トルコ			チェコ			フィンランド		
	B	SE	p	B	SE	p	B	SE	p	B	SE	p
性別（男性1，女性2）	0.156	0.127	0.219	-0.053	0.262	0.839	0.267	0.171	0.117	0.218	0.155	0.160
年代	0.008	0.021	0.701	0.008	0.054	0.879	-0.030	0.030	0.321	-0.027	0.023	0.250
大学卒業ダミー	-0.256	0.136	0.060	0.506	0.290	0.081	0.274	0.253	0.280	0.610	0.222	0.006
生活水準	0.135	0.075	0.069	0.076	0.125	0.544	0.196	0.111	0.077	0.077	0.119	0.515
配偶者あり	-0.146	0.132	0.267	-0.170	0.270	0.529	-0.070	0.178	0.696	0.181	0.158	0.253
自営・家族従業	-0.068	0.280	0.808	0.016	0.328	0.962	-0.355	0.304	0.243	-	-	-
被雇用	-0.165	0.138	0.231	-0.356	0.282	0.207	-0.095	0.200	0.634	-	-	-
信頼因子1（対人的信頼）	0.378	0.082	0.000	0.297	0.144	0.039	0.976	0.124	0.000	0.550	0.104	0.000
信頼因子2（規範の内面化）	-0.329	0.071	0.000	-0.775	0.130	0.000	-0.814	0.121	0.000	-0.575	0.114	0.000
定数	-1.127	0.337	0.001	-2.191	0.643	0.001	-1.631	0.455	0.000	0.112	0.417	0.789
分析N	1256			960			804			830		
「他人の役に立とうとしている」N	381			110			246			543		
PseudoR-sq												
Cox-Snell	0.038			0.041			0.165			0.106		
Nagelkerke	0.054			0.081			0.232			0.146		

表 6-7 「一般的に人は信頼できる」を従属変数とするロジスティック結果

	アメリカ			日本			台湾			ドイツ		
	B	SE	p	B	SE	p	B	SE	p	B	SE	p
性別（男性1, 女性2）	-0.042	0.150	0.781	0.087	0.178	0.623	0.086	0.167	0.606	0.079	0.170	0.641
年代	-0.036	0.026	0.166	0.097	0.034	0.004	0.086	0.036	0.016	0.023	0.030	0.453
大学卒業ダミー	0.409	0.161	0.011	0.424	0.198	0.032	0.142	0.199	0.476	0.093	0.337	0.783
生活水準	0.244	0.104	0.018	-0.172	0.115	0.135	-0.267	0.123	0.030	0.594	0.121	0.000
配偶者あり	0.045	0.154	0.768	0.353	0.219	0.107	-0.138	0.189	0.465	-0.232	0.174	0.184
自営・家族従業	-0.180	0.264	0.494	0.186	0.243	0.442	-0.460	0.243	0.058	0.814	0.339	0.017
被雇用	-0.271	0.175	0.123	0.468	0.207	0.023	-0.178	0.207	0.391	0.377	0.205	0.066
信頼因子1（対人的信頼）	0.946	0.107	0.000	0.599	0.115	0.000	0.615	0.114	0.000	1.101	0.129	0.000
信頼因子2（規範の内面化）	-0.840	0.111	0.000	-0.255	0.113	0.024	-0.206	0.096	0.032	-0.848	0.120	0.000
定数	-0.596	0.426	0.161	-1.979	0.598	0.001	-0.941	0.503	0.061	-2.579	0.503	0.000
分析 N	913			827			915			817		
「一般的に人は信頼できる」N	421			230			199			302		
PseudoR-sq												
Cox-Snell	0.181			0.065			0.047			0.232		
Nagelkerke	0.241			0.093			0.072			0.317		

	ロシア			トルコ			チェコ			フィンランド		
	B	SE	p	B	SE	p	B	SE	p	B	SE	p
性別（男性1, 女性2）	0.118	0.131	0.369	-0.473	0.277	0.088	0.029	0.199	0.884	-0.103	0.150	0.493
年代	0.016	0.022	0.461	0.055	0.056	0.332	-0.016	0.035	0.645	-0.026	0.022	0.255
大学卒業ダミー	0.030	0.138	0.830	0.335	0.304	0.271	0.810	0.284	0.004	0.802	0.206	0.000
生活水準	-0.040	0.077	0.605	0.400	0.138	0.004	0.067	0.131	0.607	-0.226	0.117	0.054
配偶者あり	0.043	0.138	0.757	-0.381	0.287	0.184	0.094	0.209	0.654	0.095	0.154	0.537
自営・家族従業	-0.349	0.319	0.273	-0.497	0.370	0.179	-0.551	0.360	0.125			
被雇用	0.212	0.143	0.139	-0.423	0.289	0.143	-0.187	0.232	0.421			
信頼因子1（対人的信頼）	0.672	0.091	0.000	0.459	0.159	0.004	1.710	0.171	0.000	0.674	0.106	0.000
信頼因子2（規範の内面化）	-0.220	0.072	0.002	-0.774	0.139	0.000	-1.153	0.147	0.000	-0.600	0.110	0.000
定数	-1.235	0.350	0.000	-2.571	0.687	0.000	-1.809	0.536	0.001	0.894	0.410	0.029
分析 N	1256			960			804			830		
「一般的に人は信頼できる」N	370			97			195			447		
PseudoR-sq												
Cox-Snell	0.055			0.051			0.26			0.132		
Nagelkerke	0.079			0.106			0.388			0.176		

4. 結 論

　本章の主要な知見は以下のとおりである。

　⑴ 信頼の概念は多様であるが，人間性に対する信頼（狭義の信頼）は，協力できる相手であるという予期（広義の信頼）とは区別されてきた。本プロジェクトの調査項目を用いた分析でも，人間性に対する対人的信頼と，法律やルールを守るという規範の内面化への期待は，対象8か国すべてで別の因子として確認された。

　⑵ 対人的信頼および規範の内面化への期待という2つの因子の規定要因は，国によってまちまちであり，文化を超えた包括的なモデルは難しい。一方で，加齢や親しい友人数，信頼できる人の数などは，複数の国で信頼感との関連が強かった。この結果は，信頼感が（アソシエーション参加や制度信頼以上に）人生経験や対人関係によって育まれる側面が強いことを示唆していると考えられる。

　⑶ 人間性への信頼と規範の内面化の2つの因子は，一般的信頼を測定する項目として広く用いられているの質問（「たいていの人は他人の役に立とうとしている」，「たいていの人は他人を利用しようとしている（逆転）」，「一般的に人は信頼できる」）と，それぞれ関連していることが確認された。ただし日本では規範の内面化因子の効果は弱かった。これは治安の良さや国民性の反映，あるいは日本人の「信頼」という概念においては人間性を重視する側面が強いといった解釈も考えられる。

　1）ただし荒井（2004）によれば，一般均衡モデルに基づく新古典派経済学では，信頼の概念が事実上無視されてきたという。信頼が重要な役割を果たすのは，①取引コストに起因する契約の不完備性によって契約が履行されない可能性がある場合，②情報量の少ない側が不利な立場に置かれる情報の非対称性が存在する場合，であるが，一般均衡モデルではそのどちらも想定していないためである。
　2）ただし安野（2014）は，日本では知り合いへの信頼が高く一般的信頼（初めての

人への信頼）が低いこと，また一般的信頼が集団参加を促進させる一方で，民主主義的価値観が，一般的信頼よりもむしろパーソナルな（個別的な）信頼と関連していることを報告している。

3) これらの項目間の関連については，佐々木（2014a）において詳細な検討がなされている。

4) 選択肢は，1. 1人もいない　2. 1人　3. 2〜3人　4. 4〜9人　5. 10〜14人　6. 15〜19人　7. 20人以上　9. わからない。「わからない」は欠損値とした。

5) 選択肢は，1. 自治会，町内会，2. PTA，父母の会，3. 婦人会，老人会，青年会，4. 消防団，防犯協会，5. 農協，漁協，森林組合，6. 商工会，その他の業界団体，7. 労働組合，8. スポーツ，レクリエーション，趣味，9. 県人会，同窓会，OB会，10. 宗教団体，11. 生協（生活協同組合），消費者運動，12. 政治団体，後援会，13. 市民団体，14. 環境保護団体，88. その他，99. どれにも入っていない，であった。このうち，1〜14の言及数を単純加算して「参加集団数」の変数とした。

引 用 文 献

Alwin, D. F. and Krosnick, J. A. (1991). "The Reliability of Survey Attitude Measurement: The Influence of Question and Respondent Attributes." Sociological Methods and Research, 20: 139–81.

荒井一博（2004）「信頼と経済効率に関する考察」『一橋大学研究年報 経済学研究』46: 205–248.

Barber, B. (1983). *The Logic and Limits of Trust*. New Brunswick, NJ: Rutgers University Press.

Bromiley, P. and Cummings, L.L. (1995). Transactions costs in organizations with trust. (In) Bies, R., Sheppard, B. and Lewicki, R. (Eds.), *Research on Negotiations in Organizations*, 5: 219–47. Greenwich, CT: JAI Press.

Bromiley, P. and Harris, J. (2006). "Trust, Transaction Cost Economics, and Mechanisms". (In) Bachmann, R. and Zaheer, A. (Eds.) *Handbook of Trust Research*, Edward Elgar, 124–143.

Cook, K.S., Hardin.R. and Levi, M. (2004). *Cooperation Without Trust?*, Russell Sage Foundation.

Freitag, M. and Bauer, P. C. (2013). "Testing for measurement equivalence in surveys: Dimensions of social trust across cultural contexts". *Public Opinion Quarterly*, 77: 24–44.

Freitag, M. and M. Bühlmann. (2009). *"Crafting Trust: The Role of Political Institutions in a Comparative Perspective."* Comparative Political Studies, 42 (12): 1537–66.

Gambetta, D. (1988). Can we trust trust? (In) D. Gambetta (ed.), *Trust: Making and breaking cooperative relations*. Cambridge, MA: Basil Blackwell.

Gittell, R.. and Vidal. A. (1998). *Community Organizing: Building Social Capital as a Development Strategy*, Thousand Oaks, CA: Sage.

Granville, J. L. and Paxton, P. (2007). "How do we learn to trust? A confirmatory tetrad analysis of the source of generalized trust". *Social Psychology Quarterly*, 70: 230–242.

Glaeser, E. L., Laibson, D.I., Scheinkman, J. A. and Soutter, C. L. (2000). "Measuring Trust." *Quarterly Journal of Economics*, 115: 811–46.

Inglehart, R. and C. Welzel. (2005). *"Modernization, Cultural Change, and Democracy: The Human Development Sequence"*. New York: Cambridge University Press.

Kramer, R. M., Brewer, M.B. and Hanna, B.A. (1996). "Collective trust and collective action: The decision to trust as a social decision", (In) R. M. Kramer and T.R. Tyler (Eds.) (1996) *Trust in organizations: Frontiers of theory and research*, CA: Sage, 357–389.

Krosnick, J.A. and Fabrigar, L. R. (1997). "Designing Rating Scales for Effective Measurement in Surveys." (In) Lyberg, L.E, Biemer, P., Collins, M., de Leeuw, E., Dippo, C., Schwarz, N. and Trewin, D. (Eds.) *Survey Measurement and Process Quality*, NY: John Wiley & Sons, 141–64.

Lundmark, S., Gilljam, M. and Dahlberg, S. (2016) "Measuring Generalized Trust: An Examination of Question Wording and the Number of Scale Points", *Public Opinion Quarterly*, 80(1), 26–43.

Narayan, D. (1999) "Bonds and bridges : social and poverty". *Policy Research Working Paper* 2167, Washington D.C: World Bank.

大﨑裕子・坂野達郎 (2016)「一般的信頼のマルチレベル規定構造の変化—社会の工業化，ポスト工業化による価値変化の影響—」『理論と方法』31：20-38.

Paxton, P. (2002) "Social Capital and Democracy: An Interdependent Relationship". *American Sociological Review*, 67: 254–277.

Putnam, R. D. (1993) *"Making democracy work: Civic traditions in modern Italy"*. Princeton, NJ: Princeton University Press.

Putnam, R. D. (1995) "Bowling alone: America's declining social capital", *Journal of Democracy*, 6: 65–78.

Putnam, R. D. (2000) *"Bowling alone: The collapse and revival of American community"*. NY: Simon and Schuster.

佐々木正道 (2014a)「信頼感と属性に関する国際比較」佐々木正道 (編著)『信頼感の国際比較研究』中央大学出版部，第 9 章所収.

Sasaki, Masamichi. (2014b) "Parental socialization and Experiences of betrayal: A cross-national analysis of trust." 佐々木正道 (編著)『信頼感の国際比較研究』中央大学出版部，第 9 章所収.

Stolle, D. (2002). "Trusting strangers: The concept of generalized trust in perspective", *Österreichische Zeitschrift für Politikwissenschaft*, 31: 397–412.

Uslaner, E. M.（2002）*"The moral foundations of trust"*. Cambridge, UK.

Uslaner, E. M.（2012）"Measuring Generalized Trust: In Defense of the 'Standard' Question."（In）　Fergus, L. G. and Saunders, M. N. K.（Eds.）Handbook of Research Methods on Trust, 72-84. Cheltenham, UK: Edward Elgar.

Williamson, O.E.（1993）Calculativeness, trust, and economic organization. *Journal of Law & Economics*, 36: 453-86.

山岸俊男（1998）『信頼の構造：心と社会の進化ゲーム』東京大学出版会.

山岸俊男（1999）『安心社会から信頼社会へ―日本型システムの行方』中公新書.

山岸俊男・小見山尚（1995）「信頼の意味と構造――信頼とコミットメント関係に関する理論的・実証的研究」『INSS Journal』2: 1-59.

Yamagishi, T. and Yamagishi, M.（1994）. Trust and commitment in the United States and Japan", *Motivation and Emotion*, 18: 129-166.

山岸俊男・山岸みどり・高橋伸幸・林直保子・渡部幹（1995）「信頼とコミットメント形成：実験研究」『実験心理学研究』35(1)23-34.

執筆者（50音順）

石川　晃弘　中央大学社会科学研究所客員研究員，中央大学名誉教授

倉本　由紀子　中央大学社会科学研究所客員研究員，中央大学兼任講師

佐々木　正道　中央大学社会科学研究所客員研究員，元中央大学教授，
　　　　　　　　兵庫教育大学名誉教授

安野　智子　中央大学社会科学研究所研究員，中央大学教授

矢野　善郎　中央大学社会科学研究所研究員，中央大学教授

吉野　諒三　中央大学社会科学研究所客員研究員，統計数理研究所教授

現代社会の信頼感
　　——国際比較研究(Ⅱ)——

中央大学社会科学研究所研究叢書 36

2018 年 3 月 1 日　　発行

編 著 者　　佐 々 木　　正　　道
　　　　　　吉　野　諒　三
　　　　　　矢　野　善　郎

発 行 者　　中 央 大 学 出 版 部
　　　　　　代表者　間　島　進　吾

〒 192-0393　東京都八王子市東中野 742-1
発行所　中 央 大 学 出 版 部
電話 042(674)2351　FAX 042(674)2354
http://www2.chuo-u.ac.jp/up/

ⓒ Yoshiro Yano 2018　　　　　　　　　　　惠友印刷㈱

ISBN 978-4-8057-1337-2

■━━━━ 中央大学社会科学研究所研究叢書 ━━━━■

1

中央大学社会科学研究所編

自主管理の構造分析
－ユーゴスラヴィアの事例研究－

Ａ５判328頁・品切

80年代のユーゴの事例を通して，これまで解析のメスが入らなかった農業・大学・地域社会にも踏み込んだ最新の国際的な学際的事例研究である。

2

中央大学社会科学研究所編

現代国家の理論と現実

Ａ５判464頁・4300円

激動のさなかにある現代国家について，理論的・思想史的フレームワークを拡大して，既存の狭い領域を超える意欲的で大胆な問題提起を含む共同研究の集大成。

3

中央大学社会科学研究所編

地域社会の構造と変容
－多摩地域の総合研究－

Ａ５判482頁・4900円

経済・社会・政治・行財政・文化等の各分野の専門研究者が協力し合い，多摩地域の複合的な諸相を総合的に捉え，その特性に根差した学問を展開。

4

中央大学社会科学研究所編

革命思想の系譜学
－宗教・政治・モラリティ－

Ａ５判380頁・3800円

18世紀のルソーから現代のサルトルまで，西欧とロシアの革命思想を宗教・政治・モラリティに焦点をあてて雄弁に語る。

5

高柳先男編著

ヨーロッパ統合と日欧関係
－国際共同研究Ⅰ－

Ａ５判504頁・5000円

EU統合にともなう欧州諸国の政治・経済・社会面での構造変動が日欧関係へもたらす影響を，各国研究者の共同研究により学際的な視点から総合的に解明。

6

高柳先男編著

ヨーロッパ新秩序と民族問題
－国際共同研究Ⅱ－

Ａ５判496頁・5000円

冷戦の終了とEU統合にともなう欧州諸国の新秩序形成の動きを，民族問題に焦点をあて各国研究者の共同研究により学際的な視点から総合的に解明。

■■■■■■■■ 中央大学社会科学研究所研究叢書 ■■■■■■■■

坂本正弘・滝田賢治編著

7 現代アメリカ外交の研究

A 5 判264頁・2900円

冷戦終結後のアメリカ外交に焦点を当て，21世紀，アメリカはパクス・アメリカーナⅡを享受できるのか，それとも「黄金の帝国」になっていくのかを多面的に検討。

鶴田満彦・渡辺俊彦編著

8 グローバル化のなかの現代国家

A 5 判316頁・3500円

情報や金融におけるグローバル化が現代国家の社会システムに矛盾や軋轢を生じさせている。諸分野の専門家が変容を遂げようとする現代国家像の核心に迫る。

林　茂樹編著

9 日本の地方ＣＡＴＶ

A 5 判256頁・2900円

自主製作番組を核として地域住民の連帯やコミュニティ意識の醸成さらには地域の活性化に結び付けている地域情報化の実態を地方のCATVシステムを通して実証的に解明。

池庄司敬信編

10 体制擁護と変革の思想

A 5 判520頁・5800円

A.スミス，E.バーク，J.S.ミル，J.J.ルソー，P.J.プルードン，Φ.N.チュッチェフ，安藤昌益，中江兆民，梯明秀，P.ゴベッティなどの思想と体制との関わりを究明。

園田茂人編著

11 現代中国の階層変動

A 5 判216頁・2500円

改革・開放後の中国社会の変貌を，中間層，階層移動，階層意識などのキーワードから読み解く試み。大規模サンプル調査をもとにした，本格的な中国階層研究の誕生。

早川善治郎編著

12 現代社会理論とメディアの諸相

A 5 判448頁・5000円

21世紀の社会学の課題を明らかにし，文化とコミュニケーション関係を解明し，さらに日本の各種メディアの現状を分析する。

菅原彬州編

19 連続と非連続の日本政治

A 5 判328頁・3700円

近現代の日本政治の展開を「連続」と「非連続」という分析視角を導入し，日本の政治的転換の歴史的意味を捉え直す問題提起の書。

斉藤　孝編著

20 社会科学情報のオントロジ
－社会科学の知識構造を探る－

A 5 判416頁・4700円

オントロジは，知識の知識を研究するものであることから「メタ知識論」といえる。本書は，そのオントロジを社会科学の情報化に活用した。

一井　昭・渡辺俊彦編著

21 現代資本主義と国民国家の変容

A 5 判320頁・3700円

共同研究チーム「グローバル化と国家」の研究成果の第3弾。世界経済危機のさなか，現代資本主義の構造を解明し，併せて日本・中国・ハンガリーの現状に経済学と政治学の領域から接近する。

宮野　勝編著

22 選挙の基礎的研究

A 5 判152頁・1700円

外国人参政権への態度・自民党の候補者公認基準・選挙運動・住民投票・投票率など，選挙の基礎的な問題に関する主として実証的な論集。

礒崎初仁編著

23 変革の中の地方政府
－自治・分権の制度設計－

A 5 判292頁・3400円

分権改革とNPM改革の中で，日本の自治体が自立した「地方政府」になるために何をしなければならないか，実務と理論の両面から解明。

石川晃弘・リュボミール・ファルチャン・川崎嘉元編著

24 体制転換と地域社会の変容
－スロヴァキア地方小都市定点追跡調査－

A 5 判352頁・4000円

スロヴァキアの二つの地方小都市に定点を据えて，社会主義崩壊から今日までの社会変動と生活動態を3時点で実証的に追跡した研究成果。

■■■ 中央大学社会科学研究所研究叢書 ■■■

石川晃弘・佐々木正道・白石利政・ニコライ・ドリャフロフ編著

25 グローバル化のなかの企業文化
－国際比較調査から－

A 5 判400頁・4600円

グローバル経済下の企業文化の動態を「企業の社会的責任」や「労働生活の質」とのかかわりで追究した日中欧露の国際共同研究の成果。

佐々木正道編著

26 信頼感の国際比較研究

A 5 判324頁・3700円

グローバル化，情報化，そしてリスク社会が拡大する現代に，相互の信頼の構築のための国際比較意識調査の研究結果を中心に論述。

新原道信編著

27 "境界領域"のフィールドワーク
－"惑星社会の諸問題"に応答するために－

A 5 判482頁・5600円

3.11以降の地域社会や個々人が直面する惑星社会の諸問題に応答するため，"境界領域"のフィールドワークを世界各地で行う。

星野　智編著

28 グローバル化と現代世界

A 5 判460頁・5300円

グローバル化の影響を社会科学の変容，気候変動，水資源，麻薬戦争，犯罪，裁判規範，公共的理性などさまざまな側面から考察する。

川崎嘉元・新原道信編

29 東 京 の 社 会 変 動

A 5 判232頁・2600円

盛り場や銭湯など，匿名の諸個人が交錯する文化空間の集積として大都市東京を社会学的に実証分析。東京都ローマの都市生活比較もある。

安野智子編著

30 民　意　と　社　会

A 5 判144頁・1600円

民意をどのように測り，解釈すべきか。世論調査の選択肢や選挙制度，地域の文脈が民意に及ぼす影響を論じる。

■■■■■■■■ 中央大学社会科学研究所研究叢書 ■■■■■■■■

新原道信編著

31 うごきの場に居合わせる
－公営団地におけるリクレクシヴな調査研究－

A 5 判590頁・6700円

日本の公営団地を舞台に，異境の地で生きる在住外国人たちの「草の根のどよめき」についての長期のフィールドワークによる作品。

西海真樹・都留康子編著

32 変容する地球社会と平和への仮題

A 5 判422頁・4800円

平和とは何か？という根源的な問いから始め，核拡散，テロ，難民，環境など多様な問題を検討。国際機関や外交の意味を改めて考える。

石川晃弘・佐々木正道・リュボミール・ファルチャン編著

33 グローバル化と地域社会の変容
－スロヴァキア地方都市定点追跡調査Ⅱ－

A 5 判552頁・6300円

社会主義崩壊後四半世紀を経て今グローバル化の渦中にある東欧小国スロヴァキアの住民生活の変容と市民活動の模索を実証的に追究。

宮野　勝編著

34 有権者・選挙・政治の基礎的研究

A 5 判188頁・2100円

有権者の政治的関心・政策理解・政党支持の変容，選挙の分析，政党間競争の論理など，日本政治の重要テーマの理解を深める論集。

三船　毅編著

35 政治的空間における有権者・政党・政策

A 5 判 188 頁・2100 円

1990 年代後半から日本政治は政治改革のもとで混乱をきたしながら今日の状況となっている。この状況を政治的空間として再構成し，有権者と政策の問題点を実証的に分析する。

＊価格は本体価格です。別途消費税が必要です。